百年校史文化育人丛书

编委会

丛书主编

赵恒伯　蒲守智

丛书副主编

胡小萍　谢谋盛　张小飞　吴　龙

张海涛　曾振华

本册主编

范雯芩　古小琳

本册参编人员

封亚玲　龚雅玲　游　春　万英敏　刘舟雯　邓　乐

罗　珊　晏　红　沈郁文　王笑鹏　魏亚冲

百年师范优秀校友治学治校案例集

范雯芩 古小琳 ○ 主编

赵恒伯 蒲守智 —— 丛书主编

江西人民出版社
Jiangxi People's Publishing House
全国百佳出版社

图书在版编目(CIP)数据

百年师范优秀校友治学治校案例集 / 范雯芩，古小琳主编． -- 南昌：江西人民出版社，2025.1． --（百年校史文化育人丛书 / 赵恒伯,蒲守智主编）． -- ISBN 978-7-210-15807-3

Ⅰ.G65

中国国家版本馆CIP数据核字第20246MH212号

百年师范优秀校友治学治校案例集
BAINIAN SHIFAN YOUXIU XIAOYOU ZHIXUE ZHIXIAO ANLI JI

范雯芩　古小琳　主编

策　　　划：王一木
责 任 编 辑：王园园
封 面 设 计：游　珑

江西人民出版社 出版发行
Jiangxi People's Publishing House
全国百佳出版社

地　　　址：江西省南昌市三经路47号附1号（邮编：330006）
网　　　址：www.jxpph.com
电 子 信 箱：jxpph@tom.com
编辑部电话：0791-86891201
发行部电话：0791-86898815
承　印　厂：湖北金港彩印有限公司
经　　　销：各地新华书店

开　　　本：710毫米×1000毫米　1/16
印　　　张：21.5
字　　　数：279千字
版　　　次：2025年1月第1版
印　　　次：2025年1月第1次印刷
书　　　号：ISBN 978-7-210-15807-3
定　　　价：108.00元
赣版权登字-01-2025-2

———————————————————————————————

版权所有　侵权必究

赣人版图书凡属印刷、装订错误，请随时与江西人民出版社联系调换。
服务电话：0791-86898820

序 言

百年弦歌不辍，百年薪火相传。1908年，江西省女子师范学堂创建，豫章师范学院肇基于此。学校在沧桑中筚路蓝缕，在盛世中玉汝于成，见证了中华民族救亡图存的历史进程，历经了新中国激情澎湃的建设时期，更亲历了改革开放四十多年来我们国家波澜壮阔的伟大实践。

学校一百多年的历史既是一段栉风沐雨、薪火相传的跋涉，又是一曲玉汝于成、春华秋实的礼赞。一百多年来，学校培养了一批又一批优秀的人才，他们中有家喻户晓的革命志士，有享誉中外的学界名流，有独领风骚的艺术达人，但更多的是坚守教育的初心，在基础教育战线上默默耕耘、教化乡梓、传播文明的教育工作者。他们构成了学校一道亮丽的风景线，为学校积淀了独特而深厚的精神财富。

校友是学校最靓丽的名片、最独特的优势、最宝贵的财富，是学校最直接、最有力、最根本的办学成果。近年来，学校牢牢把握立德树人根本任务，紧紧围绕"培养什么样的人、如何培养人以及为谁培养人"这个根本问题，挖掘百年校史中的红色基因，把校友当作教材、把校园变成课堂，让榜样力量春风化雨，让思政教育润物无声。

教师是立教之本、兴教之源。70篇（排名不分先后）访谈，是70名学子对母校的眷恋，是 70 名一线教师对育人的思考，是 70 名优秀校友对青年学子的勉励。本书分为治校、治学、成长三个篇章，梳理了各位校友在治校中的实践、在治学中的启示、在成长中的思考。每一次阅读都有不同的感受、不同的感悟、不同的感动。在只言片语中，在小事小节中，看到的是他们对教师这个神圣职业的敬仰，读到的是他们对躬耕教坛这项伟大事业的敬畏，感受到的是他们对教育事业这一"国之大者"的敬意。

当前，我们比历史上任何时期都更接近中华民族伟大复兴的目标，对优秀人才的渴望比以往任何时候都迫切。正如《豫章学记》中所写："今吾校开基百有余年，处豫章灵杰之地，当兴其厚积之学，造福乡邦，庶几无愧先贤。中华崛起，盛世在望，革故鼎新，弘教兴学，正其时也。"

豫章师范学院作为一所具有百年历史的师范院校，既是高等教育，又直接服务于基础教育，在建设教育强国中责任更大、要求更高、使命更光荣。本书的出版是对学校"厚德博学，崇真重行"校训的赓续，是对学校"勤研善思，务实求进"校风的注释，是对学校"以德为先、育人为本、知行合一、服务地方"办学理念的传承，必将对各位青年学子予以启迪、对基础教育工作者予以启示、对学校办好人民满意教育予以启发。

此为序。

编者

2024 年 5 月 31 日

目　录

治校篇

做一方生命成长的沃土	/ 001
讲述一路向前的故事	/ 007
多样化立校　特色化育人	/ 012
大爱无碍	/ 016
梦想领航　做师生幸福成长的守护人	/ 021
教育是一项长情的事业	/ 025
"求实·求真·求新"的教育人生	/ 029
幼儿园仁爱管理的思考与实践	/ 035
为学生高尚、智慧、幸福的人生导航	/ 040
校长的创新实践　引领学校迈向未来	/ 045
三优理念笃行远　百花齐放共成长	/ 049
自觉成就卓越　情怀润泽师生	/ 055
"科艺融合"助农村幼儿园华丽转身	/ 060
为孩子的美好未来奠基	/ 064
育德于心　成德于行	/ 068
葱郁蕴文明　根植时代育新人	/ 073
爱心呵护折翼天使　微光点亮别样校园	/ 079
不落下一个有特殊需要的孩子	/ 084
遇见"梅"好　"围"有初心	/ 088

助折翼天使无碍飞翔 / 093

汗洒幼教谱新篇 / 097

有无之间　让教育自然发生 / 102

治学篇

成长在热爱里　圆梦于奋发中 / 107

因热爱共奋进　创示范续传承 / 112

回顾教育"绿水"间　瞻望"杏子"累累处 / 117

成功与成全 / 123

若桥飞渡致远　立德树人抱朴 / 129

做教育的追光者 / 134

行走在以爱暖心的路上 / 139

撒红色种子的蒲公英 / 144

不负芳华循初心　无问西东踏歌行 / 148

学高为师　身正为范 / 152

爱心树下吐芳华 / 156

励志照亮人生　拼搏成就梦想 / 161

鞠躬尽瘁培育　不辍耕耘教学 / 166

书写春华秋实 / 170

成长的"桥" / 175

特别的爱给特别的你 / 179

精心打造幸福磁场　共享成长美好时光 / 184

千里之行始于足下 / 189

愿守初心化春泥 / 194

平凡"起跳"　爱心育人 / 198

以爱育苗　做最美老师 / 202

情满昌南　爱洒克州	/ 207

成长篇

深耕幼教谱心曲　挚爱童心树美范	/ 212
多年后　我成为你	/ 217
仰望星空　脚踏实地	/ 222
踏歌而行　与教育共成长	/ 226
只要上路　总会遇到庆典	/ 231
茉莉花开	/ 237
心怀梦想　逐梦教坛	/ 243
三次"超越"　躬耕教坛育新苗	/ 248
遇见·美好	/ 253
徜徉在数学教学的海洋里	/ 259
创造幸福教育　享受教育幸福	/ 268
坚守担当　潜心幼教	/ 272
守幼教初心　做最美幼师	/ 276
铆足三股劲儿　答好人生卷	/ 280
坚定理想信念　坚持实干担当	/ 284
他的教育创业故事	/ 289
守得青衿不拔之志　催得一树梦想花开	/ 294
生以啜芳华　行而沐春光	/ 298
勇毅前行不坠青云之志　奋楫远航当有凌云之气	/ 302
人生最好的贵人　努力向上的自己	/ 307
厚积薄发　追光而行	/ 311
念念不忘　必有回响	/ 315
始终如一　为基础教育发展鼓与呼	/ 320

丹心献特教　潜心育弱苗　　　　　　　　　　　／ 325

为爱而歌　　　　　　　　　　　　　　　　　　／ 330

一片丹心育桃李　三尺讲台向美行　　　　　　　／ 334

治校篇

做一方生命成长的沃土

校友简介： 易艳丹，女，1979年10月生，中共党员，中小学正高级教师。现任南昌师范附属实验小学教育集团党委书记、理事长。1996年毕业于普师专业。

获得全国五一劳动奖章、江西省五一劳动奖章、中国"课改优秀教师"、江西省五一巾帼标兵、江西省语文学科带头人、江西省骨干教师、江西省基础教育课程改革工作先进个人、江西省教育系统先进工作者等荣誉称号，江西省基础教育教学成果奖一等奖。带领学校获全国文明校园、全国少先队先进集体等各级奖项多达数百项，学校的办学经验被新华社、《中国教师报》、《未来教育家》、《教育家》等媒体报道。

每一个生命都是一粒种子，每一粒种子都有成长的基因图谱，都有内生的向上力量。而教师要做的就是为种子提供一方肥沃的土地，让它能够不停地向下扎根，向上生长，向上昂扬！

一、初出茅庐，百炼中成钢

初出茅庐的易艳丹，工作激情特别高。同一办公室的人有些受不了，便开玩笑地说："艳丹，你不要那么积极好不好？"但是她不觉得自己有多积极，只觉得浑身有使不完的劲儿，加之没有家庭的牵绊，她说："我巴不得每一节课都能在教室里度过，守着那群小孩。我特别喜欢上课，别的老师如果找我换课，我直接就告诉别人不用还了。"

为了把课上得精彩，她每天都从学校借优质课录像带回家看。录课老师说的每一句话，她都记录下来反复琢磨，分析他们为什么要这样表述，为什么要辅以那样的表情和肢体动作。虽然一堂优质课只有40分钟，但是她起码要花两个小时去看、去整理，然后再进行教学设计。每一堂课，她都先这般观摩后再备课。

那时，教语文没有教具，易艳丹就自制教具。在教一年级声母和韵母时，她用水粉笔、蜡笔在一本挂历的背面画声母，一本挂历的背面画韵母，通过翻动来自由组合出音节。这样的教具很精美，也很实用，几年之后还有老师借用。

随着阅历的增长，易艳丹就有了一些赛课的机会。自她20岁第一次参加西湖区的"教学比武"起，之后的10年里，她陆续获得全国、市、区级的教学大奖14项，还有各级荣誉称号数十项。获奖不断，笔耕也不断，她发表了数十篇论文，其中近30篇论文获奖。

中国"优秀课改教师"、全国首届新课程小学优秀课例奖、江西省语文学科带头人、江西省语文学科骨干教师、江西省小学思想品德双优教学竞赛一等奖、江西省小学语文优质课比赛第一名、江西省基础教育课程改革教学成果一等奖、南昌市小学语文学科教学能手……这些奖项与荣誉称号，有语文学科的，有思品学科的，甚至有数学学科的。每一门学科的任教经历，都是一个酸甜苦辣皆备的故事；每一个荣誉背后的汗水和泪水，都有日月星辰的见证。

二、倾情陪伴，教师获成长

从教20余年，易艳丹参加过市级以上的教学赛事14次，其中全国性的赛事4次；上观摩课92节，其中省级以上观摩课9节。她在比赛中成长，在比赛中收获。这样的经历，为她建设教师队伍打下了坚实的基础。

在石头街小学出任书记的时候，她虽然没有分管师训工作，但会自发指导青年教师参赛。当时学校有个叫黄志荣的新老师，按规定要参加全区的"新秀杯"大赛。黄志荣毕业于南昌师范学校，综合素质不错，但学校各方面比较薄弱，他自身又没有经验，易艳丹就主动指导黄老师参赛。最终，黄志荣老师在此次比赛中获得了一等奖，这是石头街小学第一次有教师获此荣誉。

为了最大程度让教师通过参赛获得成长，获得荣誉，易艳丹在珠市小学成立了"学习共同体"。这是一个为参赛教师提供服务的团队，人人都是服务者，人人都可以得到服务。"学习共同体"把个人参赛转化为团队作战，提高了竞争力。

到了南师附小，"学习共同体"被一名新潮老师改名为"超能陆战队"。获得"2016年南昌市年度教师"称号的詹膈告诉易艳丹："在我备战市年度教师比赛撰写演讲稿没有新思路时，您竟然亲自帮我修改好了演讲稿和自我介绍，修改后的演讲稿和自我介绍发送到群里的时间分别是深夜一点半和深夜两点。那一瞬，我泪水滑落，心里暖暖的、甜甜的。我觉得您像我的老师，而我是被您宠爱着的那个学生。"

在珠市小学的那几年，只要有易艳丹所带领的教师团队里的教师参与赛事，该项赛事的奖项基本就会被他们包揽。后来，她到了南师附小，也把这种现象带到了南师附小，让其他的学校压力很大。经过各种赛事的历练，一大批名师脱颖而出：钱伟敏、熊忠雄、陈眯眯、吴蕴涵、詹脑、席文骅……他们的影响力，没有止步于西湖，而是辐射南昌，甚至走出了江西，走向了全国。

三、刚柔相济，公道在心间

易艳丹爱读书，很欣赏古人的"吏不畏吾严而畏吾廉，民不服吾能而服吾公。廉则吏不敢慢，公则民不敢欺。公生明，廉生威"。在南师附小，她尽量以公廉来要求她自己。

她认为校长不能只是发号施令，也要亲力亲为。南师附小学生、教师的艺体活动，她基本场场到场，在现场和老师们一起抬道具，帮孩子们拿物品，为孩子们加油，给老师们鼓劲。在教师的培养上，她从来不区别对待，让所有的老师都享受同等的学习机会。

到了南师附小之后，她也修改了不少制度，让科学合理的刚性制度成为校园公平正义的维护者。以前，集团是每个副校长分管一个校区，每个人的工作内容涵盖太多，无法面面俱到。改革后，集团下设七个部门，由校长、书记、副校长分管。每一个校区设一个执行校长，执行校长和集团各部部长都是集团的中层干部。条块化管理让学校各个部门权责清晰，运行高效。集团和校区中层干部的提拔，一律按照"自愿报名——笔试面试——民主考核——集团任命"的方式来公选，任人唯贤，让有理想、有能力、有水平的老师走上管理岗位，让他们的才华有更大的施展空间，让他们的人生能够获得自我价值的实现。

集团每个校区的日常管理由执行校长负责，另外，教育视导制度规定,每周一集团的正副理事长和书记要轮流到各个校区视导,参加校区晨会,深入课堂听课,了解校区的情况。每个人要将视导的情况写成视导日志,发到集团校务群,各校区的执行校长、各部门的部长都能看到视导日志。这种"自主+视导"的管理制度,既能激发执行校长在自己的一亩三分地"种"出特色,又能保证集团的政令畅通。

在南师附小,易艳丹得到了越来越多的认同:育人目标的认同,价值取向的认同,校园文化的认同……人心归一,她希望能和一万多名师生一起,做温暖明亮的中国人,过积极向上的人生。

四、种子课程,成长的土壤

2017年7月27日至28日,南师附小自创自排自演的以八一精神为题材的校史剧《红领带 红领巾》在江西艺术中心大剧场进行了4场公演。公演前,附小的学生走上街头义卖演出票,将所得票款全部捐赠给乡村小学建设红领巾图书馆。公演后,社会反响强烈,很多媒体报道了此次公演的盛况。

教育部中小学教材审查委员、研究员成尚荣对此剧有很高的评价:"南师附小在小学生的社会主义核心价值观培养中,找到了自己独特的方法,很了不起!"教育部原部长陈宝生、副部长朱之文等领导先后到南师附小看望了校史剧演员。陈部长鼓励附小师生,把《红领带 红领巾》这部校史剧排好、演好,把它锤炼成附小的一个品牌。

这部剧并不是一个孤立的事件,它只是南师附小"种子课程"体系中"理想信念主题课程"的一个呈现。

幼小生命的未来,就是教育的未来,我们拿什么去赢得这个未来?学什么样的课程,必是其中重要的一环。课程是一所学校运行的轴心和品质的基础,课程的质量决定学校的质量。南师附小2015年开始构建基于核心素养、面向个体发展的"种子课程"体系；2016年探索了课程体系内核心素养的校本化表达；2017年进一步将德育评价与德育课程、学科课程进行融合，围绕健康、善学、创思、审美、担责这样的培养目标，进行了南师附小课程的顶层设计。"种子课程"中的德育课程融合分为5大块，涵盖理想信念、价值取向、传统文化、生态文明、心理健康。南师附小打破藩篱，纵横融合，从课程的实施目标、途径、评价等方面分5大领域建立了一个多维课程融合体系，培养温暖、明亮的现代中国人。

一分耕耘，一分收获。近三年来，南师附小获得各级奖项1300余项，如全国文明校园、全国优秀少先队集体、全省"百万网民学法律"网络知识竞赛活动先进组织奖、全市中小学校"美在身边"寻找活动优秀组织奖等。

寄语：我相信，教育是有未来的，教育的未来，必须有人用信念去开启、去创造。在教育的征程上，每一位教师都应该怀揣一颗对教育的热爱之心和改变未来的决心。学弟学妹们，你们即将承担起这沉甸甸的教育大梁，无论遇到何种挑战，都要坚定信念，持续创新，用科学的方法和合理的制度，去激发每一个孩子的潜能。相信团队合作的力量，共同成长，为了培养未来的栋梁，为了那向上的人生，砥砺前行吧。在前行路上，我们不灰心、不气馁、不妥协、不松懈，脚踏实地地努力，欢欢喜喜地盼望——盼望幼小之苗，终成栋梁。而我们，甘做那幼苗成长的一方土壤！

讲述一路向前的故事

校友简介：周琴，女，1979年11月生，中共党员。现任南昌市站前路学校教育集团党委副书记。1996年毕业于南昌师范学校普师专业。

获中国好校长奉献奖，获江西省教育事业统计优秀工作者、江西省青联优秀委员等称号。《智绘个性成长地图》等案例获教育部智慧教育优秀案例，组织研发的课程荣获全省一等奖，指导上百名师生在各类比赛中获奖。主持并完成了多个国家级、省级课题，在国家级、省级期刊发表论文10余篇。

人与人之间最美好的关系就是彼此成就。南昌市站前路学校从老火车站旁的站前路老校区发展为跨行政区域办学、一校七部、在校师生18000余人的教育集团，如何让这个庞大的群体一个不落、一个不少、一路向前？周琴牵头带动构建站前"成就共同体"，探索形成一条"同行中同心、成事中成人"的教师队伍建设之路。

一、"高峰堵点"智修"公平竞速道"

2018年，高级职称的评定权首次下放到学校，一时间成为周琴所在集团数百名教师们热切关注的焦点。资深教师与新生代骨干教师之间暗流涌动，犹如高峰时路上的"堵点"。如果完全论资排辈，年轻教师可能丧失前进的动力；如果完全按业绩评分排序，一批经验丰富、默默无闻、深受学生家长好评的老教师几十年的付出就可能得不到认可。她想，职称评定工作做得好与坏，关乎教师"成就共同体"的根基。

怎么办？谁说了都不能算，大家的事情大家来办。以职称评聘为关键事件，周琴提出成立专门的民主管理组织，以实现信息流和权力流的下放转移。

教师迎进来。周琴带领组织成立了职称评审方案研究委员会，面向全集团招募教师，组建教工评审团。评审草案制订的每个阶段都由委员会成员把草案带到各个组级中，公开征求全校教师的建议和意见，反复优化调整。最终，她提出的评审方案几乎是全票通过，得到老师们的高度认可。

行政退出来。在评审阶段，她提出学校可以推选出 16 名一线教师担任评审执行委员会成员，全面负责评审工作。行政人员只负责提供后勤和相关咨询服务。

过程亮起来。周琴认为申报教师应先进行自评，并一次性提交所有材料，由评审执行委员会审定评分后本人签字确认，再排名公示。对公示有异议的教师可提出复议，由评审执行委员会主任组织成员进行复议审核，给出最后裁定，并做出解释。

原本令人头疼的"高峰堵点"，就这样在周琴带领全体教师的积极参与下顺利打通，每次评上的老师都是众望所归的，暂时没评上的也清楚自身的差距，找到了努力的方向。现在，每年无论是高级、中级还是初级职称的评审，学校都是规范有序、全自动运转。

周琴说，办学路上，像这样的"堵点"还有很多，比如教师交流轮岗、评优评先等，这些都要通过自愿申报、双向选择、业绩评分、民主投票、交流答辩等环节，最后按总分排名，确定人选。

正是得益于周琴提出的这样一条条"公平竞速道"的建议，集团整体上形成了教师晋升评聘"不靠人情靠实力、不靠投机靠努力"的积极氛围，为教师"成就共同体"的建设奠定了坚实基础。

二、"互哺赋能"智筑"成长立交桥"

站前集团现有教师中35岁以下者接近半数,"90后""00后"教师已经成为学校的主力军。而近些年入职的新教师中,非师范专业出身,且入校前从事非教育工作的占比高达55%。周琴说,怎样帮助这群学历高、经验少,只啃过一本《教育综合知识》的"青椒"(对高校青年教师的戏称)成长,如何让他们与老教师一道携手共铸"成就共同体",这些是集团较长时期内都要面临的现实考验,她认为这就需要从情感、激励、事业等层面构筑起一座座"成长立交桥"。

(一)27℃的温暖——被看见

周琴说,27℃的温度刚刚好。

在周琴建议下,学校每年开学季的新入职教师培训,在原有新教师岗前培训既定动作的基础上,加入"破冰"团建活动,给原有的专业素养培训注入了"被看见"的温度。

1.破冰之旅

通过精心设计的三个集体游戏——心手相连、搭高塔、大团圆引导老师们互相认识,建立团队意识。

晚餐时,把简易的快餐变为"美食创意大赛",用包饺子、吃饺子这样代表团聚的方式,给新教师带来站前第一顿难忘的晚餐。

2.团建融情

以教研组为单位开展拔河比赛、文娱演出等团队活动,进一步让新老师们感受到自己不是孤单的,而是其中的一分子。

确实,每个生命都有被看见的需求。在这些"90后""00后"进入职业生涯的初始期,周琴带领站前集团用家的怀抱去迎接、用爱的方式去引领,赋予那份需求以温暖和力量。

(二)青蓝工程2.0进阶版——被认可

周琴受《中国好声音》节目的启发,提出让师徒结对大会推迟一个月进行,并由原有的1.0版分配制进阶为2.0版双选制。这让大家有一个月的时间互相了解,了解后再双向选择。一个月后,新老教师们相互在对眼、认可的基础上正式结对成为师徒。师父成为徒弟的心灵导师与职业榜样,徒弟成为师门的活力因子和新生力量。

正是因为看到"被认可"所具有的强大吸引力和感召力,周琴在总结经验的基础上创立并实施"周月期年"激励机制:一是每周一赞,记录站前教师教育教学生活中的感动瞬间;二是每月推优,每月推出一批优秀教师的典型事迹,并通过微信公众号宣传;三是每学期素养大赛,搭好站前教师综合素质展示的大舞台;四是每年"感动站前人物"评选,关注某一人某一事,举行热烈隆重的典礼,颁发个性定制奖状。

(三)教师培训"五联动"——被需要

"五联动"是站前自主构建的经典师训模式。周琴让教师们在"五联动"中,体会到全方位的"被需要"。

周一开设"坐诊吧",导师团巡校,交流困惑,对症开方;周二组建"林立吧",教师扬其特长,吸收团员,形成群团;周三关注"同行吧",为新教师量身定制"通关秘籍"和成长手册,动态跟踪和针对辅导;周四立足"疾走吧",开展"分年级跨校区"集体备课,线上打磨,线下教研;周五热衷"奔跑吧",同一教师跑遍不同校区分别上课,不断打磨,持续改进。

正是在这一路同行的过程中,新教师和老教师们相互接纳、相互温暖、相互欣赏、相互赋能,使"成就共同体"在站前集团得以真正建立,并不断开花结果!

三、"项目研究"智造"创客孵化器"

几年前,个性鲜明的杨晓老师迷上了机器人编程,自掏腰包购买高价设备,不知不觉中吸引了一批学生围在他的身边,师生其乐融融。杨老师看到学生这么喜欢编程,他想与其挤在办公室里,不如给他们一间闲置的教室,看看他们能玩出什么名堂。于是他向周琴提出这个想法,没想到她欣然支持。杨老师就从这间简陋的教室出发,到拥有学校为他量身定制的"罗伯特创客空间",带着学生们一玩就玩到了世界机器人大赛的舞台,一玩就玩出了江西省零的突破。现在的他,成了站前机器人课程的领头"杨",他的课程成了学生们非常喜欢的课程。项目团队也从单打独斗的一个人发展为"创客工作室",不但有信息技术专业教师加入,更有语文、数学、科学等多个学科的教师主动"卷入",他们共同研发系列特色课程群,让机器人编程成为融合各学科的综合实践课程项目。

周琴说,像这样的项目化创客团队还有很多,有在全国获奖的周巍老师团队的版画课程;还有周文斌老师团队研发的篮球课程,该篮球课从一个校区扩展到集团所有校区,其社团成员创下了一年十冠的纪录……

"项目研究"这一模式已成为教师"成就共同体"建设中最具创新性的"创客孵化器",周琴说,要让教师们从前沿的教学方式与学习方式中找到一个个支点,撬动自身的生命价值,让每个人都有不一样的"讲台",干点不一样的事情,实现不一样的教师新样态。在同行的路上,只要够热爱、有专长,"项目研究"将赋予教师们破茧成蝶、拔节生长的力量!

寄语:梦想聚团队,团队铸梦想!坚信"成人为己,成己达人",在团队中彼此成就,携手共进,向着自己的教育人生目标奋勇前行!

多样化立校　　特色化育人

校友简介：李小明，男，1968年9月生，中共党员，中小学高级教师。现任南昌市湾里管理局第一中学书记兼校长。1988年毕业于南昌师范学校普师专业。

被评为全国示范校园文学社模范校长、江西省师德先进个人、南昌市劳动模范、南昌市十佳校长、南昌市优秀教育工作者、南昌市优秀党员、南昌市优秀校长等，获南昌市五一劳动奖章。承担了10多项国家级、省级教研课题并结题，发表教育论文10余篇，主持的中国教育学会"十一五"科研规划课题被评为全国优秀课题，撰写的多篇文章在南昌教育专刊发表，主持编印湾里一中校本教材若干本。任南昌市湾里区第七届、第八届、第九届、第十届人民代表大会代表。

任校长岗位近30年，让每个孩子享受最优质的教育是李小明的教育追求，让每个孩子都能全面发展是李小明的教育梦想。在担任校长的管理实践过程中，他逐步形成了"为生命喝彩，为幸福奠基"的办学思想，牢牢把握立德树人、全面发展的办学方向，紧紧围绕人人成功、个个成才的育人目标，凝聚人心，高歌猛进，通过正强化的管理，不断影响和带动整个队伍共同进步。同时，广泛集合相关领域的先进理念，走内涵式发展之路，形成了湾里一中独具特色的"生命文化"。

作为一名校长，要有与时俱进的、符合教育规律的办学理念，要有对教育坚定的信心。湾里一中是一所城乡接合部中学，存在生源基数少、优质生源流失、留守儿童比例大等诸多不利条件。在育人方面，湾里一中作为一所完全中学,在中考、高考的影响下,育人的价值目标趋同、内容同质、方式单一,而且评价范围和标准过于倚重高考科目与考分,学生多样性的发展和兴趣需求得不到充分的重视与支持。学生适性扬才、全面而个性化发展不够,这抑制了学校个性化办学的活力。

因此李小明聚焦"生命成长"这根主线,全面落实立德树人根本任务,思考学校的办学特色和发展方向,确立了多样化、特色化发展道路,落实教学质量、德育教育、安全管理三项重点任务,实行精致教学、精心育人、精细管理三大管理措施,积极探索实施"启梦"计划,通过"2+9+N"赛道(即阅读和劳动实践教育2个基础赛道,三大球、射击、书画等9个主攻赛道以及学校根据自身实际选定的若干个特色赛道)培养学生的兴趣特长,促进学校多样化、特色化发展。在多样化、特色化道路上,学校走出了自己的"成长之路":一是建构了"五育并举"课程体系。通过课程文化、班级文化、人本文化、制度文化,在启蒙阶段培养兴趣,在发现阶段提高学能,在培养阶段铸魂,实现全方位育人,培养三观正、素质高的人。二是坚持差异教育,因材施教,营造人人成长、人人成才的氛围。围绕办学目标,落实盯住学优生、瞄准特长生、鼓励中等生、关爱后进生的总要求,一方面狠抓优生的培养,实现低进高出、高进优出,另一方面坚持多样化、特色化发展,培养体艺特长生,帮助学生实现变道超车,促使学生个性发展、主动发展、充分发展,最终让每一个生命都绽放精彩。三是推进"书记领航、头雁引领"工程。强化教师队伍建设,打造高效课堂,增强多元、特色的育人技能。实践表明,差异教育的关键在课堂,成败在教师。学校积极构建教师成长共同体,组建多个项目探索小组,开展圆桌讨论、师徒结对活动,为教师的专业发展铺路架桥、搭建平台。四是优化外部资源,助力学校内涵式发展。近年来,学校充分利用湾里地域资源,积极探索"名校+"发展模式,建立院校合作关系。2017年5月,湾里一中与江西省中医药大学共同签署"中医药文化进校园"项目合作框架协议，并挂牌江西省中医药大学附属实验中学。2022年10月，湾里一中与豫章师范学院签署协议，正式成为豫章师范学院实习生实习基地。学校与高校的合作"地图"越来越大，合作层次也愈发深入，通过更高层次的平台拓宽学生的视野，也通过不断优化周边资源，努力促进学校内涵式发展，为学校多样化、特色化办学提供更多的保障，加快了学校的全面发展。

以"生命文化"为核心，以梦笔文学社为起点，湾里一中开设了星光英语沙龙、红承社、三大球男女队、射击队、京剧兴趣班等37个社团、20多个兴趣班，艺体生人数由2019年的71人增加到2023年的321人，参与社团活动的文化班学生从1100多人增加到1558人，特色教育普及率超过80%，梦笔文学社多次被评为全国示范校园文学社团，体育特色课教育普及率超过60%，专业体育生人数由2019年的15人增加到2023年的275人，学生的精神、品格得到不断提升。其中，9名同学获得国家一级运动员称号，12名同学获得国家二级运动员称号。射击队里，输送的运动员王仕文在2023年世界青年锦标赛上获得男子25米手枪速射个人冠军；美术特长生中，2022年美术类专业上线人数23人，占报考总人数的77%；中俄班里，11名优秀学生赴俄留学，成功打通了一条高考外语快车道。

在李小明的带领下，学校克服了生源较少、优质生源严重流失的困难，解决了中考录取分数线低于市普通高中近百分的问题，学校教学质量有了明显的提升，高考录取率连续6年超过40%，达成低进高出、高进优出、全面提升的办学目标，获得了上级领导和群众的称赞。学校获得全国校园文学示范校、全国第二批足球特色校、江西省素质教育示范校、江西省平安校园、江西省普通高中新课程新教材实施省级示范校、江西省实施素质教育先进单位、江西省"课后服务百校行"示范学校、南昌市德育工作先进单位、南昌市文明单位等荣誉称号。学校在多样化、特色化发展的道路上不断深化，2023年被评为南昌市体教融合基地学校，射击训练基地、中国现代五项青少年后备人才储备学院等称号也陆续在校挂牌。

寄语：人们常说"一个好校长就是一所好学校"，但是一花独放不是春，百花齐放春满园，教育永远期待着新鲜血液的注入，这些新鲜血液如乳虎、雏鹰，有着无限的潜能和希望。习近平总书记曾说："培养社会主义建设者和接班人，迫切需要我们的教师既精通专业知识、做好'经师'，又涵养德行、成为'人师'，努力做精于'传道授业解惑'的'经师'和'人师'的统一者。"行为世范，学为人师；学高为师，德高为范；百年大计，教育为本；教育大计，教师为本。作为未来的教师，希望你们主动思考并做好人生规划，把探索未知世界、服务国家发展、造福人类社会作为奋斗目标，涵养进取品格，勇担时代使命，把稳前行方向，把对探索未知的期待、仰望星空的遐想、心之所向的追寻化作奋斗脚步，迈入这个机遇与挑战并存的伟大时代，以不辍耕耘为青春续写华章！

大爱无碍

校友简介：刘斌，女，1968年5月生，中共党员，中小学高级教师。现退居二线，任江西省特殊教育责任督学、西湖区中小学校责任督学。1986年毕业。

2021年，实验工作案例被评为"江西省优秀特殊教育典型案例"；实验研究成果获第七届江西省教育科学优秀成果奖三等奖；主持完成国家级课题1个，省级课题2个。

1986年，年仅18岁的刘斌走上讲台，成为一名光荣的人民教师，一干就是38年。她从一名普通教师开始，踏实工作，用真情、真意以及努力，换来了学生的爱戴、家长的认可和领导的信任，成长为一名小学副校长。在2007年这个不平凡的一年，她从一名普通的小学教育工作者转变成了特殊教育工作者，成为育智学校校长，也成为100多名特殊儿童的大家长。

"爱在左，情在右，走在生命的两旁，随时播种，随时开花。"从事特殊教育已经16年了，刘斌对特殊教育从不知道到慢慢了解，从对特殊孩子的同情到全情付出。她有责任有担当，默默奉献，一路前行，收获喜悦，成就自己。

一、以爱为名——办人民满意的现代化特殊教育学校

记得2007年年初，南昌市教育局安排刘斌去育智学校任校长。当时她是犹豫的，特教不是她的所学专业，她只知道西湖区育智学校是一所特殊教育学校，但不知道学校的教育对象是谁、教育任务具体是什么。通过

打听、查阅资料，她才知道南昌市育智学校是西湖区唯一一所全日制智力障碍类特殊教育学校，兼收有语言、行动问题等需要特殊教育的学生，实施九年义务教育。西湖区于1985年在松柏小学创办智力障碍类特教班，是江西省最早开展智力障碍类特殊教育的县（区），1986年8月，西湖区将西湖小学改为特殊学校，正式创建南昌市育智学校，校址在西湖区横街11号。

但仅凭这些认识，能管理好特殊学校吗？刘斌当时是非常忐忑的。在领导的鼓励中，她于2007年2月第一次走进了南昌市育智学校。学校不大，位于西湖区市中心的一条小巷子里，走进大门，学校更像一个小院，巴掌大的操场被一栋三层的砖瓦小楼房围着，虽然看上去简陋，但非常整洁干净。学校只有15名教师和不到60名学生。

通过一段时间的调研、思考，刘斌确定了学校的办学理念：为家庭和社会排忧解困，引领每个孩子融入社会，创造美好未来。几年来，学校在教育教学中不断摸索和实践，在智力障碍儿童康复教育方面，针对学生实际，制订个别化教育计划（IEP），因材施教，积极开展学龄前智力障碍儿童康复教育、智力障碍学生"言语语言康复"和脑瘫孩子"物理治疗"等实验工作，成为首批全国特殊教育学校"医教结合、综合康复"实验基地之一和江西省残联"学前康复教育"机构。在智力障碍学生劳动技能、职业培训方面，重视对基本的生活自理能力和劳动职业技能的培养，矫正和补偿学生的身心缺陷。在智力障碍儿童特殊奥林匹克运动训练中，挖掘个体潜能，有针对性地训练，积极组队参加历届国内外特奥运动会，取得喜人成绩。

2008年，西湖区政府投资700多万元在解放西路塔子桥11号兴建全新的育智学校，新校区于2010年10月竣工并投入使用。学校坚持标准化建设，规范化管理。现有学生160余人，在编教师29人，劳务派遣教师

13人，其中中小学高级教师3人，市、区级学科带头人各1人。学校环境优美，功能室齐全，设施先进，为每个学生的健康成长创造了条件。

2014年3月，西湖区教科体局以育智学校为依托，成立全省首个特殊教育资源中心。2015年1月，西湖区被教育部列为国家特殊教育改革实验区，开展"特殊教育资源中心＋重点资源教室＋普通资源教室"随班就读三级资源体系建设的实验研究。2017年9月，政府又投入400多万元对育智学校进行整体改造装修，工程于2018年完工。学校不断发展提升，成为江西省特教领域的一张名片。

二、用爱领航——不让一个特殊孩子失去接受教育的机会

想起刚从事特教的场景，刘斌至今记忆犹新。刚开始面对这一群智力障碍的学生，她感觉特别别扭。他们有的嘴里咿咿呀呀不知在嘟哝什么；有的个子高大，傻傻地笑着，一直跟在你的身旁，眼神愣愣地看着你，看得你心里发怵……

经过一段时间接触、了解，刘斌为这些智力障碍儿童痛心，同样是父母生、父母养，命运却是如此不公。其实，智力障碍儿童也希望能像其他孩子一样学习玩耍，可惜很多时候他们显得有点无能为力。他们是不幸的，因为他们是残缺的天使。然而，他们又是幸运的，因为在育智学校，学校的老师细心呵护他们成长，让他们获得尊重，又教他们独立自主地生活。

学校不断提升"康复、教育、职业培训、特奥训练一体化"的办学特色，旨在帮助孩子立足社会，培养孩子道德自律、生活自理、健体自觉、敢于交往，鼓励孩子追求幸福人生，培养孩子健康心理、健全人格，帮助孩子掌握技能、提振精神。在育智学校这个温暖的集体里，这群智力障碍孩子学习文化知识，掌握生活本领，接受康复培训，参加特殊奥林匹克训练，发展潜能，补偿缺陷，甚至自食其力，立足社会。刘斌认为爱学生，就要

让他们获得尊重，学会独立，使孩子们树立起生活自信心，勇敢地迎接生活中的各种困难。"没有爱就没有教育"一直是育智人的教育理念。

三、与爱同行——苦研特殊教育助更多孩子融入社会

2019年3月，在阿联酋举行的第十五届世界夏季特奥运动会上，育智学校的举重运动员获得4金1银；在全国第十届残运会暨第七届全国特奥会上，学校12名运动员又再次获得足球、举重、田径等项目18金4银1铜的喜人成绩。而这些成绩，无不代表着育智学校教育团队的辛苦成果。

参加体育比赛是增强孩子自信心的重要途径和方法。特奥训练就是学校为帮助孩子们强壮身体、健全心智所设置的特色教学内容之一。学校为有特长的孩子提供专业的训练场地、器材，由专业的教练员进行体育项目训练。刘斌常常对老师说："在学校，我们不仅要在学习成绩方面努力挖掘这些特殊孩子的潜质，更要注重学生的多方面发展，让他们找到信心和人生的方向。"

普通学校不愿意接收，特殊教育学校不愿意上，轻度残障儿童就学问题一直困扰着家长。为了有效保障残疾适龄儿童享受九年义务教育的权利，西湖区成立全省首个特殊教育资源中心，在全省率先开展义务教育阶段特殊儿童少年随班就读工作，保证部分肢体残疾、轻度智力障碍、学习困难、孤独症等孩子进入普通学校就读。2015年1月，西湖区成为国家特殊教育改革实验区。西湖区以"县（区）融合教育'三级'资源体系建设"为主题，成功申报国家特殊教育改革试验区，由此拉开了全区融合教育整体推进的序幕。几年来，区委、区政府高度重视，在秉承教育优先发展的前提下，以《西湖区开展特殊教育随班就读三级资源体系建设实验工作实施方案》为行动指南，坚持"共享、共生、共融"的全纳教育理念，特教特办，多措并举，逐步实现以随班就读为主体，特教学校为骨干，送教上门为补

充的特殊教育融合发展格局,西湖区特殊教育改革呈现出"零拒绝、全覆盖、多模块、个别化"的良好态势。

正是一点一滴的爱,汇聚成了特教人的大爱无疆精神,一路走来,刘斌倍感欣慰:自己的努力和坚持还是有回报的。2022年9月,刘斌虽然从校长岗位退了下来,但仍继续在特殊教育岗位发挥余热,担任了西湖区的责任督学,对育智学校的工作进行督导,一直关注、关心、支持特殊教育。

寄语:同学们,真正的教育是爱的教育,而特殊教育就像是一种温情的抚爱,是一种热切的盼望,是一种雕琢的快乐,是一种内心的感动……每一个生命都值得尊重,特殊孩子更需要爱!作为一名特殊教育工作者,希望你能对每一个孩子尽心尽力,"以爱导教,以心启教,以情寓教",让每一位学生快乐成长。一起努力,用爱点亮特殊孩子的明天,与爱同行,让爱无碍!

梦想领航　做师生幸福成长的守护人

校友简介：刘红英，女，1966年9月生，中共党员，中小学正高级教师。现任青云谱区教育体育局党委委员、洪都小学教育集团总校校长。1985年毕业于南昌师范学校普师专业。

被评为全国创新管理校长、全国特色教育先进工作者、首届江西省人民最尊敬十大校长、南昌市十佳校长等，并荣获南昌市五一劳动奖章。发表论文60余篇，在全国各地开展讲座20余场，开展课题研究10余项，课题研究成果获江西省基础教育教学成果奖一等奖。

一、治校理念

学生眼中有光，教师心中有爱，学校有文化，这是刘红英治校一以贯之的理念。每一个教育行为都是为了让学生获得真实的成长。处在打好学生人生底色的小学六年，办学决不能搞"唯分数论英雄"，要立足培养全面发展的人，让每一位学生都被看见，要让每一位学生虽生而不同但同样精彩！校长的办学理念体现在教师的发展上，要抵达学校发展的天花板，教师是关键要素。激发教师活力，让每个教师实现"生命起飞"，是校长必须做的事。文化是学校的灵魂，是凝聚人心、引领学校走向优质的关键力量，因为文化，学校方有内生力量。

二、治校解析

（一）缘起：多岗位历练让她的办学理念逐渐清晰

从教30余年，从事学校管理的时间有20多年，从小学到幼儿园再回到小学，从教师到大队辅导员再到副校长、校长，不断变化的是工作岗位和履职身份，不变的是教育人的热忱和初心。通过不同岗位的历练，刘红英对办学的理解逐渐清晰了起来：学生、教师是学校的核心，一切办学行为都是为了成就师生的发展，像爱孩子一样爱学生，像爱家人一样爱老师，办学才有意义。

（二）实践：最美好的年华在洪都小学这片热土上绽放

2010 年，组织上任命刘红英到青云谱区洪都小学担任校长，全面负责学校工作。到任之前，她对学校知之甚少。洪都小学的前身是中航工业洪都集团子弟小学，2006 年 10 月划归青云谱区人民政府管理。由于是集团子弟学校，与地方学校的联系很少。初到这所学校，规模大是她对这所学校最深的印象，一个校区拥有近 5000 名学生在当时的城区学校是很少见的。如何让如此规模的学校成长为品质名校成了刘红英到任后首要思考的问题。经过一番思考论证，她决定从学校文化、课程建设、教师培养、学生发展等四个方面着手，绘制蓝图，以实现到任时区委提出的"一年全区领先，三年全市有名，五年在省内有影响力"的要求。

确立"蓝梦文化"办学特色。这是基于洪都航空这一独特的地域文化和深厚的精神积淀，源于学校三个独特的办学优势：一是不可复制的历史渊源。这里是新中国第一架飞机、第一枚海防导弹、第一辆摩托车的诞生之地。二是无法模仿的人才聚集地。学校所在的洪都集团，有包括学校发展顾问、中国工程院院士石屏为典型代表的一大批航空科技精英。三是难以超越的文化积淀。大部分的洪小教师、学生、家长都是从小听着飞机试飞的轰鸣声长大的，绝大多数师生生活在航空人家庭，受航空文化的熏陶，与航空文化血肉相连。"向往蓝天、追求卓越、严谨务实、创新进取、献身事业"的精神内涵在洪都小学人心中打下了深深的烙印。

打造梦想课程体系。从"蓝梦文化"到"梦想教育"，学校文化不断迭代，从"蓝梦"学校文化打造着手，开启了观照学生整体生命、关注学生未来发展的"梦想教育"实践探索，实现了"构筑儿童科技梦"到"培育儿童多元梦"的跃升。学校在全学科实施梦想教育，使学生在课程体验中不断提升素养。

锤炼梦想教师队伍。在和老师们的聊天中，刘红英深刻感受到年轻教师有迫切的专业发展需求，老教师们也很希望被看见、被认可。她通过邀请李希贵、王崧舟等教育名家来校讲座，创造展示和竞赛机会，搭建青年教师成长平台，率先在学校开展最美教师评选等方式，让不同群体的教师都找到了各自的位置和价值，使每位教师都实现了专业的再成长。各级学科带头人、骨干、名师队伍由2010年的10人增至2024年的100余人。

（三）收获：踏实走过的每一步都算数

在"梦想教育"的引领下，在全体师生的共同努力下，洪都小学成为一座梦想的天空之城、一个追梦的教育空间。洪都小学凝聚力日益增强，教育特色逐渐鲜明，办学品质不断提升，并成为一所充满教育情怀的学校，实现了自身的内涵式发展。

学校获评全国文明校园、全国特色学校、全国航空特色学校、全国航空特色学校示范学校、全国科技体育传统校、全国校园足球特色学校、全国优秀少先队集体、江西省校园文化特色学校、江西省文明校园、江西省人民群众满意学校、江西省模型活动优秀单位、江西省航空优秀重点学校、江西省实施素质教育示范学校、南昌市名校等多项殊荣。因课程建设工作突出，洪都小学先后被江西省教育厅授予"学校内涵式发展研究实验基地""学校有效教学研究实验基地"称号。学校不仅提前实现了区委定的目标，还在全省乃至全国有了一定的影响力。

《麦田里的守望者》有一个词语为守望；教育不是管，也不是不管，在管与不管之间，有一个词语叫作守望。好校长，应该是学校发展的规划者，教师发展的促进者，学生成长的守望者。她愿守护师生的幸福成长！

寄语：第一，让热爱成为我们生活的主旋律。

唯有热爱，方能使我们的生活更美好。因为有了爱，才有整个世界，才能推动人类社会不断创新和发展。保持好奇心，对生活、对学习充满无限热爱。我们应当拥有英雄主义的风骨，遭遇生活的磨难后，依然热爱生活。热爱生活，就是热爱生命。只有热爱生命，生活才会绽放光彩。同学们，永远对世界以温柔，永远对生活热情如炬，要记住每一个不曾起舞的日子，都是对生命的辜负。

第二，让理想成为我们精神的主旋律。

人的理想是人的精神世界的支柱，是人前行的动力和方向。理想如星辰，永远指引着我们一路前行。人可以被打败，但绝不能被打倒。人生的价值和意义也许就在于行动本身，受挫折不灰心，遇难关不畏惧，受打击不屈服，矢志不渝。

梦想就是那夜空中最美的星星，陪伴我们一路同行，照亮并温暖我们一生。让我们付诸行动，做追梦青年。

第三，让知识成为我们创造的主旋律。

"立身以立学为先，立学以读书为本。"青年时代是积累知识的黄金期，只有打下了良好的知识基础，未来才能为人类社会做出更大的贡献。知识是前进的力量，知识是创造自身价值的源泉。知识会让你的人生之路鲜花绽放，绚丽辉煌；知识会让你在事业浩瀚的海洋中沐浴阳光，尽情欢畅。

"人这一生不要去追一匹马。你用追马的时间去种草，等到春暖花开的时候，自然会有一群骏马供你选择。"

当你开始不断丰富自己，你想要的一切都会因你而来。

教育是一项长情的事业

校友简介：熊绮，女，1968年1月生，中共党员，研究生学历，中小学正高级教师。现任南昌市外国语学校党委书记。1985年毕业于南昌师范学校普师专业。

获得全国五一劳动奖章，获全国创新校长、江西省劳动模范、江西省督学专家、南昌市督学专家、南昌市优秀教育工作者、南昌市十佳校长、南昌市"洪城学师"等荣誉称号。为南昌市第十六届人大代表、市第十六届人民代表大会教科文卫委员会委员。曾参与编著多部著作，主持中央电教馆国家级课题、省教育科学"十三五"规划课题等，其中《大数据时代中学智慧课堂教学策略研究》获得第十七批江西省基础教育教学成果一等奖，在全国核心期刊、省市级媒体发表论文数十篇。

一、传承师道育桃李，留得芬芳香满园

"教育是一项长情的事业，需要有情怀，需要用心用情。"熊绮出生于教育世家，有一个温暖的大家庭，在祖辈、父辈们的影响下，她家先后有四代人从事教育工作。所以中师毕业后，她毅然决然地奔赴教师岗位。在教师梦的启航阶段，她只不过是一名少先队辅导员和美术教师，却以初生牛犊不怕虎的精神，主动向领导请缨担任班主任管理重点班，以自律、严谨、踏实的作风赢得了学生、家长和学校的认可，她所带的班级上重点高中的学生占比超过了50%。在繁忙的工作之余，她努力提升自己，到高校进修，最终从美术教师转型为思政教师。

1985年到2024年的这段时光，如果用脚步计算，是一段以育人为起

点的旅程；如果用时间计算，是一场长达 39 年的树人之梦。从一线教师到分管教学工作的校领导，从当地最年轻的一把手转为经验丰富全面主持学校工作的党委书记，熊绮去过不少学校，历任多种岗位，但"根"依然紧紧地扎在教育中，她用近 40 载之光华致力于基础教育，年逾半百仍勇立教育改革的潮头。

二、特色立校勤创新，以文化人启新源

"一个好校长就是一所好学校，一个好校长的精神品格会影响一所学校的办学气质、办学方向和办学目标。一个好校长不仅会给教师带来专业引领，还会给这所学校的学生带来人格影响。"这是熊绮信奉的教育理念。作为一名教育管理者，无论走到哪一所学校，她都用严谨的态度、坦荡的胸怀和踏实的作风，坚守教育的理想和信仰，创设出适合学生成长的教育环境，展现出独特的教育情怀和使命担当，并时时刻刻以归零的心态、担当的状态、奋斗的姿态，逆风而行、无问西东。

在担任南昌市外国语学校分管教学副校长时，熊绮紧扣学生个性化发展的需求，打造外语特色，最终在全校师生的共同努力下，学校在 2005 年被教育部批准为具有高校保送生资格的外国语学校。2014 年，组织将她调到南昌一中担任校长时，正值一中声誉滑坡的低谷阶段。咬定青山不放松，一方面，她主动融入名校的厚重文化中，充分尊重、认可原有的优秀教师群体，抓管理，强服务，消除教师的职业倦怠，挖掘其内生动力；另一方面，她注重学生人文精神的培养，使学校在教育教学质量、校风、教风、学风、校园环境、教师生活等各方面都焕然一新，百年名校重获师生爱戴和社会认可。她团结全校教职工，拓宽办学路径，提升办学效益，在"双减"、新高考的教育变革中始终保持谦虚好学的品质，以凝练学校特色、专注学校内涵式发展为主轴，创办教育集团，扶持区域教育发展，为南昌基础教

育的发展做出了较为突出的贡献。学校获得全国文明校园、江西省普通高中特色学校、江西省首届文明校园、江西省语言文字示范校、江西省绿色学校、江西省平安校园示范学校等荣誉,还连续5年获得南昌市教育系统"五看五比"一等奖。

2023年,因工作需要,熊绮回到梦开始的地方,即南昌市外国语学校,担任党委书记一职。她认真研判学校发展现状,在实践中聚焦难点,狠抓落实,采取"管理重心下移,领导工作下沉"的低重心管理思路,引导中层干部践行"管理+服务"的模式,提升了学校精细化管理水平,并以"高标准要求、高品位谋划、高质量推进"的集团办学思路,引领外国语学校这一全省特色重点高中在新时期焕发出新的光彩。

三、勤学精研结硕果,培育青年百花开

"熊校长在工作上要求严格,追求完美,强调所有中层以上的干部必须首先做好服务,让教师安心教学。"这是和熊绮共事多年的中层干部的肺腑之言。熊绮对管理者的要求严格到了近乎苛刻的地步,但很少批评教师。作为校领导,她珍惜和尊重每一位教职员工,善于倾听,讲民主;深入课堂观察,把教研当作一种生活常态,竭尽所能为教师的专业成长铺路子、架梯子、搭台子、树牌子,青蓝携手共成长;敢为人先勇创新,带领教师走在教育改革的最前沿,育人活动让"双减"落地有声,多元课程让"双新"改革丰富多彩;营造氛围重阅读,分享先进的教育理念,多种途径育师德、炼师能、铸师魂;构建多激励机制,通过改革职称评审和岗位晋升,从源头化解干群矛盾和职业懈怠等问题,营造尊师重教的良好氛围,让教师享受成长和成功的喜悦。

在学校走上集团化办学后,熊绮将名师带动工作作为常抓不懈的重头戏,选拔各校区省市级学科带头人、骨干教师,采取师徒结对、帮扶等形式,

促进青年教师提升师德素养，掌握先进的教育理念，使青年教师在更新教材教法、运用教育技术、进行校本教研和驾驭课堂、管理班级与学生等方面的能力获得全面提升。她还创新性地成立了青年教师联合会，制订了教师成长规划方案，围绕文化共建、教科研互动、教师互动、专业培训等4个方面搭建平台，打造青年教师专业成长多元化发展的升级路径。通过几年的坚持，一批教师主动从教书匠转变成科研型、专业型、教育家型教师，青年干部比例逐年增长，形成了一支专业度高、向心力强的教学骨干和青年教师队伍。

作为南昌师范学校培养的一名师范生，从母校毕业后，熊绮秉持着师训，从青涩到成熟，从青丝到白发，始终站在南昌基础教育这块精神高地上，带着祖辈、父辈的期待，带着师范生的理想，谱写着一篇平凡却又卓越的教育华章！

寄语：教育若是诗，当是一首热血不止的诗；教育若是画，当是一幅色彩斑斓的画；教育若是歌，当是一首常唱常新的歌。既然选择了教育，就应将教育作为一生追求，将情怀、奋斗、扎根、温情装进行囊，在这条充满未知的漫漫长路上，不拒细流，一路前行。

"求实·求真·求新"的教育人生

校友简介：许建成，男，1959年12月生，中共党员，中学正高级教师。曾任南昌市启音学校校长、南昌十中副校长、南昌十九中校长、南昌三中校长等，2020年退休。1981年毕业于南昌师范学校普师专业。

获全国先进教育工作者、全国中小学教育家、江西省优秀中小学校长、首届中国（江西）十大杰出校长、感动江西教育十大人物、江西省十大人民满意的实干好校长、首届南昌市十佳校长、首届南昌市明珠教育奖等荣誉，多次被评为南昌市优秀共产党员、南昌市优秀教育工作者，并荣登教育部校长培训中心设立的"30年30人"风采榜。

一、教育的感悟

在母校培养教育下，许建成自1981年从事教育工作开始，他的目标便十分清晰：想一辈子教育的事，行一辈子教育的路，做一辈子教育的人。

几十年的教育生涯和管理经验让许建成有了经验，悟出了教育的本质，即教育是生命与健康的科学，其价值在求真；教育是生存与发展的规律，其本质在求实；教育是生活与幸福的目标，其生命在求新。自从走进基础教育的队伍里，在义务教育、特殊教育、职业教育、成人教育、普通教育领域从事过教育管理工作，他为自己如此多样的教育经历感到十分自豪，这是很多教育人都难有的经历。其间，教育的酸甜苦辣和成功失败都是他宝贵的财富。

不同教育对象的生存能力是不一样的，2001年、2016年两位学生因意外不幸失去了生命。许建成深感痛心的同时，明白了教育应该是生命与健康的科学，学校的第一课应教育学生如何热爱生命、呵护生命、珍惜生命、敬畏生命。

1993年、1999年在两所不同的学校发生的教育事例让许建成明白，不同的对象在不同的教育环境对生存与发展的感悟与需求不一样，在不同的教育模式和家长不同的对待下学生将会有不同的生存观。一是特殊学校的学生，家里无条件也无法管理，家长便交给学校一"甩"了之，学生经常因偷窃别人东西而被派出所抓获。虽然他们无法说话，但每当许建成去认领人时，他们渴求生存的眼神仿佛在喊"校长来救救我们吧，我们要出去"。二是聪明的少年班学子，他们学习好，可常常又被父母溺爱得没有自主生存的能力，情商低。有一名孩子是高才生，却在参加一次重要的赴宴活动时把酒桌掀掉了，原因是他妈妈说了不能喝酒，而父亲不听劝阻喝了点酒，他便一气之下做出了令人瞠目结舌的举动。

在漫长的教育路上，许建成明白了教育的真谛就是为了让孩子懂得生命与健康的意义，让他们明白只有拥有了自由与生存的能力、理性和尊重的品质，才能更好追求美好的幸福生活。

二、学校的管理

40年的生涯写春秋，32年的管理迎冬夏。许建成从事学校管理有32年之久，总结出了一系列管理理念与经验。

营造管理的氛围。一要树好文化，包括精神层面和物质层面。在南昌三中通过"勤、朴、忠、勇"校训来诠释勤以之学、朴以之己、忠以待人、勇以任事，即学会学习、学会生活、学会做人、学会做事。为了让学生记住历史，展望未来，他和老师共拟了反映南昌三中一百年来办学的见证和未来一百年的展望的楹联：

百年老校木铎启丹心李艳桃芳多国士

一苑春光杏坛播瑞雨旗红誉远奠鸿基

养德修行以勤朴言道遂令青山萦美梦

尊师重教以忠勇立身甘为赤县育英才

  同时，他们把学校所有的曾用校名设为学校的路名，让学生在校园里记住校史，从而激励师生奋发向上。二要建好制度，包括学校的章程、学校的发展规划、常规常态管理制度、教师师德考核制度、专业技术考核办法、技术职称评审方案、教师的绩效分配方案等。三要带好队伍，引导干部队伍团结干事、和谐共事、大气谋事、精细做事、按章办事、务实处事；教师队伍要有理想信念、道德情操、扎实学识、仁爱之心；学生队伍要有文明礼貌、通情达理、自信自律、卓越善思、责任担当、视野开阔、人格完整、勇于创新。四要搞好环境，包括硬件环境和软件环境。硬件环境即学校的办学条件、设施设备等；软件环境即学校的正能量、正声音、正风气、正形象，教师思想上要有高度的认识，忠诚党的教育事业，终身从事党的教育事业。

  创造管理的动力。一要以人为本，处处体现人文关怀，让师生在爱的阳光下推动生命的力量去完成自己的使命。二要以校为家，处处体现学校发展，让师生在责任的驱使下推动使命的力量去完成社会的担当。三要以廉为政，处处体现自警自律，作为一校之长既是师生公仆，又是教育者，时刻要清廉修身、清廉做人，自警、自省、自重、自律，方能赢得师生敬畏，从而更好地调动大家的积极性。许建成任校长期间，建设了1所新校，改造了2所老校，投入资金近5亿元，每笔经费的去向清清楚楚、明明白白。他觉得手中的权力是党和人民给的，是师生赋予的，做师生好公仆好校长，是他应尽的职责。四要以事为理，处处体现公平公正公开的原则，公开不会让人怀疑，公正不会让人心寒，公平不会让人愤慨。处事讲规矩守底线，不能自以为是，不能自己说了算，不搞"一言堂"，一切从实际出发，实事求是，不唯书，不唯上，只唯实。

讲究管理的艺术。即抓住兴奋点、把握时空点、用好人事点、处好关系点。在管人上要用心，在管事上要落地，在管时上要抓紧，在管关系上要维护。

注重管理的实效。即讲实话、重实际、务实事、求实效。那就要用积极的思想去发现问题，用积极态度去分析问题，用积极的行动去解决问题。

许建成在管理中归纳出的策略是：

第一，始终坚持三个"一"。一个中心，即以教育教学为中心；一个根本，即以立德树人为根本；一个方向，即以社会主义核心价值观为导向。

第二，始终把握两个基本点，即教师发展和学生成长。学校要发展首先要解决这两个基本问题，这是学校发展的主体。

第三，始终带好三支队伍，即干部队伍、教师队伍、学生队伍。只要三支队伍齐心协力，学校定能朝气蓬勃，永远向前。

第四，始终建好四个体系，即教育教学质量保障体系、质量监控体系、质量奖惩体系、质量评估体系。

第五，坚持做好五项工作，即做好计划、做好总结、做好应急预案、做好安全保障、做好常规事宜。

第六，有六个意识，即大局意识、学习意识、服务意识、责任意识、预见意识、角色意识。

第七，有七种能力，即政策领悟能力、计划统筹能力、组织管理能力、协调沟通能力、应急抗挫折能力、敢于授权能力、勇于创新能力。

第八，做到八项关注，即关注学校愿景目标、学校发展规划、学校立章建制、学校内涵文化、学校课程体系、学校基本建设、学校硬件达标、学校教职工福利。

经过长期的实践，许建成悟出"八在"的管理方法，即管理学校在课程、管理行政在制度、管理教育在坚守、管理教学在常规、管理课堂在教师、管理干部在引领、管理学生在养成、管理自己在自律。

许建成在管理中悟到的路径是：观念变校走超前引领之路、依法治校走规范办学之路、民主办校走和谐管理之路、文化立校走内涵发展之路、质量强校走永恒进取之路、制度管校走刚柔相济之路、特色名校走示范品牌之路、科研兴校走改革创新之路。

三、成功的法则

自1988年以来，许建成在职业生涯中，从事了32年的学校教学管理工作，总结出了自己的工作经验，形成了自己的办学思想，明白了一个成功校长的背后，一定有着他能成功的道理与法则。

第一，思想先行是校长成功之灯。校长要有教育思想，教育思想不是凭空产生的，而是在长期的实践中归纳总结提升出来的。2015年教育部校长中心安排他在南昌做了一场"许建成教育思想研讨报告会"，当时有500多位校长参加，反响热烈。教育即培育会学习、会生活、会做人、会做事、愿担当、敢担当、善担当的现代中国人。

第二，善思肯学是校长成功之基。校长要通过不断学习来提高理论水平和管理能力，同时还要不断总结反思来提升工作效率和领悟能力，养成天天撰写工作杂记的好习惯。2016年，许建成成为国家首批中小学正高级教师之一，这得益于他的肯学善思。

第三，事业追求是校长成功之路。人应该要有点精神，要有责任感，要有个事业，而在事业的路上要坚守才能水滴石穿。

第四，真抓实干是校长成功之道。那就是要动真格抓落实，样样落实，天天坚持。

第五，责任担当是校长成功之本。校长要愿担当、敢担当、善担当，把师生的事、学校的事时刻扛在肩上，挑起来、担起来，方能成就大业。

第六，人格魅力是校长成功之因。大气、霸气、锐气、骨气、勇气等都能彰显出校长的人格魅力。

第七，公正无私是校长成功之宝。因为公正不会让人心寒，公平不会让人愤慨，公开不会让人怀疑，在工作上要心无杂念，这样校长才有公信力，方能赢得师生的尊重与信任。

第八，廉洁自律是校长成功之盾。校长作风要过硬，在师生面前要做表率，必须不能贪不能腐。

第九，胸怀宽广是校长成功之母。校长的大心胸成就他的大格局，而大格局成就他的长远见，因而校长遇人遇事要包容、开明、开放。

第十，团结创新是校长成功之魂。校长要带领团队做到团结干事、和谐共事、大气谋事、精细做事、按章办事、务实处事、敢为人先，创造佳绩，造福师生。

寄语： 大学时光非常宝贵，请你们珍惜时间，勤学知识，苦练本领；勤于思考，不断创新；乐于奉献，服务社会。心无旁骛抓学习，不负韶华勇担当；尽早做好人生职业规划，奋力谱写辉煌的人生篇章。

幼儿园仁爱管理的思考与实践

校友简介：左玲，女，1967年生，中共党员，正高级教师。现任江西省直幼教服务中心党支部书记、主任，兼任江西省家庭教育研究会副会长、省幼儿园园长研究会副会长等职。1985年毕业于南昌师范学校幼儿教育专业。

荣获江西省幼儿教育工作先进个人、江西省女职工建功立业标兵、江西省三八红旗手等荣誉称号。被聘为国家特约教育督导、省督学、省学科带头人、江西省学前教育评估评审专家、研究生校外导师等。主持并完成5项国家课题，发表了几十篇论文，其中多篇获奖。主编2部专著，参编教材等。

创建于1949年12月的江西省八一保育院隶属于江西省机关事务管理局，是江西省首批优秀示范幼儿园。保育院以"红色摇篮温暖同行"为办园思想，借鉴儒家仁爱思想，提出了幼儿园仁爱管理的理念，将中华优秀传统文化与当代先进的管理理念结合起来，形成幼儿园仁爱管理的思想和价值追求。

一、走向新岗位

2014年9月1日是学校开学的日子。左玲服从组织的安排，成为八一保育院的一名"新兵"，这一天也是她的"开学"日。每一所学校都有自己独特的历史，八一保育院在建院之初就烙上了红色八一的印记，是一所为革命者的后代成立的保育院。因院址是朱德总司令办公的地方，也是八一起义的义举之地，故名为八一保育院。保育院环境优美，占地面积13919平方米，建筑面积12547平方米，绿化面积5646平方米，有24个班736名幼儿，教职员工122名。八一保育院软硬件设施都较好，是深受孩子和家长喜爱的名园。但左玲到幼儿园工作后才知道现实状况：大家习惯于领导安排什么做什么；科室人员较多，人浮于事；教师职业倦怠，缺乏职业幸福感。她记得入园后参加的第一个会议是上级纪检部门组织召开的关于匿名举报信调查反馈会……如何在这座具有革命历史的红色摇篮里续写八一保育院新篇章，她深感压力大。

二、重新审视和思考

作为院长，左玲觉得首要任务就是要在幼儿园里营造积极向上的、鼓舞人心的氛围；首要责任就是要尊重、关爱、信任和包容每一个教职员工，为孩子和教师创造温暖有爱的环境和自主发展的空间。只有这样才能在高速变化的时代和不变的教育初心中，让每一位教职工感受到职业幸福。面对保育院发展现状，怎样创新管理才能团结和带领大家在打响八一起义第一枪的这块红土地上弘扬八一精神，让教职工敬业乐业、敢为人先，争做幼教先锋呢？

左玲在和教师们、班子成员反复讨论碰撞中确立了"红色摇篮，温暖同行"的办园思想，旨在传承八一红色基因，逐步形成全园教职工认同认可的价值观念，以仁治园、以爱育人，让每一位师生在温暖有爱的摇篮里健康成长。为此左玲带领大家学习相关理论，借鉴儒家仁爱思想，丰富和发展仁爱思想的内涵并运用到管理中。在大家的共同努力下，学校成功申报了江西省规划课题"幼儿园仁爱管理的实践框架与行动策略研究"。通过汲取仁爱思想中的营养，构建幼儿园仁爱管理的理论框架，探索幼儿园仁爱管理的实践模式，以尊重信任为基础，以仁爱管理为手段，以促进幼儿、教师、家长共同成长为目的，建设一所教师乐业、孩子喜欢的温暖且有爱的幼儿园。

三、探索和实践

左玲相信职工是可以改变、可以重塑的，其关键在于领导。她认为管理者以爱为媒，用关爱人、尊重人、包容人、信任人的方式，调动所有资源，最大限度发挥人的潜能和作用，可以实现管理价值最大化。

（一）查找原因

为全面深入了解幼儿园情况，通过职工访谈、问卷调查、召开职工代表大会、案例分析等方法，梳理出如下问题：有岗无责，工作量不均；干多干少都一样，不做没事，做不好挨批；怕领导表扬，受表扬的职工会受到指责；管理人员欺善怕恶，职工说三道四。64%的教师认为单位等级严格，官僚作风较浓；78%的教师认为教职工之间缺乏尊重和认同；79%的教师认为教学过程中自主权较少，这也是教师工作热情不高、缺乏创新意识的原因。

（二）尝试改变

班子统一思想，从三方面入手推进：第一，对科室人员做一个较大的调整，定岗定人定责，科室富余人员全部进班进一线，从年龄最大的开始优先选岗，全院一次性辞退近20名聘用人员。第二，转变管理者的工作方式。凡事以爱为先，以人为中心，以情为主线，做到说暖心的话，做暖心的事。管理者发自内心地笑脸相迎、耐心倾听、鼓励、支持，进行"细无声"的滋润。在工作中鼓励在先，管理在后，放大优点；对于问题，自我反思在前，批评建议在后，根据教职工的性格、能力差异弹性工作，让温暖的话语和行为在管理者与教职工、幼儿、家长之间流淌，形成一个温暖和谐的工作氛围。第三，重视文化引领，创设良好的物质环境和温暖向上的精神环境。有温馨如家的布置、自主自由的学习工作环境，有教职工阅读经典、快乐分享时段。通过读书学习，提升修养和素质；通过听身边人讲身边好人好事，用真善美的行为感染和影响人；通过推进院务公开，建立有信任感的工作环境；等等。同时处处为职工谋福祉，创建有存在感的制度文化，如制定《职工因子女参加中、高考给予公假制度》《直系亲属住院的公假陪护制度》等。时时为教师搭平台，让各岗位教职工走到台前唱主角，施展才华，为教师创造自我实现的条件，构建有成就感的行为文化。

（三）实施成效

在实施仁爱管理两年的时间里，从机制和方式着手，用行为温暖人，用规范引领人，取得了比较好的效果。

1. 形成了鼓舞人的"十分"原则

一是十分信任，零的距离。工作中以尊重、信任为基础，敞开门办公，零距离沟通，人人参与管理，用心鼓舞人。二是九分长处、一分不足。放大职工优点，包容不足，充分发挥每个人的聪明才智，善于扬长，用爱激励人。三是八分优秀、两分加油。让80%以上的教职工在认可和赞誉中工作，用优秀影响人。四是七分关怀、三分制度。创设有弹性的工作空间和柔性管理机制，营造温暖如家的工作氛围，用情感染人。五是六分自主、四分量化。支持教职工自主管理，每一个职工都是工作的主人，每一个人都能带来变化，用岗位成就人。六是五分物质、五分精神。物质与文化，两手都要抓，用文化凝聚人心。

2. 制定了激励人的工作机制

一是人人优秀的激励机制。让教职工在荣誉的光环下工作，感受工作的价值和意义，享受工作的快乐。二是自下而上的竞争机制。凡对内或对外的活动、竞赛、评优等都采用自下而上自主申报的方式，公开择优参加。三是自主选择的合作机制。如教师自由组合搭班、自主结对等。四是名师引领的发展机制。为最大限度地挖掘优秀教师的潜能，发挥优秀团队的示范作用，形成以名师为引领的机制，带动教学能力和专业水平的整体提升。

五是奖奖奖的奖励机制。根据工作需要增设各种奖项，如幼儿出勤率奖、满勤奖、学历提高奖、创新奖、贡献奖等，有效推动工作。

3.提升了教育品质和社会声誉

教师在一个充满爱充满信任的环境里工作，幼儿在有爱而温暖的氛围中成长，教师用宽厚慈惠之心，培育知礼友善、自主自信的儿童，受到了家长和社会的广泛赞誉。《爱的讲述——江西省八一保育院的故事》一书已出版发行，以此庆祝保育院建院70周年。《幼儿园仁爱管理及其行动策略》《红色摇篮育赤子——江西省八一保育院的仁爱管理实践》《儒家仁爱思想在幼儿园管理中的研究与运用》等经验论文分别在《教师博览》和《江西教育》等杂志上发表。

4.拓展了仁爱管理的研究内容

本院课题"幼儿园仁爱教育课程的实践研究"入选江西省教育科学"十三五"规划2019年度课题，现已结题。幼儿园仁爱教育的核心思想和儿童观、课程观、教师观已初步形成，仁爱教育的课程已在实践之中。

寄语：坚定地朝着目标努力前行，一起做教育，做爱的教育，做为孩子一生发展奠定良好基础的教育。

为学生高尚、智慧、幸福的人生导航

校友简介：蔡兵，男，1971年5月出生，中共党员，中小学高级教师，国家二级心理咨询师。现任南昌县诚义学校党支部书记、校长。1990年毕业于南昌第二师范学校普师专业。

荣获江西省关心下一代工作先进个人、江西省优秀少先队辅导员、江西省小学语文学科带头人、江西省首批小学语文骨干教师等称号。参加各级教学竞赛及执教的优质课程多次获国家级、省级一等奖，所指导的参赛师生中多人次获省级一等奖。主持完成4项省级课题研究，其中1项被评为省级优秀课题。在省级刊物上发表教育教学论文6篇，参与编写省级教材。

老子在《道德经》第一章开篇提出了"道"的概念，认为万事万物都有自己的"道"，天有天道，人有人道，作为教育工作者思考的是学校的教育之道。自1990年参加工作以来，蔡兵已在教坛待了30多个春秋，他深刻领悟到教育需要经历，教育需要专业，教育需要思想，教育需要情怀！

一、教育需要经历——教育的每个日子都是现场直播

1990年，蔡兵刚从南昌第二师范毕业就被分配到黄马乡中心小学任教，这是他的小学母校，也是黄马乡最好的学校。刚参加工作时，他备感幸福，因为他是村里第一个端上"铁饭碗"的人，家人也为蔡兵能够找到一份稳定工作而骄傲。他虽然没有工作经验，但是非常刻苦，工作特别用心，认真备课，用心上课，耐心辅导。功夫不负有心人，他任教的小学语文在全乡的质量检测中不是第一名就是第二名，他的工作得到了家长的认可。作

为年轻人，蔡兵不怕吃苦、不怕做事，这使得他迅速得到同事的肯定、领导的栽培，他先后担任黄马乡中心小学少先队总辅导员、教导主任、办公室主任。蔡兵在这里工作了14年，为他的教育生涯奠定扎实的基础，也让他领悟到年轻人要趁年轻多做事，虽然辛苦但能得到历练。

2004年，全县第一次组织校级招聘考试，蔡兵顺利考入南新乡中心小学担任业务副校长，这是他第一次从事教育管理工作。新的岗位新的角色让他对教育有了新的思考，只是教好一个班不够了，还需要关注中心小学整体的教学质量。经过一段时间的了解，蔡兵发现南新乡中心小学教学质量还有一定的提升空间，因此他用在黄马乡工作的经验，通过教研、座谈等方式以最大的努力提高教学质量。这段教育岁月使蔡兵领悟到教育管理者肩上的担子更重、责任更大。

2005年，县直学校莲塘三小招聘校长，蔡兵再次入围担任业务副校长，从农村到县城，他的教育理念得到了质的提升。莲塘三小的10年教育生涯给他留下了刻骨铭心的记忆，在这里蔡兵遇到了优秀的校长黄国园和一个从全县各个学校考入莲塘三小的优秀教师团队。他们去上海学习先进的管理经验，在学校开展丰富多彩的教育活动。短短几年，莲塘三小迅速发展成为全县乃至全市的名校，这10年的经历也让蔡兵成长为一名成熟的教育管理者。

2015年，蔡兵担任塔城乡中心小学校长，第一次担任正职的他深感责任重大。既有乡村工作经验又有县直工作经验的他在工作中得心应手，他把在莲塘三小积累的办学理念应用到新校的管理中，很快得到同事及领导的认可。在这所学校仅仅工作一年后，蔡兵被调到象湖新城诚义学校任书记、校长并工作至今。该学校以尚德教育为办学特色，围绕"为学生高尚、智慧、幸福的教育人生导航"的办学使命，着力打造尚德文化名校。

二、教育需要专业——教好书是一个老师的基本功

教师强则学校强，教师的专业成长对一所学校的发展至关重要。多年的管理经验让蔡兵感悟到促进教师专业发展，一是以校本教研为抓手。每周公开课有新教师的亮相课、老教师的研讨课、学科带头人的示范课，有学科同课异构、学段专题教学，有校内公开课、校际交流课；每周的集体备课，备教材、备学情、备教法。鼓励教师将教学中的困惑、问题以课题的形式来研究，做学习型、反思型、研究型教师。二是以校本培训为抓手。学校积极为教师搭建学习的平台，邀请专家名师为教师开展讲座，安排本校名师开展校本讲座，积极组织教师外出学习培训，鼓励教师多读书、读好书，定期开展读书沙龙活动，定期为教师购买好书，同时通过推荐教师观看优秀教育影视剧提升教师素养。三是以教学练兵为抓手。开展校内竞赛练兵，鼓励教师参加各级各类竞赛。四是以师徒结对为抓手。开展师徒结对，新手教师与学科带头人、启智教师结对，通过多种结对方式促教师成长，鼓励教师抱团学习、抱团研究、抱团成长。五是以名师引领为抓手。发挥校内省、市、县名师示范引领作用，评选校级学科带头人，这些教师每年上公开示范课、开讲座、结对新教师，可享受每年考核加分。六是以管理评价为抓手。管理评价从日常考核、学期考核到年度考核，均做到公开公平公正。学校每学年推荐的市优、县优、校优以及年度考核优秀，均按照考核结果确定。

三、教育需要思想——用文化的方式办有灵魂的教育

教育需要思想，没有思想教育就没有灵魂，以诚义学校办学思想为例，做到四个紧扣：一是紧扣党建引领，办有信念的教育。诚义学校党支部始终坚持党建引领促发展，在落实上级决策部署上，党员始终冲在最前线；

在强化意识形态上，邀请方志敏烈士女儿方梅上党课；在思想阵地建设上精心创建了四史馆，依托四史馆浸润师生的民族情怀及中国灵魂。二是紧扣尚德文化，办有灵魂的教育。用文化的方式办有灵魂的教育是学校最重要的战略布局。尚德文化是学校打造的一张文化名片，学校开展了一系列尚德文化实践活动。在践行尚德教育过程中，学校很荣幸地获得江西省文明校园这一金字招牌。三是紧扣民主管理，办有温度的教育。学校践行强力执行、高效服务的管理作风，一方面在民主中体现教育的温度，认真落实老师的每个提案，让老师感受到学校的温馨与民主；另一方面在公平中体现教育的温度，制定了日常管理考评制度，教师的年度及师德评优、市县优秀均依据考核结果确定，让老师充分信任学校。四是紧扣办学成效，办有内涵的教育。学校在获得江西省文明校园等7个省级以上荣誉的基础上，荣获南昌市教科研先进集体、南昌县综合考核优秀奖、南昌县十佳中学等称号。

四、教育需要情怀——没有爱就没有教育

从事教育30多年，蔡兵感悟最深的是教育需要情怀，因为没有奉献就没有教育，没有爱就没有教育。教育需要情怀，需要真挚而自觉的情感。刚开始担任班主任时，他下意识地认为学生就应该听老师的，老师有绝对的权威。后来他慢慢体悟到教育的对象是人，是有丰富情感的学生。教育不是知识的灌输，不是绝对的服从，而是一种观点影响另一种观点，一种认识影响另一种认识，一种情感熏陶另一种情感。他开始对学生倾注感情，由严厉变为包容，由命令变为感染，而班级管理也由表面严格实则问题诸多变为表面轻松而管理颇有成效，学生大多也变得开朗乐观、积极向上，班级凝聚力也得到加强。

刚上班的教师容易发脾气，正所谓年轻气盛，特别是男教师遇到特别

调皮的学生硬要"驯服"他们才肯作罢，觉得这样是一次成功的教育。学生评教结果出来后，发现平时管理得非常严格的班级评价分数很低，原来学生表面服从老师的严格管理，其实内心颇有怨言。而每一次教训学生之后，教师心里也很不是滋味，常常迁怒于家人。渐渐地，教师学会了调整心态，不会因为学生的一次小错误而大发雷霆，不会因为学生的调皮捣蛋而满腹牢骚，不会因为学生的分数很低而急躁忧虑。面对学生，少了怒火，多了平和；少了批评，多了倾听。带着一种情怀投入教育事业，让平凡的教师岗位有情有爱、有乐有趣。

教师需要一份静气、一种担当，更需要教育使命感，为学生高尚、智慧、幸福的人生导航。

寄语：教育需要爱心，没有爱心就没有教育；教育需要情怀，没有奉献就没有教育；教育需要专业，教好书是一个老师的基本功。

校长的创新实践　引领学校迈向未来

校友简介：胡琴悦，女，1975年1月生。现任南昌市实验中学党委书记。1994年毕业于南昌师范学院体育教师专业。

获南昌市群众体育先进个人、南昌市青少年学生读书活动组织工作先进个人、南昌市优秀共青团干部、南昌市三八红旗手、南昌市教育系统优秀教育工作者、南昌市教育系统优秀校长等荣誉称号。

为了适应新时代教育发展的要求，胡琴悦从学校实际情况出发，依托校名，形成"石榴"文化，从石榴树枝叶、花果形象中析出"团结——核（众心向核：石榴籽）、多元——合（知行合辙：石榴花）、关爱——禾（多方护禾：石榴苗）、和谐——和（和而不同：石榴果）"的寓意。结合学校60余年来积淀的文化内涵和社会发展需求，提炼出"和美"文化特征，确立了"和谐致美、人人发展"的办学愿景，坚持"文化育校"的理念，围绕"做强初中、做特色高中"的总目标，以"自我管理、自主发展"为主线，通过五大途径，营造了有高度的"核政"氛围、有深度的"和美"教育、有广度的"合行"课程、有精度的"护禾"模式，从多维度提高管理水平，提高教学质量，提升学校的核心竞争力和生命力。

途径一：教师梯队发展——强师德提师能

为稳步推进教师队伍建设，胡琴悦在调研分析的基础上，成立教师发展中心，从职初教师、青年教师、骨干教师、卓越教师四个层面进行分层培养，稳步推进学校四级教师梯队建设，组织师德强、业务精的资深教师成立教育教学视导团，深入课堂，通过听课、评课、交流等方式"会诊"教学问题，助推教师成长。通过"青训班"启动"青蓝工程"，为每位青年教师配备德育、教学双导师。组织教师参加集团教师培训。每年定期举行"榴蕊杯青年教师基本功素养大赛"，为青年教师搭建展示的平台。以青年教师展示课、骨干教师特色课、卓越教师精品课等激发各层级教师的教学热情，推动教师传帮带。定期聘请专家来校开展讲座，举办各类培训班，形成一支师德高尚、甘于奉献的教师队伍。

途径二：学生养成教育——良好习惯，彰显文明

以"培养有素养的人"为工作目标，不断创新工作理念，以学生日常行为习惯养成为抓手，培养学生良好的行为习惯和健全的心理素质，促进学生自主发展。具体做法如下：

一是坚持培养习惯。对学生的管理始终从细处入手，从小处着眼。内容包括：遵守进出校园秩序、就餐秩序，维护公共卫生，遵守课外活动、社团活动秩序，做好水电管理，等等。通过班集体、学生会、值周班、志愿者等组织，大力开展学生自主管理活动。从捡起地上一张纸、不浪费一滴水、收拾餐具、下课关灯、严查校园吸烟等细节教育入手，培养学生自我教育、自我管理、自我服务、自我控制、自我评价、自我塑造的能力，从而促进学生自主全面发展。

二是用劳动培养责任心。劳动课是培养学生责任心不可缺少的课程。劳动价值论告诉我们，劳动不仅创造文明，还是创造社会价值的源泉。学校通过把劳动课纳入课程体系，把保洁工作当作劳动资源来开发，培养了学生的劳动意识和责任心。

途径三：课程改革——五育融合，人人发展

为使"和谐致美、人人发展"愿景落地，一是要构建差异化教育课程（如

下图），融合五大育人体系——立德、启智、育美、增蕴和践行，促进学生身心健康发展，使学生成为新时代有教养的人。

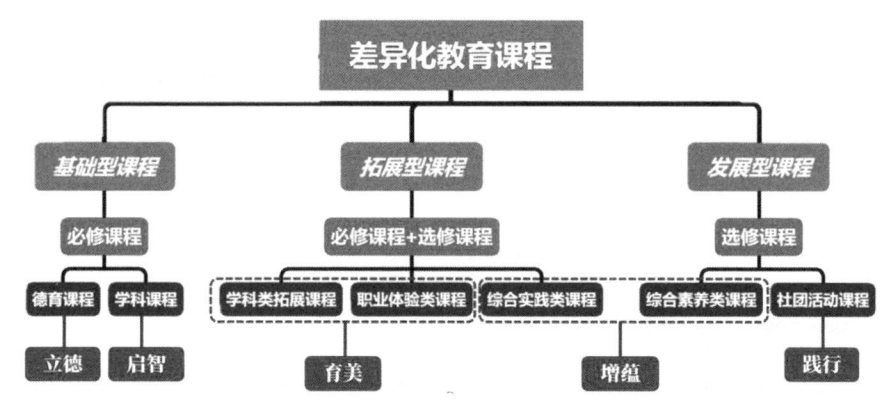

差异化教育课程结构图

二是要打造特色课程。特色发展是促进学校质量改进的支点，为开发特色课程，学校与江西中医药大学共建校级中医药文化宣传教育基地，紧紧围绕中医药文化，开设了系统且独具特色的中医药文化课程，打造特色教室，开设课堂种植园，让中华优秀传统文化根植于学生内心。

途径四：分类教学——不唯高考，赢得高考

教育的价值就是让每个学生成为自己发展的主人，教育公平的本质在于让每个学生获得适合自己的发展。

胡琴悦通过社团和选修课对学生进行兴趣引导，经过高中一年级和二年级的学习，学生的文理科兴趣、文艺类兴趣逐渐形成，此时，按学生的兴趣及发展潜能进行分类培养，即文化类高考、艺术类高考和职业技术类高考三种方向。三种方向教学目标和知识难度有所不同，根据不同情况进行针对性、有区别的授课，这样既减轻学生的学业负担，又满足学生兴趣，同时为学生多重发展提供了渠道。

艺术班和职业技术班成班之后，依托课程体系，编制适合学生使用的教学方案。胡琴悦把社会实践和社团活动一并纳入课程体系，开发校本课程，变学生发展独木桥为立交桥，让学生更加阳光、自信。

途径五：家校共育——多方联合，聚众力育人

充分整合学校、家庭和社会资源，形成合力，构建"三位一体"的教育网络体系。开展"万名教师访万家"活动，采用上门实地家访、社区家委会群访、"互联网+"等方式，取得了家长对学校和教师的理解与支持，实现了学校与家庭的零距离沟通，合力共谋学校发展和学生成长。将家长委员会纳入学校日常管理，让家长积极参与到艺术节、研学旅行等学校工作中。同时借助家校平台，邀请心理专家进校园举办家庭教育公益讲座，帮助家长更新教育理念，学会与孩子沟通，并学会处理孩子青春期问题。

在"和谐致美、人人发展"的愿景引领下，在五大途径的助力下，学校捷报频传，获得南昌市综治先进单位、南昌市文明校园、第二届江西省文明校园、全国现代信息技术创新与实践活动示范校、全国依法治校示范学校等荣誉称号。

寄语：教育是一项充满挑战和乐趣的工作。它需要你们全身心地投入，需要你们对知识的热爱，对学习的执着，对每一个学生的尊重和理解。教育不仅仅是教授知识，更是引导他人，帮助他人发现自己的潜力，找到自己的道路。

在未来的职业生涯中，你们将面对许多挑战。你们可能会遇到困难，可能会感到疲惫，但请记住，每一次的挫折都是你们成长的机会。请勇敢地面对这些挑战，用你们的智慧和热情去克服它们。

三优理念笃行远　百花齐放共成长

校友简介：黄芳，女，1968 年 11 月生，中共党员，中小学高级教师。现任南昌县第三幼教集团党支部书记兼园长。1987 年毕业于南昌师范学校幼师专业。

被评为省魅力园长、豫章师范学院国培计划省指导专家、南昌县名师、建言资政人才库专家，为南昌县第十二届、第十三届政协委员。2006 年在省教学设计大赛中，荣获最佳指导奖；同年参与全国教育科学"十一五"课题并结题；同年参与《润物有声》教育案例编著；2017 年获得从教 30 年荣誉证书。

从教 30 余年，关于如何提升教育质量，南昌县第三幼教集团党支部书记兼园长黄芳的感悟是推行"三优"管理：一是优美的育人环境，二是优秀的保教队伍，三是优质的保教活动。

一、优美的育人环境

《幼儿园教育指导纲要（试行）》明确指出："幼儿园应为幼儿提供健康、丰富的生活和活动环境，满足他们多方面发展的需要，使他们在快乐的童年生活中获得有益于身心发展的经验。"可见幼儿园环境对幼儿园教育活动起着十分重要的作用。

从办园理念和办园特色出发，通过合理的班级布局营造温馨氛围，规划合理的游戏空间，打造充满自然之趣的童年乐园，不盲目追求视觉效应，而追求内在的教育价值。在墙面环境创设中将百家姓、二十四节气、非遗文化、民间传统游戏及五大领域课程融入其中,让环境对幼儿产生良性影响。

幼儿园育人环境的设计,必须贴近幼儿的学龄特征和发展需求,要符合幼儿好动、好奇、思维形象具体的年龄特点。集团重视可操作、可互动的环境创设,比如科探室、编织区、扎染坊、烘焙区等,都是孩子们常去的地方。华而不实、空有其表是不行的,要把环境还给幼儿,为幼儿创造蕴含无限可能性的学习环境。

二、优秀的保教队伍

黄芳一直致力于教师的业务水平和教学能力的提升,通过以下五项工程,打造出一支温情有爱又专业的保教队伍。

(一)铸魂工程

1.内提素质

每学期进行教师五大技能基本功考核,提高幼儿教师专业素质和技能水平,促进教师专业化成长。

2.外树形象

组织教师积极参加社区活动,用行动维护教师的职业尊严,争做"四有"好老师。

3.榜样引领

组织开展师德培训、师德宣誓、师德朗诵等活动,切实增强教师教书育人的责任感、使命感和荣誉感,树立教师良好形象。

(二)富脑工程

1.精准培训　靶向提升

定期组织职工培训,实行研训合一,为职工提供交流学习的机会。

2.与书相伴　阅读阅美

通过提升教师专业素养,增强教师的阅读兴趣,倡导终身学习理念,构建有特色的书香校园文化，定期开展教师读书交流分享活动，让全体职工参与其中。

3.学习赋能　蓄力前行

重视提高教师业务素养和教育创新能力，实行教师线上线下自学和教研会集体学习相结合的模式，组织教师学习各类专业书籍，定期开展卫生保健知识、安全培训活动。

（三）赋能工程

1.专业能力比赛

重视加强园内教师之间的交流和学习，取长补短，共同进步。每学期举行教师公开课观摩活动，促使教师在教学过程中充分调动幼儿学习的积极性、主动性和创造性。每次教学观摩结束后，教师们都会及时进行研讨。

每学年集团都举行片区联合教师专业技能大赛活动、游戏故事分享比赛、游戏视频解读竞赛……通过一系列教师专业素养大赛，促进队伍专业化成长。

2.班本课程研讨

重视提高教师的班本课程实施能力，将班本课程故事聚焦于幼儿的主题活动中，还原孩子学习的过程，助推孩子深度探究。开展回归低结构的班本课程的研讨活动，并通过新媒体平台进行宣传。

（四）结对工程

通过实施青蓝工程，调整教师结构，合理搭配，更好地发挥不同层次教师作用。

1.爱与责任　逐梦未来

各分园通过师徒结对的方式，在教育教学、班级管理、家长工作、教师技能、教师专业等多个方面开展丰富多彩的活动，实现园内、集团内教师团队的抱团成长。

2.结对帮扶 携手共进

"学不可以已。青，取之于蓝，而青于蓝。"为了促进集团的优势资源共享，充分发挥名师的示范和辐射作用，集团对南昌县多所结对幼儿园进行帮扶，提供多途径的支持。

（五）试点工程

1.安吉游戏试点

南昌县第三幼教集团总园作为安吉游戏实验园，教师一直在进行以儿童为中心的课程改革，秉持"放手游戏"的教育理念，潜心前行，摸索前进。集团将总园安吉游戏成功经验在迎宾园、玉沙园等其他分园分享推广，让更多的幼儿享受安吉游戏带来的快乐。

2.生态教育试点

集团旗下的邓埠分园、滨江分园占地面积较大，户外野趣资源齐全，结合这一实际，以生态为核心，积极寻找可供利用的自然资源、生态资源，建构生态教育核心。从地域特色出发，融合特色的生态环境、生态材料、生态文化，使人与园区自然达到和谐平衡的状态。生态教育与劳动教育实现有机互补，经验分享还被刊登在《昌南教育督导》。践行自然生态教育，要基于幼儿园已有的自然环境资源。集团根据实际情况以点带面，不断探索双向良性循环，最终实现自然生态教育体系的建构。

3.足球校园试点

集团下邓埠、汇仁、总园经常开展幼儿足球活动，其中邓埠园有专用足球场，足球活动培养了幼儿的运动兴趣和综合运动能力，增强幼儿体质，提高幼儿动作的协调性、灵活性，培养幼儿大胆、自信、勇敢的品质，促进幼儿身心和谐发展。在晨间活动和户外活动中，各班有针对性地培养幼儿对球类运动的喜爱，举办足球特色活动、足球趣味比赛等，培养幼儿的团结协作的能力和勇于拼搏的运动精神，足球特色课的引入使得幼儿园的课程更加丰富多彩。汇仁园在南昌市足球特色幼儿园足球趣味比赛活动中，荣获足球趣味比赛项目一等奖、足球操类比赛项目二等奖。

三、优质的保教活动

科学保教是学前教育质量提升的重要支点。坚持以幼儿为本，相信每一个幼儿都是积极主动、有能力的学习者。最大限度地满足幼儿通过直接感知、实际操作和亲身体验获取经验的需要，珍视生活和游戏的独特教育价值。坚持教育整体性，把一日生活看作是一个整体，关注每一类活动中五大领域教育的有机整合与渗透；把幼儿、教师、家长、社会看作一个整体，优化教育共同体。加强对园本课程价值的把握与引领，提升教师对园本课程建构的意识与能力，从而规范办园行为，提升保教质量，为学前教育高质量发展贡献力量。

针对提升保教质量，有四个关键经验分享，即扎根、更新、深耕、紧跟。

（一）扎根实践

没有调查，没有发言权，实践出真知。幼儿教育需要我们向下扎根，向上生长。在保教活动的观察中，要下沉到幼儿一日活动的每一个环节，把保教活动抓深抓实。

（二）更新观念

作为幼教人，要时常关注幼教动态。教师需要更新观念，聚焦幼儿自主学习，助推幼儿发展；携手家园共育，引导家长科学育儿。

（三）深耕教法

教学有法，教无定法，贵在得法。在保教活动中，集团注重幼儿的深度学习，在实践——反思——创新的过程中实现多样化的支持策略，把握幼儿经验层层递进的契机。

（四）紧跟幼儿兴趣

基于儿童立场的游戏是幼儿感兴趣的游戏，这样的游戏能让儿童集中注意力，能促进幼儿主动学习。集团通过不断读懂幼儿兴趣，开展了形式多样的游戏活动。

南昌县第三幼教集团在不断发展壮大，从最初的一所园，到如今的八所园，"三优"理念下的团队越来越成熟，实现百花齐放。一个人走也许可以走得很快，但是一群人走可以走得更远。在集团化办学的形势下，南昌县第三幼教集团分园不断增多。责任光荣，使命在肩，集团全力以赴发挥团队的力量，实现资源共享，优势互补，和谐共生，让更多的孩子接受高质量的学前教育，带动农村幼儿园实现同步协调发展。幼教之路，道阻且长，行之不辍，未来可期。集团聚小团队，立小目标，有大格局，用静水流深的魅力、守正创新的正气、责任担当的韧力，在这个最好的时代，成就共同的幼教理想！

寄语：你们是幼教行业的未来之星，承载着培育祖国花朵、点亮梦想的重任，希望你们保持对幼教事业的热情与执着，坚定信念，不断学习，提升自己的教育教学能力，成为孩子们心中的引路人。相信你们会在幼教道路上，绽放出耀眼的光芒，为孩子们的未来贡献力量。

自觉成就卓越　情怀润泽师生

校友简介：乐文虹，女，1977年7月生，中共党员。现任进贤县幼儿园党支部书记、园长。1994年毕业于南昌幼儿师范学校。

获得江西省学前教育学科带头人、江西省首批学前教育质量提升计划领航者、江西省名校长、南昌市学前教育学科带头人、南昌市"洪城学师"、南昌市教育领军人才、南昌市家庭教育先进个人等荣誉称号，并担任了江西省教育督导评估专家。带头参加省市各类教育教学评比活动，指导青年教师和学生参加各类学科竞赛并获奖，主持江西省、南昌市多项教育科学"十三五"规划课题并结项，发表多篇论文并获奖，连续多年参与撰写《江西省基础教育发展报告》。

当一名教师真正理解了教育，具有了教育自觉的情怀，即使在无人观看、无人监督的情况下，也有恰到好处的教育行为，对各种教育事件做出科学判断及处理；当一名教师真正把爱作为教育的基础，具备了高尚的教育情怀，即使面对艰难复杂、挑战重重的教育环境，也能珍爱学生，精进教学，辐射他人，实现一场双向奔赴的教育之约。

一、理想孕育力量　初心唤起赤子情

乐文虹出生于进贤县城一个普通的教师家庭，从小就立志长大后成为一名人民教师，耕耘在三尺讲台。1991年，她以优异的成绩被南昌幼儿师范学校录取。经过幼师三年的学习，怀揣着对教师职业的初心，怀抱着建设家乡的赤子之情，她毅然放弃了留在省城就业的机会，回到进贤县成为一名光荣的幼儿教师。

二、踏实耕耘奉献　实干赢得满堂彩

20世纪90年代初，进贤县人口少、底子薄，幼儿园正处于由托儿所向正规园所模式发展的转型期，她也参与了县幼儿园规范化、专业化发展道路建设中。

从踏入幼儿园的第一天起，她便一头扎进了班级工作中，作为一名科班老师，她利用所学的专业知识，在学前教育领域的研究和实践中不断创新、不断突破,将校园打造成了孩子们的快乐家园。在多年的班主任工作中，她将每个孩子视如珍宝，关爱有加，特别是对班级中的留守儿童倾注了更多的关爱，成为孩子们心中的"老师妈妈"。2006年，在她和同事们的拼搏付出下，县幼儿园被评为江西省示范幼儿园，完成了建园史上的一次华丽转身。

华丽转身的不只是县幼儿园，还有拼搏实干、教育自觉的乐文虹。她通过学习不断提升，先后通过了大专、本科全国自学考试，取得了江西师范大学教育管理本科学历，获得了中小学高级教师职称，同时潜心科研，获得了许多专业成绩。

三、勇挑管理重担　使命激发新作为

在国家大力推动学前教育发展的浪潮下，县幼儿园作为县城唯一一所公办省级示范幼儿园，于2016年开办了新分园。总园及分园两部设有教学班52个，在园幼儿1700余人，教职员工200余人，规模位居全市前列，管理任务非常艰巨。为了加快提升幼儿园管理水平和提高办园质量，2017年，组织委派她担任进贤县幼儿园党支部书记、园长，对县幼儿园实施一园两部高规格统一管理。

面对新的挑战和管理重任,她深信"不谋万世者,不足谋一时;不谋全局者,不足谋一域"。她认为一名成功的学校管理者,就要具备卓越的全局规划管理能力和高尚的教育情怀,面对教师、幼儿、家长、社会同时存在的局面,只有掌握全局,才能跨过坎坷,完成挑战。

(一)带队伍,建立教育自觉

她的使命是让原本已经很优秀的进贤县幼儿园走向卓越,让进贤的孩子在家门口就可以享受到最好的学前教育,为孩子终身学习与发展打下扎实的素质基础。她提出了"仁爱礼义、知行合一"的办园理念,这一理念直指学校教师队伍建设,因为如果教师没有建立在自觉、自愿、自发基础上的教育情怀、教育理想和职业行为,就很难将教书育人职责履行到位。

她坚持健全完善规章管理、绩效考核、评先评优等制度,利用激励机制充分调动教师的积极性,增强教师队伍的凝聚力。她持续关注教师的专业成长,引领教职工树立正确的人生观、价值观、教育观、儿童观、课程观,让教师的教育行为由被动逐渐转化为自觉,让一批批青年骨干教师不断体验教育成功带来的幸福感。

(二)抓课改,夯实课程建设

"不要因为走得太远,而忘记了我们为什么出发!"她紧紧依托《3~6岁儿童学习与发展指南》,遵循幼儿的发展规律和学习特点,提出"打开外延,丰实内涵"的教育主张,结合园所实际和地方特色,全面实行课程改革,推动园本特色课程建设。如打造一球一操(足球和体操)的快乐体育,园所因之被评为全国足球特色幼儿园、进贤县快乐体操训练基地;推行室内区域自主游戏和户外本土安吉游戏,园所因之被评为南昌市户外安吉游戏本土化实验园;牢牢把握"一日生活皆课程""大自然、大社会即大课堂"的教育理念,充分利用各类教育资源,开设了体验式生命教育课程、廉洁文化课程、红色文化课程,园所因之被评为南昌市红色基因传承示范校。

（三）慢教育，促使师生共长

"慢"不是行为上的慢与思想上的迟钝，而是倡导日常生活式的教育，提倡润物细无声，用爱作为教育的基础，循序渐进，促师生共成长。

在她和教师们的不懈努力下，短短几年时间，县幼儿园的优良教育氛围滋养了全体师生，儿童的行为习惯、生命情感、学习品质等方面得到全面的发展，学习能力、自我管理能力、实践操作能力、抗挫能力明显高于其他园所幼儿，表现出"有想法、会规划、善表达、乐探索"等积极的品质，使之能更快更好地适应小学生活。教师队伍中一批批省市学科带头人、骨干教师和教学能手脱颖而出。据粗略统计，教师在各级各类竞赛评比中获得奖励达200余人次，多个项目课题顺利结项，汇编了相关园本教材，编撰了案例集，所撰写的研究论文、方案、案例设计共有36篇获得国家、省级奖励并刊载。

通过几年的努力，县幼儿园以优异的成绩顺利通过省级示范园复评，并获得全国校园足球特色幼儿园、江西省学前教育质量提升实验园、江西省幼小衔接实验园、江西省平安学校、江西省洁厨亮灶单位、江西省三八红旗集体、江西省语言文字规范化示范园等诸多荣誉。

四、示范启迪理念　　引领百家齐发展

30年的教育生涯中，她将这样一句话作为座右铭：教育就是一棵树摇动一棵树，一朵云推动一朵云，一个灵魂唤醒另一个灵魂。作为省级示范幼儿园园长，她立志引领和推动全县幼教事业发展，提高全县幼儿教师的教学能力和全县幼儿园的办园水平，让更多的孩子享受到更为优质的学前教育。

她带领团队，与21个乡镇的幼儿园开展结对共建活动，每学年对全县幼儿教师进行师资培训200余人次，进行送教下乡、帮扶薄弱园活动20

余次，接纳园长、教师来园参观学习 500 余人次，为学前教育专业 30 名学生提供见习、实习岗位，为全县各园新任职幼儿教师提供跟班学习岗位 40 个，定期开展定点帮扶等学前教育教科研指导工作。通过帮扶，1 所乡镇公办园和 5 所民办园成为市级示范园。在她的不懈努力下，全县学前教育得到前所未有的健康发展，她为全县学前教育均衡发展和建设优质师资队伍做出了重要的贡献。

用整个生命与汗水孜孜不倦地践行幼教梦是幸福的。乐文虹这一路无愧青春，不忘初心，砥砺前行，勇当引路人，为每一个孩子长成参天大树和幼教事业的健康发展贡献力量！

寄语：一辈子做教师，一辈子学做教师，成功不是最后的目的，追求优秀才是永久的主题。相信自己，尊重孩子，教育是心灵平等的对话，再多的技巧也抵不过对学生真诚的爱。

"科艺融合"助农村幼儿园华丽转身

校友简介：刘奕，女，1977年7月生，中共党员。现任红岭幼教集团党支部书记、总园长。1995年毕业于南昌市幼儿师范学校。

荣获江西省第二批学前教育骨干教师、江西省第四批教育督导评估专家、江西省学前教育评估评审专家、全省第一批学前教育质量提升计划指导专家、南昌市第五批学前教育学科带头人、南昌市优秀校园长、区优秀教育工作者、优秀党员等称号，为第一届区党代表、区人大代表。

一、挑战困难：孕育"科艺融合"的种子

开园之初，刘奕踌躇满志，积极响应红谷滩新区管委会的号召，立志"让老百姓在家门口享受优质的学前教育"。然而，开园没多久，阻力和挑战就接踵而来：幼儿基础薄弱，科学素养与艺术审美能力较弱；课程综合程度低，分科割裂了知识与情感；家园矛盾突出，家长"小学化"倾向严重；教学方式单一，教师灌输式教学"一统天下"。

面对这些难题，刘奕认为要用欣赏的眼光看待儿童的自身特点，如"调皮好动"往往蕴藏创造的种子，进而用发展眼光培育儿童，提出了"创享"育人理念下的"科艺融合"课程建设思路，以培养幼儿创造力与"享自主、享求真、享共处"的共情力。

二、"家园社"共建课程：家长从不解到配合

红岭幼儿园（以下简称"红幼"）是为了推动城镇化而建起来的公办

幼儿园，服务对象是处在城镇化进程中的家长和儿童，因此在办学过程中必然会面临农村和城市、新思想和旧观念的交锋。

当地农民的土地被征收后，农民的生活方式也随之改变，过去大事小事由村委会协调解决，现在几个村合并在一起，共同居住在一个小区，群众的家长里短由社区协调，养老医疗等事务也由社区统一服务管理。

有些家长对"孩子在幼儿园就是玩""幼儿园不教写字、计算和拼音"的现象感到失望，有些家长甚至责怪老师没有给孩子布置家庭作业……幼儿园老师把"在玩中学习"的学前教育观念和"小学化"教育危害告知家长，但大多数家长在短时间内不能理解与接受，导致家园矛盾突出。

刘奕带领团队思考如何联动家长形成教育合力，想要打破旧观念，就不能入乡随俗保持原样，而是要联合各方力量，携手改变现状。如果能得到社区的支持，通过社区活动宣传正确的教育观，也许能起到意想不到的效果。

于是，她当机立断，带着老师前往社区，与社区负责人沟通。在社区负责人的支持下，园所开展了一系列活动，如家庭教育访谈、社区志愿服务、关爱老人文艺活动、亲子游园会、半日观摩活动、家长沙龙等。

"联合社区、服务家长、教育幼儿"的三方联动让"红幼"幼儿的家长们感受到自家孩子在幼儿园变得更活跃、更自信。"科艺节"开展亲子种植、亲子科技小制作、亲子社会实践、亲子科艺舞台秀等活动，家长全程参与。通过这些活动，家长的教育理念逐渐转变，认识到原来"游戏化"比"小学化"更符合孩子的年龄特点和学习方式。家园关系从对立走向了对话。

三、"科艺"双馨满园春：深入研究师幼发展提质量

"红幼"的发展愿景是："满园蓓蕾朵朵芬芳，满园园丁个个优秀！"

为此，刘奕于 2013 年创建了"刘奕科艺整合名师工作室"，工作室成员开展课题研究近 50 项，发表相关论文百余篇，参与编写全国"十三五"学前教育规划教材，课程案例《从对立到对话》入选中国专业学位教学案例中心库。

工作室多次获得南昌市优秀名师工作室称号。工作室教学成果，2019 年获江西省中小学第二届出彩课程二等奖，2021 年获江西省教学成果二等奖，2022 年获南昌市首批教学成果一等奖、江西省第三届中小学出彩课程一等奖……工作室培养 7 名教师成为江西省骨干教师、南昌市学科带头人、南昌市骨干教师、区骨干教师，指导多名教师获得省幼儿教师专业技能比赛第一名。

有了优秀的教师队伍，才能有高质量的教育。幼儿在"科艺融合"课程学习中，科学素养和艺术审美能力得到提高。"红幼"幼儿体操队 2021 年获全国体操比赛团体一等奖，先后有 500 人次获得科技节、艺术节团体及个人奖。

幼儿的科艺素养在学前三年阶段已经显现，但能否为孩子未来的学习奠基呢？刘奕组织教师对在该园毕业的孩子进行跟踪访谈，结果显示 80% 的毕业学生在学校表现优秀，尤其在科技创新、思维能力、艺术兴趣等方面表现突出。已毕业学生张至柔受中央广播电视总台邀请参加《赢在博物馆》节目录制，并在央视网、央视少儿频道播出。

跟踪访谈的结果给她带来了信心，坚定了"创享"育人理念下的"科艺融合"课程深入研究与持续优化的决心，科艺双馨满园春未来可期！

四、示范引领传佳话：农村幼儿园华丽转身成"省级示范园"

2022 年 3 月，学校因疫情停课，但刘奕并没有停下工作的脚步，带领老师们通过线上讨论，共同编写《美妙奇趣的科艺探索之旅》，并于当年年底出版。这本课程专著案例翔实,并有科学的理论依据与支撑,推广应用价值较高。

"红幼"的科艺特色显著,近几年接待省内外同行观摩交流近5000人次,刘奕及团队成员担任国培授课专家,在全省范围内送教讲座近200场,帮扶省内多个县区幼儿园快速成长。

2017年、2020年教育部副部长朱之文、基础教育司一级巡视员姜瑾先后莅临"红幼"视察调研并给予高度赞誉:"这是一所有生命力的幼儿园。"红岭幼儿园在刘奕的带领下,实现了从一所农村安置小区幼儿园到江西省级示范幼儿园(2014年获评)的华丽转身。

五、重整行装再出发:热爱生活、坚持运动谱写青春之歌

刘奕虽然已经人到中年但激情依旧,她认为:"热爱生活、坚持运动是高效工作的法宝!"运动使她在工作中精力充沛、思维活跃,具有挑战精神。正是在这种精神指引下,经过多年的努力与积累,伴随着园所的发展,她取得了骄人的成绩,收获了诸多荣誉,由一名幼儿教师成长为研究型园长。

寄语:道阻且长,行则将至,希望各位学弟学妹们不负年华,谱写青春之歌!

为孩子的美好未来奠基

校友简介：陶会文，男，1973年9月生，中共党员，中小学高级教师。现任进贤县第二初级中学教育集团党总支书记。1991年毕业于南昌第二师范学校普师专业。

为江西省第五期中小学名校长培养计划培养对象，省、市学科评审专家，江西省教育学会初中教育教学研究会理事，南昌市教育学会中小学心理健康教育专业委员会理事，获南昌市教育系统领军人才荣誉称号。主持省级及以上课题多项。

陶行知先生曾言："校长是一个学校的灵魂，要想评价一个学校，先要评论他的校长。"诚然，校长的视野决定学校发展的方向，其温情决定教育的温度，其高度决定办学的层次。

陶会文自从教以来，特别是担任校长岗位以来，一直秉持"为孩子的美好未来奠基"的教育理念，致力打造"名师辈出的摇篮，学生全面发展的乐园，平安和谐的文明校园"。以教师专业成长为首要任务，以全面开发学生潜力为核心，通过教师的专业成长，促进学生的全面发展，实现师生共同成长、学校内涵发展的愿景。学校获全国青少年文明礼仪教育示范基地、江西省中小学实施素质教育示范学校、江西省第十三届文明单位、江西省体育项目传统学校（小学）等荣誉称号，培养出各级学科带头人（名师、骨干）40多人。

时光荏苒，岁月如梭。2015年秋，陶会文从拥有"百年老校""进贤名校"等诸多头衔的进贤县民和镇第一小学交流轮岗至民和四小。当时，学校有学生 3500 余名、教师 145 名，平均班额 74 人，最大班额 92 人。学校的校舍、体育设施以及师资配备等皆严重低于省定标准。校领导团队老龄化严重，教育激情消退、教育理念陈腐，学校内涵发展和教师专业发展乏力，县级及以上骨干教师、学科带头人屈指可数。在这种情况下，他积极改革，率领学校领导班子，以爱为羽，以责任为翼，尽心竭力，忘我投入工作。他经常深入课堂，参与备课、上课、听课、评课等教学常规活动。他走进教师的工作中，开展课题研究、撰写教育论文、参与教研活动、观摩教学比赛等，无一遗漏。他走进学生的家庭，了解学生成长环境，促进家校共育；无论何处何时，皆保持师者风范；无论工作多么繁忙，皆从容面对。他为教师撑腰，为学校代言，为教育赋能，营造出一种师生共同成长、校园充满活力的教育氛围。

陶会文以自身的专业素养、人格魅力及管理经验，全身心投入学校内涵发展、教师专业成长、学生全面发展的每一个细节之中。他每天清晨提前到校巡视校园；每晚离开前，反思一天的工作。在四小 4 年，时光荏苒，他收获了满满的幸福——教师专业得到发展，高效课堂得到构建，教育成果丰硕，社会口碑良好，为教师专业成长及学生全面发展撑起一片蓝天，为进贤教育树立了一面旗帜。

针对学校名师、品牌教师稀缺的现状，陶会文制订并实施了"青年教师—骨干教师—品牌教师"专业发展培养计划。朱瑶、吴晶、李珍、钱军等各科教师 30 余名，通过教学研磨与培训，得到快速成长与进步，逐渐成为学校教师队伍的中坚力量。

在他的示范引领下，不到 4 年，学校涌现出诸多理念先进、业绩优良、师德高尚的好老师，如进贤县首届名师 1 名，南昌市骨干教师 8 名，学科带头人 4 名，另外还有 80 余人在市级及以上教育教学业务比赛中荣获一、二等奖。

在培养优秀教师队伍的同时，陶会文以身作则培养出一支善管理、懂教育、积极投身教学一线的干部队伍。身为校级领导，他带领中层干部积极履行职责。他来民和四小之初，学校有个别校级领导不上课，部分中层干部及中年教师不想当班主任或教语文、数学等科目的情况，他当机立断根据他们的专业和有关规定安排他们执教的学科，并坚持按计划听完全校所有教师的课。年轻教师提前两三天告知其准备，骨干教师随时听，各种研讨课、示范课也是逢场必到，因公事错过听课则一定在课前或课后了解授课老师及团队的教学情况反馈。无论是熟悉的语文、品德与生活、心理学科，还是数学、英语、体育、美术等其他学科皆一一了解与交流。他善于发掘师生的亮点并给予建设性建议，更善于引导师生在原有的基础上更上一层楼。他常对教师说要具备"跳起来摘桃子，搬把梯子摘李子"的思维与能力。

4年前老师们害怕他来听课，因为担心被批评；后来老师们逐渐期待他来听课，因为希望得到肯定与指导；4年后大家热切盼望他来指导，因为"课堂教学是一门有缺憾的艺术"已成为共识。"教学有法，教无定法"已深入人心，促进学生全面发展，为学生未来奠基已成为共识，"我们学习名师不是模仿而是站在他们的肩膀之上""一个人可以走得更快，但是一个团队可以走得更远"等理念也为大家所接受。

陶会文秉持"立德树人，促进学生德智体美劳全面发展"的观念，确立"为孩子未来奠基"的理念。推动学校教育改革与创新，形成"莲"之廉洁、"荷"之和谐的校园文化特色。举办文体活动，如校园艺术节、学生秋季运动会、教工运动会及省级体育项目传统学校系列赛事等。开设兴趣选修课程，如棋类、球类、器乐类、书画类等。弘扬传统文化，引入"进贤文化遗产"校本课程，布置进贤文化遗产环境，开展"我爱家乡"研学旅行活动。成立学生社团，如"小青苗"宣讲团、学雷锋志愿者团队等。引入精品课程,如中华武术进校园、"新维度英语"进校园等。实施精细化管理,形成优秀学校文化,精准培育教师,创新教研方式,确保课程完善全面,提高教学质量。

4年时间,陶会文实现了民和四小办学质量的逆袭,学校由量变至质变,进而华丽转身。今日观之,四小办学特色日益凸显,办学水平不断提升,已成为进贤县老百姓心目中的名校。

苏霍姆林斯基曾言:"一个好校长,就是一所好学校。"陶会文任民和一小校长12载,把一小打造成全县人民公认的"进贤县首届名校";交流至民和四小任校长4年,民和四小已然成为教师专业成长、学生全面发展、社会高度认可的进贤县老百姓心目中的名校。

2019年7月,原进贤二中初高中剥离,成立进贤县第二初级中学。组织任命陶会文为校长。他本着创一流初中的办学目标,坚持"以贤育贤,贤以致远"的办学理念,着力打造尚贤文化。质量与内涵并重,施行"质量奠基,特色引领"的办学策略,构建"人人有学习的平台,人人有展示的舞台,人人有幸福的前台"的办学模式,学校迅速发展,时至今日已成为拥有近9000名中小学生、600名教师的大型教育集团。

寄语:习近平总书记说:"一个人遇到好老师是人生的幸运,一个学校拥有好老师是学校的光荣,一个民族源源不断涌现出一批又一批好老师则是民族的希望。"良师应秉持"言为士则,行为世范"之高志,提升道德修养,以模范行为影响学生,成为"为学、为事、为人"之大师,受社会尊敬,为世人楷模。

愿豫章学子,不负青春韶华,精研教书育人之道,传承教育家之精神,将命运与国运紧密相连,铭记"为党育人、为国育才"之初心使命,笃志笃行,成为"为孩子未来奠基"之良师,成为民族的栋梁之才。

育德于心　成德于行

校友简介：王文礼，男，1984年12月生，中共党员，中小学一级教师。现任江西省南昌县金沙路小学副校长，兼任南昌县第二届中小学教育责任督学、南昌市首席信息官工作坊成员、江西省教育学会中小学信息技术教育专业委员会评委、南昌师范学院校外兼职导师。毕业于南昌师范高等专科学校教育学院教育专业。

荣获南昌市第六批小学语文学科优秀青年骨干教师、南昌县第八批小学语文学科带头人称号。主持省级课题1项、市级课题2项，发表论文10余篇，获江西省级教学成果奖1项。获中国教育发展研究学会"全国中小学精品课程"大型评比活动一等奖，《百科论坛》编辑部2020年第四季度论文类一等奖，江西省教育厅江西省高校校报好新闻版面类二等奖、三等奖。

文化铸魂赋能，活动立德树人。学校文化是一所学校的灵魂和精神动力，来源于既往的办学基础、奉行的办学理念和憧憬的办学理想，是学校内涵式发展的着力点，是学校培养师生文化认同的落脚点，同时也是增强文化自信的切入点，是学校高质量发展的不竭力量。这种力量以校园文化力的形式通过丰富多彩的育人活动在潜移默化中展示出来，并在润物无声中达到以文化人、以德润心、以行正身的育人目标。所以学校育人活动要在校园文化力的引领下开展，使活动有灵魂、有温度、有特色，达到既定的立德树人铸魂目标。

一、校园文化力的形成要以校情为本

校园是师生的第二个家，校园文化展示出学校整体精神的价值取向，主要包括物质文化、精神文化和制度文化，是有强大引导功能的隐性教育资源，具有渗透性、持久性和选择性。校园文化力在陶冶师生情操、构筑健康人格、提升核心素养方面发挥着重要作用，激励师生不断反思、不断超越，逐步达到"提升校园软实力，打造学校硬品牌"的目的。

（一）文化定位要精

2019年9月，王文礼进入一所刚刚筹建还未完工的新学校，当时学校的办学定位、理念、一训三风都是空白的，只有一个校名——南昌县洪范学校。他提前入局，思考学校的核心文化、一训三风、楼栋场馆命名等。在思考的过程中，他想到了陶行知先生的经典语录"德高为师，身正为范"，并结合校名，"洪者，洪州即南昌旧称，范者，标杆典范"，将办学目标定位为昌南教育的典范。基于这个考虑，他将学校的核心文化定位为"范"，即老师是学生的典范，教师是同人的典范，学校是区域内的典范，并以此确定了办学理念：以爱为范，以范育人。一训三风也在经过多次讨论后确定。为了提升师生的价值认同，学校每周一早晨召开站立式晨会及在升旗仪式上师生呼号"我有爱，我有范，我力行，我幸福"，营造了浓郁的"范"文化环境，在润物无声中感染激励全校师生向范而行，争当典范。

（二）文化提炼要准

2022年9月，王文礼调任南昌县金沙路小学，这是象湖新城的第一所公办学校，学校设施陈旧，办学特色不显，学生多来自周边乡镇或小蓝工业园区，素质参差不齐。陶玄文校长让他分管校园文化宣传，他便主动入局，基于老校长"立君子品，求智慧学，做儒雅人"的立校理念，将学校的核心文化定位为"智雅"，并提炼出了"金沙十雅"，通过每日路队诵读成为智雅之声，匡正师生尤其是学生的一日常规；同时设立智雅长廊，展示每期智雅老师、智雅学生的事迹，用身边榜样的力量启迪每一位师生凭"高"而立，智雅共生。

二、校园文化力的展示要以活动为纲

活动是多方联动的协同体，校园活动贯穿于学校整体发展的全过程，主要有学生活动、教师活动及各类社会活动。活动是显性育人实践，具有创新性、过程性和目的性，在师生自我管理、自主调节、自律成长方面具有重要作用。

（一）活动设计站位要高

在洪范学校，他为了让"范"文化落地，积极布局，开展了一系列树立教师范、学生范的活动。如教师三笔字书写校名三风大赛、学生软硬笔写校名校训活动，"有范杯"师生演讲赛、才艺赛，此外利用廉政文化长廊，开展党员示范岗、管理范、服务范评选活动。通过师生参与活动，让"范"文化活动火起来，让"范"文化活起来。驻足洪范学校的"洪范馆"，可以看到条块鲜明的群团文化墙、活动剪影以及各种"范"的展示；在"懿范长廊"，可以看到各种"范"的活动缩影。心行合一，以范育范，美美与共。

（二）活动开展推进要细

在金沙路小学，他为了做实"智雅"文化，有序布局，先发动全校教师初步构建智雅文化的框架，然后分组提炼每条智雅文化的核心要义和体现方式，最终集体讨论"金沙十雅"的可行性和实施方式。首先在教师层面形成凝聚力，通过全员的研讨参与来确定。其次在学生层面，一年级新生通过入学教育周活动，在入学教育读本（通过一个暑假的反复研讨，自主研发的，从家国情怀出发，到生命教育落脚）中让教师多维度地向学生渗透"金沙十雅"。最后是在入学教育周展示活动中，通过诵读、展演"金沙十雅"，让学生自入校就沐浴在智雅文化中。与此同时，其他年级学生围绕"金沙十雅"，开展行为养成教育月活动、智雅之星评选。此外，根据市县最美老师、新时代好少年选树，开展了智雅老师、智雅学生评选活动；根据节庆开展智雅艺术节、智雅体育节活动，让智雅文化深入人心。以智为源，以雅为境，金沙灼灼。

当然，任何活动的开展都会遇到不可控的因素。入学教育周展示中，因一年级学生好动等导致状况多发，所以学校安排了正副班主任参与其中。学校在活动之初做好顶层设计，实施的过程中全程跟踪。开展前做好预案；开展过程中能积极研判协调，沉着处置；结束后总结经验，形成案例。

三、校园文化力指引的活动硕果盈枝

文以化心，行以正身，两者相辅相成，没有文化的活动就没有灵魂，没有活动的文化就是纸上谈兵。文化需要活动体现，活动需要文化牵引，蕴含学校文化的活动是学校形成品牌的途径，奉行学校文化的师生是学校文化的宣传员。学校的立德树人工作在绘声绘色中凯歌高奏，喜讯频传。2020年，洪范学校获得了南昌县文明单位、南昌市群众体育先进单位称号。2021年，洪范学校被评为南昌县家庭教育先进单位、南昌市文明校园先进学校。2022年，洪范学校获得南昌市第八届体育节"最美大课间评比"三等奖。2023年，洪范学校被评为南昌市第四届文明校园、南昌县十佳中学；金沙路小学被评为南昌市第四届文明校园、南昌县十佳小学、南昌市"中小学思政教育优秀基地"，编排的红色课本剧《王二小》《国旗背后的故事》、舞蹈《我们的祖国是花园》获南昌市一等奖。学校以敢为人先的勇气、当仁不让的豪气、开拓创新的锐气，夯实校园文化，精耕校园活动，让规定活动精彩无比，自选活动有声有色，特色活动可圈可点。筑底色，擦亮色，成特色。

育德于心，成德于行，让教育成为幸福事，让师生成为幸福人。作为教育人，要敢入局，时时刻刻以舍我其谁的使命感完成工作；要会布局，以凭"高"而立的大局观念和全局意识做好引路人；要能破局，唯实唯先，善作善成做好赶路人，当好答卷人，勇做追梦人，不负历史、不负时代、不负人民教师的崇高使命。

寄语：十年树木易，百年育人难。路虽远，行则将至；事虽难，做则必成。为师当正，立心力行，做新时代学生的引路人。

葱郁蕴文明　根植时代育新人

校友简介： 吴剑芳，女，1978年4月生，中共党员，国家二级心理咨询师。现任进贤县民和一小教育集团党总支书记。1996年毕业于南昌师范学校普师专业。

为江西省名校长培养对象、江西省小学语文学科带头人、南昌市优秀校长、市"洪城学师"、市师德标兵。在国家级录像课评比、江西省青年教师基本功比赛、南昌市小学语文教师素养大赛、南昌市"名著小书包"精品课评选活动、南昌市教师网络学习空间创建展示活动等中均获一等奖，在教育类刊物发表多篇论文，主持、参与多项省、市级课题研究，指导青年教师和学生在各类比赛中屡获佳绩。

瑞泽一小，薪火相传，

师范德馨，熠熠百年；

求真至和，书墨飘香，

玉汝于成，雏鹰争翔。

一、缘起——百年传承

进贤县民和一小创办于1906年，始称"曲水书院"。每每漫步校园，看到和学校一起历经百年风雨的香樟树、教学楼中间古朴庄重的校训，吴剑芳不禁反复思考：如何进一步践行"进贤励志、知行'和'一"的校训精神？如何使校训在传承中发展，在发展中创新？

二、推行——实践创新

（一）德育入心　成德于行

教育家陶行知指出："先生不应该专教书，他的责任是教人做人。学生不应当专读书，他的责任是学习人生之道。"2017年9月，吴剑芳任学校副校长一职，分管德育工作。她致力于改进学校德育工作的方法，努力提高德育工作的效率，探索优质德育品牌基因，形成德育品牌影响力。

1.根植心理健康教育，助力学生心灵成长

开设"一室"：一间心理辅导室——"心灵氧吧"。通过营造出温馨、和谐的氛围，为学生提供一个能释放情绪的空间。设立"一箱"，即"心语信箱"，为学生提供了一个可以倾诉心声的平台。整合资源，开展心育课程，利用主题班队会、团体辅导、情景体验等一系列活动，促使学生认识自我、探索自我；推出"线上心理微课"，向学生及家长普及心理健康知识，教授简单易学的自我心理疏导技巧。

2.校园文化各美其美，潜移默化温润童心

打造以"和"为核心的校园文化，借助"最美教室""最美办公室"的评选有效地营造和谐、积极向上、富有特色的文化氛围，让有限的校园空间变成无限的教育资源，让学校成为师生温馨的家园。

3.家校互动形成合力，积极合作齐心育人

定期举办"家长进课堂"活动，邀请家长走进课堂，实现家校教育优势互补；举办全校性的家长开放日活动，征求家长意见，建立起家校良性互动模式。

4.学生活动精彩纷呈，德育阵地绽放异彩

广泛开展思想道德建设活动。一方面结合传统节日、特殊时间节点，开展了"学雷锋公益行""向国旗敬礼"等活动；另一方面根据学校实际，开展了"童心向党、逐梦争章""传承中华传统美德""非遗进校园""校园吉尼斯"等教育实践活动。

制定了具有学校特色的"红领巾奖章"评价体系，设立了6枚校级特色章，组织广大少先队员积极参加丰富多彩的争章系列活动。成立了"红色宣讲""绿色保卫""古色传承"3个雏鹰志愿服务队，让队员们把"责任"担起来，把"精神"扬起来，把"作用"发挥起来。

开展"读书节"活动，表彰"书香家庭""阅读达人""书香班级"，引导学生把阅读当作一种习惯、一种生活态度。开展"三礼"教育（即一年级"开笔礼"、四年级"成长礼"和六年级"毕业礼"），弘扬中华优秀传统文化，培养知礼向善的文明学子。挖掘进贤民歌元素，出版《进贤民歌进校园》校本教材，通过民间歌曲传唱和戏曲进校园活动，让孩子们感受家乡本土文化的魅力。

吴剑芳创造性地开设了一系列劳动教育课程，培养学生动手实践能力和观察思考能力，学习劳动技能。举行"校园吉尼斯"活动，引导学生学会超越自我，收获了自信；开通"一小朗读者"栏目，师生用声音传递温暖、情感和美好，在潜移默化中让学生向上、向善、向美。

德育入心，成德于行。一系列德育活动较好地引导学生扣好人生的第一粒扣子，为培养追逐梦想的厚德少年筑牢基石。

（二）党建引航 "和聚"生辉

2019年9月，吴剑芳担任学校党总支书记，在做好党建"三化"建设的基础上，注重抓党建、强力度，打造党建品牌。

1. 迎难而上，"聚"战斗力

疫情停课期间，党员志愿先锋队冲在疫情防控一线，党员教师带头进行线上授课；暑假期间，党员护卫队巡河、家访宣传、包保防溺水重点学生；送教下乡，党员教师踊跃报名。

2.教育学习，"聚"生命力

组织全体党员拍摄红歌快闪，开展学习贯彻党的二十大精神、习近平新时代中国特色社会主义思想主题教育，举行书法比赛。

3.党建带队建，"聚"向心力

党员牵手少先队员开展了"党建引领学雷锋　爱心义卖传温情""博物传情　记住乡愁"等志愿服务活动，引导少先队员进一步坚定理想信念，担当起新时代的责任和使命。

4.教学工作，"聚"群策力

教学工作紧紧围绕落实"党建+1234（一个中心、两个研究、三个规范、四个提高）"展开。以新课标为引领，以听评课为抓手，开展公开课、集体备课、党员班子推门听课活动，确保教学质量稳步提升。

学校以6个党员主持人的市级名师工作室为依托，以青蓝工程为纽带，发挥党员骨干教师的示范引领作用，帮助更多青年教师成长。

5.家校共育，"聚"合作力

聚焦家校共育，成立校级家委会；启动"家长志愿者护学岗"，党员教师和家长志愿者共同为孩子的平安成长保驾护航。

经过一年的梳理总结，吴剑芳将学校党建品牌命名为"和聚"，"和"来源于学校"和"文化理念，"聚"寄寓"凝心聚力"，通过党建引领明确方向，让一小教师和衷共济，让一小学子和乐成长。

（三）集团规划　弦歌不辍

1.集团化办学谱新篇

2021年9月，学校新增一所分校，升格为教育集团。学校提出"文化引领、名师辐射、资源共享、优势互补"的策略，实现集团校区之间管理、师资、课程、文化、教学等互通互融，开辟优质、全面、高效的集团化办学路径，办更加公平而有质量的教育。

以"和"文化为依托，延续老校区校训精神，在新校区倡导"和润于心、美化于行"的办学理念，两校区相互汲取发展的力量，构建发展共同体，形成文化向心力。

以"课程群"为载体，完善集团课程文化体系。充分发挥"校区一体型"办学优势，校区之间、年级之间的课程、教学、教师协同一体化，兼容并蓄，在原有课程基础上提炼多样的课程体系，打造集团特色"课程群"：依托学生年龄特点和认知规律编写《中华经典诗文诵读》校本教材，形成"传承经典文化课程"；社团走班的"体艺兴趣选修课程"；邀请家长进课堂的"职业体验课程"；以"校园吉尼斯""科技节""'乐动杯'校园运动会""假期个性作业"等比赛为载体的"个性特长展示课程"；开展"学雷锋公益行""红领巾奖章""一小朗读者""'三礼'教育""争做新时代好少年""劳动最美""非遗进校园"等活动，践行社会主义核心价值观，形成"立德树人课程"。

以"大流通"为抓手，构建集团教师共同体。从总校选调优秀班主任、优秀教师充实到新校区，通过班主任师徒结对、集团班主任培训会、班级管理经验交流等途径，将总校先进的班级管理理念和成熟的班级管理模式输送到新校区。大力引进智慧校园先进设备辅助教学和管理，依托智慧校园5G直播功能，打破校区壁垒，实现集团两校零距离联动教研，形成集团教师发展共同体。

2.锚定目标定规划

近几年，学校获全国中小学中华优秀文化艺术传承学校、江西省"五个一百"美育工程学校、江西省文明校园、江西省"追寻红色足迹"研学活动先进单位、江西省实施素质教育示范校、南昌市"思政教育优秀基地"等荣誉称号。为了找准集团未来发展的目标和定位，确定发展方向，吴剑芳着手制定了学校三年发展规划。

以质为本塑名校,吴剑芳将以"和聚党建"工程、"和顺管理"工程、"和乐课程"工程、"和雅德育"工程、"和进教师"工程、"和美文化"工程、"和悦服务"工程为抓手,分解三年规划任务,明确路线图和时间表,努力优化整体育人系统,实现建一所"质量+特色"的学校,塑一个"专业+特点"的团队,育一群"合格+特长"的学生,努力实现学生体验成长快乐、教师感悟育人幸福、家庭收获教育成功的办学愿景。

> **寄语:**
> 你是春天之蓓蕾,孕育着知识的芬芳;
> 你是未来之希望,每一步都拔节生长。
> 青春是书,请用智慧去阅读;
> 青春如诗,请放声去歌唱。
> 做孩子成长的灯塔,用创意引领未来!

爱心呵护折翼天使 微光点亮别样校园

校友简介：李婷，女，1982年10月生，中共党员，中小学高级教师。现任大余县特殊教育学校党支部书记、校长。2001年毕业于南昌师范学校特殊教育专业。

荣获赣州市三八红旗手、赣州市教育督导评估专家、大余县优秀校长、大余县优秀教师、大余县委教科体工委优秀共产党员、大余县骨干教师等称号，为赣州市师德宣讲团成员。

世上最美丽的人，是心中充满爱的人；世上最美丽的时刻，是心中充满爱的时刻；世上最美丽的光芒，是人心中那道爱的光芒。有一种教师，没有普通教师桃李满天下的成就，没有行云流水般酣畅的课堂。但是，他们是最美丽的教师。因为他们心中常充满爱，爱在每一个时刻，把爱给了那些特殊的孩子，用爱之微光点亮别样的校园——他们就是特教老师。

一、坚定理想信念，勇于砥砺奋斗

2013年，大余县特殊教育学校正式创办，作为首任校长的李婷走进了特教园地，办好特教学校的使命就这样沉甸甸地落在了她肩上。"如何开始干？要怎样干？要干得怎么样？"许许多多的思考如潮水般涌来，如何才能不辱使命，走出一条适合特教学校的发展之路？担着使命，背着责任，揣着思考，她就这样用心开始了特校创办之路。

二、从每一个细节打造特校"有形之躯"

学校是一个特定的场所，是供学习者学习、活动的地方，也是一本活生生的教科书。一所动静有序、环境幽雅、卫生整洁、管理井然的学校，可以令身处其中的师生们心情愉悦、举止文明、团结融洽。李婷将特教学校喻为一株有形的、生命力顽强的小草，那如何塑造这株小草的有形之躯呢？

首先，从创设优良办公办学条件开始。利用好专项资金，设置标准的音乐律动教室、感统教室、康复训练室、个训教室等功能教室，购买适合特殊孩子使用的桌椅，每间教室配备多媒体设备，每位老师人手一部台式电脑和笔记本电脑。为充分利用好每一寸土地，从考虑保护特殊学生户外活动安全角度出发，将校园户外 80% 的面积全部铺设了安全性能高、品质好的彩色地垫，电子摄像头遍布校园各角落。

其次，制定一系列规章制度。学校创办 10 年来，从最开始的各岗位责任制度到后来的大余特校章程、安全工作系列制度、一日活动常规、精细化管理制度等，学校逐渐步入制度完善、办学规范的轨道。

最后，实施细致入微的日常管理。条件优越了，制度建立了，接下来的关键是如何最大化地利用条件，最细化地落实制度，最优化地管理学校。从最难管也是最需要管的卫生间管理开始，学校卫生间有 3 间，男、女及残疾人专用卫生间，都是水冲式。在每个蹲位摁水处醒目位置都张贴了"来也匆匆，去也'冲冲'"的漫画贴纸，生动形象地告知大家厕后要冲水。在卫生间每个蹲位放置套有垃圾袋的篓子。在洗手池旁张贴"勤洗手，病菌走"的温馨提示。每天安排人员对卫生间进行冲洗，对马桶、蹲位进行消毒，经常性地对所有水龙头、开关进行检查，发现损坏立即更换，确保每一个水龙头、开关能正常使用。因为特校有许多学生生活不能完全自理，大小便常常拉在裤子上，尤其在冬天，拉在裤子上后非常容易着凉，所以在残疾人专用卫生间里安装了安全性能高的电热水器，保证学校时时有热水，方便失禁的学生用暖乎乎的热水冲洗身子。

三、以文化内涵的引力构筑特校"有神之魂"

一所学校，没有文化就像人没有了灵魂一样。灵魂是一种可以产生精神和形体生命活动的本源，虽然灵魂不可触摸，是精神层面的东西，但是文化可以随时随地感受到。我们可以将文化物化为看得见、摸得着、听得到的实质，以文化内涵的引力打造学校的"有神之魂"。李婷反复思考，组织教师多次讨论，最终确立学校以"尊重、理解、服务、发展"为核心理念的精神文化，确立学校的办学理念、办学目标、课程设置、校风、校训等。并由学校教师设计校徽、校旗，创作校歌，明确校徽校旗校歌的意义，展示特教人奋发向上的风貌，充分体现特教精神。

学校以"让爱托起孩子的美好希望，让专业成就孩子的全面康复"为办学目标，以"希望家园、成长乐园"为行动纲领，践行"养成健康的行为习惯和生活方式，成为适应社会发展的公民"的教育理念，全力打造学生适应的希望家园和成长乐园。

四、踏实扎根特教，一心为了学生

面对特殊孩子，李婷带领着全体教职工十年如一日在平凡而特殊的岗位上砥砺奋斗，从来没有放弃过对孩子们的悉心教育，坚守初心干特教，共同点亮这别样校园，以师爱的力量、专业的态度、恒久的耐心，共促孩子们的成长和进步。上天是公平的，他为你关上一道门时定会为你打开一扇窗。健康的身体这道门关上了，一定会有一扇窗可以打开。只要打开这扇窗，就能看见新天地，就会有光照射进来，为特殊孩子们扫除黑暗，带来光明与希望。

特教老师对孩子的教育是需要极大的耐心的，一字一词、一举一动往往要教上几十遍、上百遍，甚至一年又一年重复。这种机械的、重复的、琐碎的工作，是常人无法想象的，有时也会让老师陷入挫败感中。但是，当看到脑瘫孩子在努力艰难地练习走路时，当唐氏宝宝将画好的爱心图交给老师时，当有听力、言语障碍的孩子比画着"谢谢老师"时，看到孩子的家长风雨无阻行走在接送孩子的路上时，大家又重燃起信心的火焰，相信在爱心的温暖下，在专业的教育下，在坚持的力量下，特殊孩子一样能"苔花如米小，也学牡丹开"。

在做好在校生教育工作的同时，李婷还带领着全校教师扎实做好送教上门工作，每周都要抽出专门时间为那些因重度残疾不能来学校上学的孩子送教上门。送教教师们以对送教学生认真负责的态度，以爱心、耐心、精心、责任心、事业心去做好送教上门工作，赢得了送教学生家长和社会的一致好评。

五、担当时代责任，切实做好服务

李婷认为校长不是高高在上的领导，不能凌驾于师生之上，应该是一名服务者，是老师、学生、家长的服务者。校长给学生上课是服务，为老师排忧解难是服务，为家长答疑解惑是服务。校长心中有师生，师生才有归属感，这样才能办好人民满意的特教学校。

学校老师大部分是家不在本地且刚毕业的年轻女老师，非常需要学校的关心和帮助，让她们能安心工作、顺心生活。其中，食宿安排是摆在面前的头等大事。在校园较小无法安排教师宿舍的情况下，李婷积极与附近学校沟通，争取到了教师宿舍。在新老师还没有到校报到时，她就已经到教师宿舍打扫卫生，检查水电门窗，购买床铺、衣柜、热水壶等生活用品。

一所县级特校创办 10 年的历程，是李婷在用心打造充满生命力的特教学校的历程。在特教这片园地里，她将带领这支有爱的特师队伍，继续坚守一生都要服务特教的初心，勇担为特殊教育发光发热的使命，倾尽心血努力打造特殊孩子们的幸福家园。她唯愿成为一束微光，点亮别样的校园，照亮特殊孩子前进的道路。不求桃李天下灼灼其华，唯愿触动更多的善良，温暖折翼天使的胸膛。

　　寄语：生命本身就是美好的！残缺只是考验，能让生命绽放别样的光彩！请悦纳自己，乐享生命，活成一束耀眼的光！请相信，每个人都是自己人生的建筑师，勇敢迎接挑战。请记住，遇到困难不气馁，用我们的爱和坚持，点亮彼此前行的路。未来，愿你们用爱心和智慧，创造更美好的明天！

不落下一个有特殊需要的孩子

校友简介：刘华斌，男，中共党员，中小学特殊教育高级教师。现任安远县特殊教育学校副校长、副书记。1997年毕业于南昌幼儿师范学校特殊教育专业。

荣获江西省特殊教育骨干教师、赣州市特殊教育骨干教师、赣州市信息化骨干教师、赣州市最美园丁等称号。

自2012年9月安远县特殊教育学校成立以来，学校加快建立以"适宜融合，普惠优质"为目标的特殊教育办学质量评价体系，坚持不落下一个有特殊需要的孩子。

一、上门摸排，不落下每一个特殊孩子

2012年7—8月，安远县特殊教育学校开始招生。学校刚成立，学校班子成员除校长外只有刘华斌一人担任副校长，学校各项工作都落在了他的身上。俗话说：万事开头难。学校创办之初，他主动与各部门商量与对接，取得各部门的支持和配合。每年4—6月，县残联做好未入学适龄残疾儿童少年实名调查统计工作，摸清底数，按照残疾类别和等级，分类整理汇总，统一录入"中国残疾人事业统计管理系统"中的未入学残疾儿童少年登记表，同时报上级教育行政部门备案；6月，教育行政部门根据残联提供的未入学适龄残疾儿童少年资料，确定服务对象，并根据服务对象的残疾类别和分布情况，安排到特殊教育学校就读还是在普通学校进行随班就读，针对重度残疾孩子统筹部署辖区内送教上门服务工作任务；7—8月，承担

送教上门服务的相关学校与需送教服务的学生家庭、合作开展送教服务的医疗康复机构协商，制订切实可行的送教上门服务工作计划和个别化教育方案；9月1日，承担残疾孩子教育教学工作的学校为残疾孩子建立学籍。教育部统计接受各类教育教学服务新生的实际情况，将汇总的接受各类教育教学服务的残疾孩子实际情况花名册，通报同级残联，并报教科体局备案。

在刘华斌的带领下，全体教师团结一心，深入全县各乡镇做好适龄残疾孩子的摸底工作，让许多适龄残疾孩子能够感受到党和政府的关心，享受到教育的光和热。安远县在特殊学校注册的在籍学生由原来的68人上升至2024年的208人，最多的时候学校在籍学生有248人。刘华斌经常与同事说，特殊教育工作一直在路上，他们要做到"不落下一个有特殊需要的孩子"。

二、多措并举，提升教育教学质量

在特殊教育工作中，刘华斌坚持"生存生活指导、身体心理康复、文化技能教育"并重的原则，从培养学生"残而不废，残而自立，残而有为"的目标出发，实施因人制宜、分类教学的教学方法，采用潜能开发、缺陷补偿等教学手段，让学生获得发展。学校建立健全各项规章制度，订齐订足教材，开足课时，并针对各类孩子的差异，开展"一对一"个别化训练、感统、语言沟通、音乐训练游戏、社会生活等丰富的课程，保证这些特殊孩子获得全面、科学的康复训练，帮助他们更快成长。为了让特殊孩子融入社会，适应社会，他带领教师定期组织学生进超市购物、银行存钱、邮局寄信、社区体验、菜市场认菜买菜……进行融合教育活动，让学生参与到社会生活中，让社会接受并能主动帮助这些特殊的孩子，全方位培养残疾孩子学会做事、学会做人、学会生存的能力。

优化课程的同时，刘华斌还非常重视教师专业素质的提升。他身先士卒，积极参加各类专业技能培训，在特殊儿童动作康复领域进修两年，在残障孩子脑瘫动作康复方面取得专业提升与发展，并在教学中加以实施，为有动作康复需要的特殊儿童带去了福音。

三、职业教育让每个特殊孩子都获得适宜发展

促进残疾人就业是我国"十四五"及2030远景发展目标下残疾人事业的重心和难点。全国政协委员邰丽华建议加强残疾人职业教育体系建设，促进残疾青年就业力准备，明确残疾人职业教育的工作协调机制和残疾人职业教育培养目标，建设和优化残疾人职业教育课程体系。特殊教育学校发展残疾人职业教育已成为解决残疾人就业问题一条必不可少的重要途径。一方面，这是特教学校贯彻落实《"十四五"特殊教育发展提升行动计划》文件精神的体现——"着力发展以职业教育为主的高中阶段特殊教育"。另一方面，这是帮助残疾学生回归社会、减轻家庭负担、缓解社会压力的有效举措。

针对听力障碍孩子和轻度智力障碍孩子，刘华斌带领教务处的同志组织开设了职业技能培训课程，目前学校主要开设了糕点制作、烹饪、洗车、手工制作、绘画等职业技能训练课。让学生掌握一两项技术，为他们融入主流社会打下坚实的基础。根据学校每年对学生的就业统计，听力障碍学生就业率高达70%，轻度智力障碍学生就业率接近30%，剩余轻度智力障碍学生在家能够为家庭做一些力所能及的事情，为家庭减轻了负担，得到家长的肯定和社会的好评。

四、用爱承诺，加强学校师德师风建设

师德是教师的灵魂，爱心是教师工作的核心。为了加强学校教师师德师风建设，刘华斌组织教师开展了一系列弘扬高尚师德的活动，如"师

爱颂演讲""干部下基层、教师访万家""我怎样当好特殊教育教师"等师德主题活动。"师德是灵魂,爱心是核心"已成为学校广大教师的座右铭。这种爱心不仅是对学生的爱,还是对事业的爱、对学校的爱、对特殊学生的爱。每天早晨,总会有教师和可爱的文明小天使站在校门口迎接师生的到来;操场上,也总能看到教师如母亲般抚摸孩子们的脸。刘华斌与每一个孩子都建立了深厚的感情,当他走进校园,总有一群特殊孩子围绕在他的身边一起游戏、一起欢笑。

特殊教育学校的学生,残疾程度不一,他们有的动不动就把大小便拉在身上;有的大呼小叫闹得你头皮发麻;有的会冷不防抓你一把,咬你一口;有的男生十五六岁了还不穿内裤,不会拉裤子拉链。所以,特殊教育的教师,除了要担当起教师的职责外,还要义不容辞地担当起父亲、母亲和保育员等多种角色。刘华斌提醒每位教师到校第一件事是把纸巾放到口袋里,因为有些特殊孩子在发音、说话时口水常流在他们自己身上,有些孩子会把鼻涕擦在老师身上。面对这些情况,教师们都会赶紧帮他们擦干净,丝毫没有责备和怨气。

爱不仅是一种情感,还是一种积极的追求,更是一份默默无闻的坚持。刘华斌将继续与全体教师一起成长,让爱走进更多特殊孩子的心灵,给那些需要帮助的特殊学生和家庭带来更多的阳光和希望。

寄语:天将降大任于是人也,必先苦其心志……让我们一心向阳,努力学习,为了一切有特殊需要的孩子不断夯实自身实力,办人民满意的特殊教育。

遇见"梅"好 "围"有初心

校友简介：梅围，女，1983年9月生，中共党员，小学一级教师。现任南昌县第三幼教集团副园长，兼任南昌县责任督学。2002年毕业于南昌第二师范学校普师专业。

荣获南昌县优秀教师、国培计划优秀班干、教育科研先进个人、南昌市青年骨干教师、优秀党员、南昌县园长培训班优秀学员、南昌县责任督学优秀学员等称号，荣获第八届"园丁杯"教学一等奖，2014年和2017年分别获得市公共安全骨干教师说课一等奖、省级课题及个人课题结项奖，2019年指导教师制作课件荣获省二等奖，个人数篇论文荣获国家级一等奖等。

二十年，不长也不短，

这二十年，

充满了挑战、惆怅、欣喜、淡然……

一切都是最好的安排。

二十年，

她在最关键的时刻选择了幼教这条路，

她在最宝贵的时光遇见了一群值得珍惜的人，

她在最美好的时空里沉淀出这样一个个可爱、可享、可忆的故事……

一、回望来时路——坚定选择，勇毅前行

2003年，南昌县第三幼儿园刚创办，梅围加入其中。在2004年南昌县教师招聘考试中，她顺利考入了南昌县第三幼儿园，成为一名有编制的

教师。那时三幼硬件条件不好，操场泥泞坑洼，条件虽苦，但幼儿很喜欢她组织的活动。在那里，她经常组织艺术节活动，让孩子们有更多表演的机会，而她也被评为优秀指导教师。

第一次加入课题研究，第一次参加县级赛课荣获一等奖，第一次参加市级比赛，第一次参加省级课题研究……从新任教师到骨干教师，她不断学习，提高专业素养，通过层层赛课，积淀了专业自信。

从班主任到团支部书记再到总务主任，在三幼总园的那些年，她积极带头创新幼儿园的管理，带领教师参加全省舞蹈大赛并荣获省级一等奖。10年的教学工作，让她深深爱上了她的幼儿园，爱上了一届又一届的孩子们。她深信：她可以成为一名好老师，一名深受家长和孩子喜爱的幼儿园老师，一名愿做事、能做事、会做事的好老师。

2020年，学前教育迎来了春天，集团化办学模式的发展，政府大力投入新建一批公办园，组织急需一批管理干部，她有幸成为其中一员，从总务主任到滨江分园的主要负责人兼保教主任，从一线的骨干教师成为一个全新分园的管理新手。"雄关漫道真如铁，而今迈步从头越。"回想当时，开园前一天的深夜，她还在加班加点布置环境，是那样热血澎湃。1个她、10个正编老师，带领着149个孩子，在赣江边勇毅前行。那时候她每天扮演着多种角色：幼儿园需要从其他分园借用某些物件时，她是"好司机"；生活工作上，面对新老师偶尔的稚嫩和孩子气，她是"知心人"；需要搬运东西、上交材料时，她是"勤务员"；需要撰写文稿时，她是"秘书长"。大到工程建设，小到教育日常，她都亲力亲为、事无巨细。

幼儿园开园仅1年，就成为县级示范园；幼儿园开园3年，成功申报了市级示范园。幸福都是奋斗出来的，骨干都是在艰苦中成长的。那最初陪她深夜加班的10个老师，也历经岁月成长，先后成为班主任、年级组长、办公室主任等。

2020—2023年，她度过了从分园负责人到集团副园长的资格预备期、角色适应期。南昌县三幼滨江分园，从新建园到市级示范园，青涩岁月，往事回首，磨砺了意志，成长了团队。

二、走实脚下路——因地制宜，静待花开

担任南昌县三幼滨江分园主要负责人期间，她秉承"我运动、我健康、我快乐"的教育思想，把"运动"作为办园特色，将"运动和健康"作为成长之根，践行"劳动教育"文化，创设因地制宜的环境，实施人性化管理，铸造专业团队，建构园本课程，协同家园共育，培育全面发展的幼儿。她带领团队巧思创环境，无声润童心。

打造大型室内建构区，建构融思维、操作、艺术、创造为一体的活动，促进幼儿的立体造型能力和合作能力的发展。教师的创设与引导突破建构区的创设模式，使各班呈现出不同的特色。孩子们可以在建构区创造一个又一个的建构故事，学习合作，学习互助。除此之外，园内设有六个大功能房，如户外涂鸦、户外野炊、户外沙水联动、户外安吉等自主游戏场地。优美的教学环境，可以让孩子在这里尽情游戏、尽情阅读、尽情探索、尽情感受艺术的魅力。

幼儿园注重体现中华优秀传统文化和现代生活特色，将二十四节气、百家姓、传统乐器、民间游戏等融入园本课程，将优秀传统文化、人与自然和谐共生的理念融入幼儿园"绿色生态促健康"的办园宗旨，帮助幼儿感受大自然的神奇和优秀传统文化的魅力，在幼儿心中播种文化认同和精神归属的种子，让幼儿真正成为"自然之子"。在课程实施过程中，做到因地制宜，将当地习俗和幼儿的身心发展特点相结合，对课程内容进行本土化调整。从刚起步时的茫然，到逐渐厘清思路，再到后期的游刃有余，教师不断反思、应用，有效地提升了指导活动的效果。

在滨江分园，主打"物尽其用、遍地开花"的原则。创建滨江小分队，构建纵横网络管理。在纵向，成立新闻宣传小组、教育科研小组、后勤保育管理小组三条线；在横向，实行党员带头做示范、年级教研轮流管理制。一横一纵，做到了人人有事做，事事有人做。

多年来对幼儿教育的坚持，一路生花。坚持就是胜利，付出就有收获。她带领团队多次参加市县联片教研，包括公开课教研、自主游戏主题教研、集体备课教研、案例反思教研等；同时注重教研成果的总结、提升、推广，并出版成书。学前教育从普及普惠到优质均衡，现阶段已经进入了高质量发展时期，她又带领南昌县三幼滨江分园以"高品质幼儿园"为愿景，发挥团队力量，实现资源共享，优势互补，和谐共生，让更多的孩子接受高质量的学前教育，带动农村幼儿园实现同步协调发展。幼教之路，道阻且长，行之不辍，未来可期，在这个最好的时代，成就共同的幼教理想！通过晋级评估，南昌县三幼滨江分园办园行为及经验得到推广，幼教声音得到传播。从县级示范园到市级示范园，沉淀了岁月，淬炼了思想，锻炼了团队，成就了自己。

三、奋进未来路——点亮心灯，遇见美好

2023年8月，梅围担任了南昌县第三幼教集团副园长。她以"怀揣理想，知行通达；智慧共勉，抱团发展；点燃梦想，追求卓越"为目标，把握"奉献"这个总抓手，追求乐观、善良、坚持三种品质。围绕树立理想之灯，点亮初心之灯，奉献爱心之灯，为集团的发展助力。

生命因鲜血而不息，爱心因传递而耀眼。她经常带领团队用实际行动践行"有理想信念、有道德情操、有扎实学识、有仁爱之心"的新时代"四有"好老师形象，积极参与无偿献血活动，弘扬"奉献、友爱、互助、进步"的志愿服务精神。热血有你，为爱续航。不管是在疫情防控期间还是各类

公益事业面前，作为党员的她总是走在前面，如今她担任了集团的副园长，角色不同，使命更重，她将赓续初心，继续前行。

回眸过去，她坚定方向、艰苦奋斗、真抓实干、凝心聚力，取得了一些成绩；展望未来，她将进一步发挥集团优势，在新一轮工作中注入新思想、新活力，结合幼儿园的地域文化特色，从孩子的兴趣与特点出发，探索出一条适合幼儿身心健康发展的幼教之路。教育家苏霍姆林斯基说："热爱孩子是教师生活中最主要的东西。""没有爱就没有教育。"她热爱幼儿教师这份工作，热爱幼教事业，她把这份热爱转为内驱力，尽职尽责，始终对幼儿园保持最大的责任心，刻苦钻研业务，提高自身理论水平和文化素质。她坚持用爱心、耐心和责任心对待每一位孩子、教师，她将自己的工作与美好的未来联系在一起，这是她作为幼儿教师的自豪与乐趣，也是作为一位共产党员的初心。

寄语：向阳而开，做有追求的教师；逐光而行，做有温度的教育。

助折翼天使无碍飞翔

校友简介：钟庆华，女，1972 年 9 月生，中共党员，中小学高级教师。现任兴国县特殊教育学校党支部书记、校长。1993 年毕业于南昌幼儿师范学校特殊教育专业。

获得江西省关心下一代工作先进者、江西省长期从教 30 年教师、赣州市优秀教师、赣州市少先队优秀工作者、赣州市第三届教育督导评估专家、兴国县学科带头人、兴国县优秀教师、兴国县三八红旗手等荣誉称号。

作为兴国特校的创校"元老"，钟庆华认为，兴国特校创办至今，一支敬业爱岗、无私奉献的教师团队和学校敢于创新、善于钻研的良好工作氛围，是学校发展的根与魂。这种精神影响着一批又一批新生力量。

招收对象残疾类型及残疾程度的不同，对学校的教育教学和管理提出了新的挑战。作为一所综合性特殊教育学校，怎样把学校的教育教学工作抓实、抓出成效，让不同残疾类型的孩子都有不同程度的进步和发展，是学校全体教职员工永恒的课题。为此，作为校长的她，始终秉承"尊重个性差异、注重潜能开发、提供适合教育、着眼未来发展"的办学宗旨，以"学会做人、学会学习、学会生活"为培养目标，对每一位残疾孩子不离不弃，用爱为残疾孩子创造"无碍"的舞台，为残疾孩子铺就一条学习、康复、就业无障碍之路。

一、软硬兼抓，为学生做好服务

每当有人谈起从事特教的艰辛时，钟庆华总是坦然地说："有一种生活，你没有经历过，就不知道其中的艰辛；有一种艰辛，你没有体会过，就不知道其中的快乐；有一种快乐，你没有拥有过，就不知道其中的纯粹。"每当想起这群特殊孩子的生命轨迹会因她的付出而改变时，她就会感受到无穷无尽的快乐，这或许就是她从事特殊教育的初心吧。

兴国的特殊教育从无到有，从只招听力障碍儿童到招收多重障碍儿童，从办学简陋的特教班到一所崭新的特殊教育学校，她见证了学校的成长，学校的发展也凝聚了她和老师们无数的汗水和心血。新校筹建初期，她积极前往各兄弟学校学习、取经，全程参与学校的规划和校园建设。为充分满足特殊学生的教育教学、特长发展、康复训练、职业培训的需要，学校建造了感统室、多媒体互动教室、多感官训练室、美甲室、烘焙室等功能室。在硬件设施完备的基础上，她深知要为特殊孩子提供更精准的服务，还需要更为专业的教师团队。为此，她大力改革学校教育教学工作，搭建各类平台促进教师成长，积极组织教师前往北京、南京、重庆、深圳等地参加各级各类专业培训，学习学校管理、专业技能、康复知识等，用行动来引领教师成长。经过几年的磨砺，兴国特校的专业教师队伍已打造成形，教师的专业素养得到提升。

学校推行的"一日时光"，以育人为本，以生活化、个别化、统整性活动体验为教育理念，形成"时时是教育的良机，处处是教育的场所，事事是教育的内容，人人是教育的对象"的良好教育生态环境。"一日时光"以生活为核心，培养学生具有一日生活的能力，使其成为"好家人、好帮手、好公民"，最终过上有品质的生活。"一日时光"实施以来，学校管理更加规范有序了，学生行为习惯更好了，得到家长及老师的认可和赞许。

二、面向实际，为学生解近忧

学校开办初期，钟校长就清醒地认识到，只有面向实际，才能切实为特殊孩子解决问题。为此，她充分考虑残疾儿童身心特点及个性差异，与全体教师齐心协力探索出了一条以生活为中心、以全面发展为目的的集"兴趣、康复、职业"三位于一体的课程新路。针对培智学生越来越多，且程度越来越严重的情况，为使培智类学生能生活自理，学校积极开设个体针对性训练康复课程，成立了一支以言语康复、认识康复、动作康复和孤独症康复为核心的专业个训团队。目前，已有16名个训教师，46名个训学生，占培智学生的50%。个训康复课不仅更精准地服务了培智孩子，还为家长带去了希望。比如，个训学生航航是一名典型的孤独症患儿，还伴有情绪障碍。刚入校时，他根本无法安坐、自行上课，一定要家长陪读。经过一段时间的个训康复，现在已经能独立坐在教室上课。航航的进步令家人非常满意，爷爷也不用再陪读了，可以找份工作补贴家用，父母在外也能安心工作了。在做好个训康复的同时，学校还以就业为导向积极开展职业教育。为了给学生们铺设一条就业的"无碍之路"，在研究特殊儿童与普教最大融合的同时，学校也对他们的实践能力和社会能力进行了多方位的培养，摸索出了"智技同培"的教学模式。学校开设了手工、绘画、美甲和烘焙等一系列特色职业教育课程，还与江西开创数码科技有限公司进行校企合作，每周由公司派画师到校进行美术授课，为孩子打开认识世界的一扇门，帮助孩子挖掘潜能。

三、牵线搭桥，为学生谋远虑

特殊教育学校孩子的毕业季，是家长们的"焦虑季"，但他们不知道的是，孩子们的就业问题也是萦绕在钟庆华校长心中多年的心结。她认为，特殊学校学生就业的柳暗花明就藏在"精于业，专于技"的职业赛道中。而残疾孩子的就业问题不应该由个人和家庭独自面对，需要政府、社会的协助与支持。面对家长们年复一年的焦灼，她想尽办法、争取机会。终于，在2020年12月，在兴国县委原常委杨志到特殊教育学校调研走访时，她主动反映特教学生的就业现状。通过多方协调，在全县寻找适合残疾学生上岗的企业，教科体局、招商局、残联、人力资源等部门再度联手，使对残障学生就业问题的解决驶入了快车道。根据人才市场供需和残疾学生的能力特点确定就业岗位，筛选出从事电子显示屏生产加工的江西海威电子有限公司。为了保障孩子们初入社会的安全问题，巩固他们的职业脚步，创造性采取"辅助性"陪护就业措施，即陪护学生掌握岗位技能，逐步融入企业生活，直至完全独立。经过两个月的试用期，该年毕业班的17名孩子已经全部转正，工资与普通员工一样采取计件式，为2000到4000元不等，而且随着他们技术水平的提升，工资还将不断增加。毕业生艳丽表示，她非常喜欢现在的工作，自己可以赚钱、可以为家庭分担是一件非常快乐、幸福的事情。正因为学生们的出色表现，特殊学校的应届毕业生已作为一种人才品牌，陆续收到其他企业的预约"订单"。

钟庆华不止步于此，学生毕业到了校外，她同样尽自己所能为他们排忧解难。有合适就业的信息及时分享，利用自己的人脉为学生们的就业牵线搭桥，甚至为已到婚龄的学生介绍合适的另一半，孩子们在生活、工作、家庭中遇到的问题总是喜欢找她倾诉……在特殊孩子心中，她就像是他们的妈妈一样让他们感到无限温暖。

"所有的努力，都是为了一个共同的愿望：让特殊孩子被接纳、被关爱，更好地成长、康复并融入社会。"她坚守一名共产党员的初心，带领团队奋不顾身地投入，心甘情愿地奉献，牵引特殊孩子飞向更广阔的人生。

寄语：作为即将加入特殊教育的特教同行，你们肩负着神圣的教育职责，要心中有爱，眼里有光，身怀特殊教育本领，牢记初心使命，甘于奉献，以德育人。用积极严谨、创新进取的态度，在平凡的岗位上成就不平凡的事业，为残疾学生的终身发展、为构建和谐社会而不断努力！

汗洒幼教谱新篇

校友简介：陈萍，女，1983年10月生，中共党员，中小学一级教师。现任南昌县第三幼儿园党支部副书记及业务园长。2001年毕业于南昌第二师范学校艺师专业。

被评为江西省新时代最美幼师、南昌市年度教师、南昌市教学能手、南昌县责任督学、幼儿园教师资格面试官、南昌县优秀教师、南昌县先进个人、南昌县教研工作积极分子、南昌县学科带头人、南昌县最美昌南教育人物，获南昌市骨干教师专业能力全能奖，2006年参与《润物有声》教育案例编著，2018年参加由江西省教育厅组织的"不忘初心、牢记使命"赴德兴市、乐平市送教下乡活动，2023年指导老师荣获南昌市"红色文化课程教学比赛"二等奖，并多次到各个帮扶园所进行帮扶指导。

教育是一场向美而行的遇见，从事幼教行业的那天起，陈萍就注定与幼儿园、与孩子们相遇。每天清晨陈萍都会在大门口笑迎每一个孩子入园，下午目送孩子离开幼儿园回家，20多年来坚守初心，风雨无阻，陪伴一届又一届孩子健康成长。听到孩子们一声声"园长妈妈早上好"，她心里是无比甜蜜的，虽然幼儿园工作辛苦，但看到孩子们天真的笑脸，她从未后悔过当初的选择。她是孩子们心目中爱笑、会玩、会魔法的园长妈妈，是家长们熟悉的教育工作者，是老师们的知心姐姐。她倡导教师们"看见儿童，支持儿童"，她始终深信"爱是教育的灵魂，只有融入了爱的教育才是真正的教育"。

一、最初的梦想，开启最美的幼教之旅

当初选择幼儿教师这个行业，缘于陈萍非常爱笑，很乐观，也特别喜欢孩子。幼儿园是个快乐的地方，能给孩子们带来快乐她也很快乐。2001年，当以教师的身份第一次走进幼儿园，看到一双双清澈的眼睛时，陈萍一下子就被孩子们吸引住了，她坚信，这就是她所热爱的幼教事业。陈萍在工作中锻炼出扎实的业务能力，并将所学所获灵活运用到工作中，成为"多面手"，唱歌、跳舞、演讲、说课、教研等活动，她都能轻松拿下。在幼教这个工作岗位上走过了 20 多个年头，她越发坚定当年的选择，庆幸自己走进了一个鲜花盛开的世界。在这个世界，她乐此不疲，收获了快乐，收获了孩子们的爱，也从此开启了她人生中最美的一段旅程……

二、最美的遇见，向上生长促携手并肩

毕业后，陈萍在 2006 年通过考试进入南昌县三幼工作，如今作为业务园长，她深知教育质量对幼儿园发展的重要性，为了提高保教队伍的整体素质，她在加强自身专业能力学习的同时，也认真倾听教师们的心声，为他们解决工作和生活上的难题。在日常工作中，陈萍坚持深入班级指导保教工作；哪怕是半夜，只要有老师问她业务上的问题，她都会及时回复；有的老师发布了美篇，她会逐字逐句为她们审核、修改。她积极自学，也鼓励教职员工积极学习。感恩遇见，是最美好的开始；携手成长，是最幸运的陪伴。

三、最真的追求，敢为人先守初心使命

2018 年 8 月，陈萍接受了上级领导交给的筹办玉沙分园工作任务，在感谢领导信任的同时也心怀忐忑。她认真学习，向有经验的领导和同事请

教。玉沙园位置偏远，周围园所众多，招生困难。她每天准时到达幼儿园做环创、招生、落实基础设施配置等工作，晚上通常还要加班，从太阳冉冉升起到缓缓落下，未曾停下脚步。功夫不负有心人，她高质量地完成了新园创建工作。

近年来昌南教育发展迅速，新建成的一批公办园陆续投入使用，为幼儿的成长提供了良好的环境。南昌县第三幼教集团几乎每年都有新分园开办，陈萍被领导委以重任，先后参与筹建滨江分园、邓埠园、迎宾园、洪誉园等。建园初期，各园所空荡荡，一切从零开始，她没有喊过累，冲在最前面，带着一批从各园抽调的年轻教师，从园所规划到设备添置，再到招生工作，细致谋划。这几年来，在南昌县教体局大力支持下，每一年寒暑假三幼都进行基础项目改造：从盥洗室到厨房，从班级到功能室，从吊顶到墙裙，从室内到户外……她始终奔波在建设现场，努力克服各种施工困难。在共同努力下，各园所面貌连年改观，设施设备齐全先进，三幼这个集团越来越好。

从教研工作到科研工作，从教育活动到家园活动，从保育保健到厨房安保，从优化资源到内涵发展，从锤炼师资到评先选优……陈萍带领团队开展集团内有关教育教学的大型迎检工作，例如总园的安吉游戏实验园的申报、汇仁园及滨江园的市级评估等工作。她努力探索以人为本、科学管理的办园策略与方法，在不断的实践与探索中，促使幼儿园的保教质量更上一层楼。

四、最好的表率，身先士卒履职责担当

"说破嘴皮子不如干出样子。""与其坐而论道，不如起而行之。"作为管理者，陈萍全身心扑在工作上，每天最早上班，最晚下班，这是她的工作态度。现在幼儿园越来越好，但她丝毫不敢懈怠，默默坚守在幼儿园这

片土地上，满怀信心迎接新的挑战。

常言道：一个人可能走得更快，但一群人走，才能走得更远。作为一线教师出身的她，积极带头参加各种理论学习和专业培训，并注重为教师创设有弹性的工作空间，鼓励多交流，不求大一统，做到工作方法灵活多变。她引领周围的年轻教师奋发向上，引导教职工热爱生活、快乐工作，激发教职工工作的积极性、主动性和创造性。

她经常利用休息时间指导、帮助年轻教师，指导教师设计教育教学活动、课件、游戏，自制教具、自编教育故事，并多次荣获一等奖，以教师专业成长带动园所高质量发展。她鼓励老师们参与教育科研活动，鼓励教师人人主动申报并参与课题研究，并以课题研究引领幼儿园的特色发展，现已申报多个市级课题。在全体教职工的共同努力下，集团幼儿园获得花园式校园、平安校园、市级示范园、足球示范学校、安吉游戏试点幼儿园等称号。

五、最真的教育，看见儿童并支持儿童

教育的本质是一棵树摇动另一棵树，一朵云推动另一朵云，一个灵魂唤醒另一个灵魂。

在幼儿园，陈萍最喜欢和孩子们一起聊天、玩游戏、做手工、观察小动物……喜欢站在儿童的立场，以儿童的视角去观察，以儿童的心智去思考，这也是她追求的幸福童年可以治愈一生的理念。

近年来，陈萍负责的玉沙园面临着班额不断减少的压力，招生问题受到前所未有的挑战，她带领教师们改变策略，从"为艺术"到"为儿童"。在"为儿童的艺术教育"理念引导下，幼儿园艺术教育不再将艺术知识与艺术技能的学习当作主要的学习任务，而是将捏泥人、皮影戏、剪纸窗花等民间艺术与儿童审美教育联系在一起。彩笔画、水粉画、蜡笔水彩画、

水墨画、印画、纸版画、吹画、喷洒画、吸附画等形式是幼儿经常探索的创作类型，体现了艺术教育内容的丰富与多元。现在的玉沙园室内外环境焕然一新，每一个角落都是孩子们游戏的艺术乐园，玉沙园成为一个自然、自由、自主、幸福的园所。把自主权还给孩子们，让他们去尝试、探索，根据他们的喜好、想法来装饰每一个小角落，这样园所环境也会变得更加美好、更加丰富、更有意义。三幼教师们的付出得到了越来越多家长的认可，越来越多的家长选择了三幼。

六、最好的安排，点亮梦想且守望未来

"既然选择了远方，便只顾风雨兼程。"回顾这些年，投身挚爱的幼教事业是陈萍最幸福的事。哪个分园需要她，她就去哪个幼儿园，就是这样的"居无定所"，让她成了集团的"螺丝钉"，哪里有需要，她就去哪里。她坚持"精细管理、聚焦游戏、文化育人"的理念，让幼儿园的各项工作"操作有规范、执行有标准、件件有落实、检查有依据、考核有结果"，激发了全体教职工的凝聚力。她带领全体教师坚守在幼儿园这片土地，她坚信榜样的力量是无穷的。

毕业20多年，陈萍牢记母校期许：厚德博学，崇真重行。对他人，她会骄傲地说，她来自百年学府豫章师院；对自己，她会坚定地说，赓续教育初心，牢记育人使命。展望未来，任重道远，征途漫漫，惟有奋斗，凭着对学前教育事业的满腔热情和神圣责任感，她将和所有幼教人一起，携手并肩，奋力前行，助力昌南教育品牌建设。

寄语：学高为师，身正为范。守最初的心，走最远的路！

有无之间　让教育自然发生

校友简介：杨薇，女，1978年9月生，中共党员，中小学高级教师。现任南昌市广南学校教育集团党委副书记。1996年毕业于南昌师范学校普师专业。

获得江西省骨干教师、区优秀共产党员、师德标兵、学科带头人、青年新秀、优秀教师等荣誉称号，获得全国教学大赛等竞赛一等奖11项，录像课被收录在人民教育音像出版社出版的教学参考光碟中。指导的研讨课有的获得华东六省一市教学比赛一等奖，有的在全国教学磨课活动中展示，并多次指导学生在省、市、区科技创新比赛中获奖。所撰写的教学案例在《鼎尖教案》中登载，案例、教案研究成果被评为全国二等科研成果奖。参与国家级课题1项，并被评为全国优秀科研成果一等奖，多篇论文被评为省一等奖。

一所学校到底能给一个孩子带来什么？从踏进校园的那一刻，直至未来的人生发展，学校在孩子成长的道路上该烙下怎样的印记？是知识，是能力，还是某种气质与情怀？杨薇认为，应该是"让教育自然发生"。所谓自然，就是在自然中成长，更要遵从自然本性。

一、浸——无声胜有声

一个校园是有气场的，这个"场"既包括显性的校园环境，又包括隐性的教育环境。如何借助这有形的"场"生发出无形的教育影响，引起了大家的思考。校区的确太小，有限的资源和发展的需求是一对永恒的矛盾，怎么破呢？只有充分利用每一个空间了。每一块可利用的地方，如一块墙壁、一个角落、一处布置，都可成为资源，为的是让每个学生在环境中潜移默化地受到影响，让教育自然发生。

在一、二年级分部，杨薇带领大家将空间场景化，楼层大厅变身自然博物馆、消防体验馆、交通安全馆等，让孩子们去看、去听、去触摸，在沉浸式体验中获得真实的收获。三至六年级分部，每层楼的廊角被设置成文化体验区，让孩子们在这里拥有美好的课余时光。

走进校园，就仿佛走进了"微型森林"，将学校生态基地串联成不同的研学岛屿，支持学生与环境对话。这里既是园林景观，更是学生们的研学场，学生可以尽情地观察各种动植物。她坚信一个学校的文化氛围，能创造一个无形的心理磁场，从而影响孩子一生的成长。校园小空间也可引向生活大世界，无言却有声。

二、润——无意却有意

教育，教师是支撑。杨薇希望每一位教师，在学校都能够得到持续成长。当老师踏进校园，就不再是一个人行走了，而是一群人行走。新教师初登讲台前，学校会赠予教学"宝典"；结对师父一对一有效点拨，事无巨细；金牌党员导师团跨分部随堂听课，助力青年教师成长；强有力的后援团为参赛教师磨课演练；心理营、瑜伽课、健身操等让教师身心得到滋养；行政教师连夜准备礼物，让教师节仪式感满满，新年亲手写"福"送福，其乐融融；全体教师给退休教师送惊喜，教师们还自己动手烹饪"慰问宴席"……同路的伙伴、榜样的力量、点滴的暖心之举使每一位教育人都感受到幸福感。

在这份点面结合式助推的动力下，教师们纷纷爆发小宇宙，自我增值。党员教师们用行动诠释着"勤廉校园""新时代先锋"的内涵；党团队联动，开启少先队社会化建设新模式。热衷于研究编程课程的杨晓，在校园掀起机器人智能旋风；从爱好到自主研究，合唱团明星王丹带领孩子们从区赛一等奖到市赛的舞台，点燃了彼此的自信；零基础民乐团的指挥张卓雅，与学生同成长，创造了半年组建民乐团的奇迹；姚群梅带领的排球小将成为圈内黑马，屡获市冠军；体育组老师开发了音乐调控、无口令的自管理跑操模式，还编创了机器人操、绳操等，让小校园的大课间活力四射；科学老师带着学生发明创造，科技小达人纷纷涌现。五年级语文、美术、科学等老师还将学科融合，从"学科学"到"课程学"合作研发了"悦读阅美"拓展课程，开展了书香联盟阅读PK：阅读《闪闪的红星》后，开展讲红色故事大赛；阅读《昆虫记》后，制作介绍昆虫的书签，并开展朗读者活动；阅读《水浒传》后，学生创编属于自己的名著绘本。一群人，携手同行，彼此浸润，共同成长。

三、成——无为到有为

学生身边不乏自然，缺的是学生与自然的互动。于是，她带领大家利用立体式教育空间，开发了劳动实践新体系：低年级的学生为"绿荫墙"的盆栽浇水，初尝劳动的滋味；中年级学生在"无土栽培"基地接触到新型的种植技术；高年级学生在专属菜地种植多品种蔬菜，体会劳动的价值。

整个体系循序渐进，螺旋上升，她还为学生量身打造了"自然"课程。该课程打破课堂与生活的边界，在情境化学习中实践"世界就是教材"的理念……"自然"课程让大家了解到跨学科综合能力的培养路径，感受劳动本身所蕴含的教育整体性与丰富性。

对于孩童来说，重要的不只是知道而是感受。一天，学校里忽然闯进了一只十分可怜的流浪狗，负责照料植物的小观察员们快速成立临时看护小队，轮流照顾小狗，给它制作舒适的小窝，定期喂食。为了科学看护，孩子们查阅资料，乐此不疲。那一刻，孩子们轻抚小狗的细腻情感深深打动了她。

之后学校与流浪动物保护协会联系，让有想法的孩子去领养小动物，并和父母一同照顾小动物，还可以定期带小动物来校，分享饲养心得。

高中低"自然"课程

学校的课程，不是预设出来的，而是根据孩子的需求自然构建的。"自然"课程将学习化作成一场探索的游戏，学生自主发现、解决问题，并建构问题背后的知识链，这悄然促进了学生的全面发展。

一所学校，代表着一个孩子某一时段的光阴，在这里孩子要完成一次生命的蝶变。她希望做最真实自然的教育，让学生们对自然、对劳动的理解并不是浅尝辄止，而是深知其趣。只有将指甲嵌满泥土，在自然中获得归属感，才可能拥有生长的力量。学校的种植课程被定为江西省基地办重点课题，获得了市"优秀教育成果"二等奖，并被多家媒体报道。学校劳动基地成为西湖区唯一获评的南昌市劳动实践教室、劳动实践场所，并被评为市科普基地。

从无声到有声，让环境说话；从无意到有意，让人自发成长。从无为到有为，她坚持用事在人为的智慧和力量，让教育自然发生，在探索新时代自然教育课程图谱、育人路径的同时，完成教育与生命的相互成全。

> **寄语**：即将步入教师岗位的学弟学妹们，希望你们永远做一位真正的"新"教师。这里的"新"是指具有"新"精神的教师。"新"由"立""木""斤"组合而成，"立"是一种昂首挺胸的自信姿态，也就是你们要有信心和决心；"斤"是能披荆斩棘的斧头，预示着你们要勇往直前、不断开拓、永远进取；"木"的最大特点就是能扎根、能生长，正是专业化成长最需要的。所以，希望大家昂首挺胸，对自己、对工作、对学校充满激情与自信，并且不惧困难，一路披荆斩棘，向下扎根，向上生长。

治学篇

成长在热爱里　圆梦于奋发中

校友简介：付培兵，男，1977年10月生，中共党员，正高级教师。现任北京市人大附中亦庄新城学校校经审主任、校学术委员会委员。1998年毕业于南昌师范小学教育专业。

被评为江西省骨干教师、省学科带头人、省特级教师、北京市正高级教师、北京市经开区骨干教师、学带评选专家、北京市经开区亦城骨干教师等。参加优质课教学竞赛获南昌市一等奖2次、江西省一等奖2次、华东六省一市教学比赛一等奖1次，参加国家级展示课1次。主持、参与完成的国家、省、市级课题共6项，在省级及以上刊物发表论文40余篇。

有本书名为《别在吃苦的年纪选择安逸》，顾名思义，其意为别安于现状，放弃进取，尽享眼前之乐。吃苦的年纪可以是求学的年纪，可以是激情的青春，可以是初入职场参加工作的年纪，甚至可以是步入中年的年纪。付培兵始终相信，改变永远都不会太晚，没什么来不及，任何年龄都能开启梦想模式。

一、心怀大爱　情系学生

付培兵出生在一个军人家庭，爸爸是一位在党50多年的老党员、退伍老兵。良好的家风家训家规对他有着春风化雨、润物无声的影响，涵养了他教书育人的初心使命。"其身正，不令而行。"1998年9月走上三尺讲台的他，用爱与尊重去对待每一个学生，做学生的良师益友。工作中，他以身作则、爱岗敬业，遵守《中小学教师职业道德规范》和《中小学教师职业道德"八不准"》，教书至今，无违背师德规范的行为，多次在师德相关活动中获奖。

以爱润其心，以言导其行，他注重教给学生做人的道理。平日里，要求学生做到的，他率先垂范。慢慢地，班上孩子会积极、主动、刻苦地学习，成绩也有了很大的提高。这使他深深体悟到老师的每一个言行都会潜移默化影响学生，教师的人格魅力会带给学生无穷的力量。工作几年后，他明白了作为一名教师要走进学生的内心，开启他们的心灵窗户。教师需要经常与学生沟通、交流，在情感上做他们的知心朋友，在学习上做他们的引领者。记得他班上曾经有一名转校生，一开始这位学生对数学没有兴趣，与该学生沟通后，他得知该学生认为自己数学知识盲点太多，从而缺乏学好的信心与积极性。他耐心与该学生沟通，告诉该学生不要还未努力就先把自己否定了，只要认真学习、查漏补缺，成绩就会有很大的提升，该学生半信半疑地点点头。在之后的数学课堂中他积极引导该学生，在作业本上写上鼓励的话语，辅导课上针对作业出错情况及时与该学生进行沟通，慢慢地，该学生有了学习的兴趣，期末考试也取得了96分的优异成绩。该学生的努力也鼓舞了班里其他学生，整个班形成了浓厚的学习氛围。现在，他愈发认为，作为一名人民教师，师爱，是永恒的主题。教师对学生的爱，是一种把全部关怀和才智献给孩子的爱，这种爱是深沉的，它蕴含在他们为学生所做的一切事情中。学生们只有感受到老师的爱，才会有学习的动力，才会在生活中、学习上，一步一个脚印坚实地前进。用爱教育学生，用爱促使他们天天向上。记得他教四年级时，班上有一个叫周洲的学生下课玩耍时不小心把头撞破了，当时血流不止，在场的学生都吓呆了。得知情况后，他马上和家长取得联系，可家长在南昌市红谷滩新校区工作，一时赶不过来，他立即放下手头上的事情，打出租车就近送孩子到江西省肿瘤医院急诊室，当时缝了8针，医生说，如再晚些送来，学生会因失血过多而面临生命危险。家长赶到后，学生已经转危为安。该生现已参加工作，但每当他或其家长碰到付培兵，都会说起当时之事并表示感激。

到人大附中亦庄新城学校后，他爱生如子，对优秀学生、学困生注重分层辅导，对因病请假的同学，会不计报酬地给他们补习。他能与家长保持联系，让家长及时了解孩子在校的学习生活情况，家长对他的工作态度、教学能力赞誉有加。

二、默默耕耘　精进教艺

他深知没有先进的教学理念、科学的教育方法、渊博的知识便难以为"师"。从省城，再到首都，他从未停止求索的脚步。

对待教学，他精心备课、勤于钻研，注重激发学生思考、探究。特级教师于永正曾说："反正不备课，或者备得不充分，我是不敢进课堂的。"他认为备课是整个课堂教学工作的起点，是上好课的重要前提与保证。没有备课时的全面考虑与周密设计，就没有课堂上的有效引导与动态生成；没有上课前的胸有成竹，就没有课堂中的游刃有余。备课如同打井，只有深钻，才能得水。备课的要求包括：1.备教材、教参、课标；2.备学生，了解学情；3. 备教法、学法；4. 备作业设计；5. 备学业标准，用评价助力学习；6. 二次备课、课后反思等。

学习是人生的保鲜剂，他注重阅读。读教育报刊，目的是了解同行在思考什么；读人文书籍，以拓宽人文视野；读学生读的书，目的是走进学生的心灵，和孩子有共同的话语，让心灵永远保持青春的状态，比如读郑渊洁、杨红樱、梅子涵、曹文轩等；读教育经典，目的是更好地理解教育。

他善于思考，他认为特级教师就是特别积极思考的教师。一个老师如果在教学过程、教学生涯中不思考的话，很多教育行为是非常麻木甚至危险的。精彩的课永远是"下一课"。学无止境，教无止境。备课内容要不断修改，教学得经常调整，一成不变是行不通的。用同一个教案去教不一样的学生，其教学效果也是迥然不同的。

三、匠心筑梦　精彩人生

"永远用欣赏的眼光看待学生,永远用宽容的心态面对学生。""天行健，君子以自强不息。"这分别是他的教育格言和座右铭。"教育是一棵树摇动另一棵树，一朵云推动另一朵云，一个灵魂唤醒另一个灵魂。"为了引领和带动更多青年教师，帮助他们不断提高教育教学水平，他主动担任"新思维、新方法"数学名师工作室主持人，积极发挥传帮带作用且成效显著。工作室开展两年来，1人次获评中小学高级教师，1人次获评江西省小学数学骨干教师，2人次获评南昌市小学数学学科带头人，1人次获评南昌市小学数学骨干教师，3人次获评区小学数学学科带头人；他先后指导、帮助陈玮琪、李喜文、熊丽娜、叶小连、张敏、涂丽、胡园园、杨碧珑、欧阳玲、岳静静、刘丽郴、黄芬等老师在区级、市级、国家级的展示课、比赛课上获一、二等奖。因成绩突出，2020年6月，在南昌市中小学（幼）"名师工作室"2018、2019年度考核中，他主持的工作室被评为南昌市"优秀名师工作室"。

四、成效

成绩是干出来的,不是喊出来的。良心,是最硬的底牌;人品,是最好的口碑。他所教班级的学生都很喜欢他,因为他真心爱学生,家长对他的教学工作也高度认可。来到人大附中亦庄新城学校后,他踔厉奋发,所带年级团队积极向上、团结奋进。不到 1 年时间,所有导师团队均得到了家委会赠送的锦旗、表扬信,家长们对各班导师的工作都赞不绝口。他个人获家长赠送的锦旗 4 面、表扬信 1 封。

在未来,他会持续砥砺前行,乘风破浪,永葆初心,做学生表率,走进学生心灵,献出自己的全部爱心,永远做学生的良师益友,让学生在关爱中成长,在成长中学会关爱他人。他深切地体悟到,一个老师最难做到的事情,并非获得多高的职称、多大的荣誉,而是对学生的充分关注、理解和呵护,并几十年如一日地工作,培养每一个学生的良好态度和习惯。永远用欣赏的眼光看待学生,永远用宽容的心态面对学生,坚持修"大先生"之学,行"大先生"之事,扬"大先生"之德。

寄语:向下扎根,向上生长,永远奋斗,以不凡敬平凡创非凡!

因热爱共奋进 创示范续传承

校友简介：郭爱香，女，1964年1月生，民盟盟员，中小学正高级教师，国务院政府特殊津贴专家，江西省特级教师。现任南昌凤凰城上海外国语学校校长。1983年毕业于南昌师范学校普师专业。

被评为国务院、省、市政府特殊津贴专家，民盟中央"先进个人"，国家级骨干教师，全国百姓学习之星，省特级教师，省、市劳动模范，省教育工会"师德先进个人"。教育教学成果获省级基础教育教学成果一等奖；开发校本教材15项，其中2项获中国教育技术协会一等奖，1项获省级奖项；指导青年教师获省级以上奖项近50项；多次担任省级以上教材审定委员会委员与学科评委。参与编写的7部国家课程教材教辅被列入中小学用书目录，参与12项国家级科研课题与2项省级课题研究，主编地方教材6部，上省级教学示范课20余次。发表论文近30篇，撰写论著5部。

学为人师，行为世范。因为一份热爱、一份责任、一份担当，郭爱香在教育领域深耕40余年。"学习、关注、倾听、理解、共创、共享"是她治学与治校的初心与感悟。坚守教育根本，当好学生成长的引路人，岁月长轴，观照学人之志，这就是一位教育工作者担时代之重任的初心。

一、立德修身 潜心治学

1983年毕业后，她先后在石埠中学、长塄三小任教，1989年调入南昌师范附属实验小学担任语文老师，多年的教学经验使她认识到语文学科的特性要求，以及语文学习的丰富性、开放性、交融性。在语文教学中，如何激发学生的学习兴趣、如何带给学生丰富多样的学习体验一直是值得探索的问题。为了丰富学生的课余生活，自20世纪80年代开始，学校就建立了校园电影院，每周一次的观看爱国主义影片是当时孩子们最期待的事。每一次的电影活动后，她都会观察学生看完电影后的一些微妙变化。一方面，学生的思想教育通过电影的生动阐述更容易实施；另一方面，学生在课间时常对电影的内容进行讨论，并模仿电影人物的形象与台词。鲁迅先生曾说过："用活动电影来教学生，一定要比教员的讲义好，将来恐怕要变成这样的。"这让她萌生了在教学过程中利用电影促进学生自主学习的想法。1998年，她成为教学骨干后，参与了"如何让孩子自主学习"的课题研究。在研究过程中，没有完善的自主学习材料，也没有明确的方向，如何证明学生自主学习的效果，是当时课题研究中碰到的最大难关。

二、创新实践 协同共进

1998年，计算机开始进入中小学课堂，她提出用录像设备为学生开展"小实验与小制作"做记录，这样学生既可以利用录像回放开展纪实写作，又提升了语文教学的实践性。她执教的"记一次小实验或小制作"习作课获全国奖，"电影+教学"模式应用成果得到了进一步的验证。

2000年，在参加完上海华东师范大学教育系第一期的国家级骨干教师培训后，她的教学方式得到了提升，教学思路得到了拓展，教学理念也得到了更新。2000年底，她开始担任南昌师范附属实验小学副校长，分管教学工作。连续多年的观影与教学课题研究经验，为探索电影课程校本化提供了大量的实践基础。她带领团队老师大胆将电影植入课件，将电影融入学科教学中。为了将语文阅读教学与电影结合得更紧更有效，在实践中，她带领团队根据学校、学生、课程、教材的特点和实际情况，将已有的电影资源进行了分类整理，对选用的电影段落、时间、作用、形式等列举了具体的模块,教师在运用电影资源进行阅读教学时采用"模块组合"的模式,根据教学需要选择不同的模块组合成不同的模式,使阅读教学更有实效。

将学科与电影整合,对电影内容进行改造,植入课件,引导学习,这套教改创新模式正式纳入教学实践中。她主持的"校园影视与语文课程的整合"和"优秀电影全面提高学生素质的实证研究"获得全国教育科学"十五"规划重点课题,"教育信息化理论与实践模式"和"合理应用优秀电影资源 促进小学语文阅读教学"成功结题。至此,这项长达17年的基于中小学语文教育的创新实践,使学生语文能力从语言表达、思维能力、审美情趣、文化传承四个维度得到了全面性提升,并获得了教育部等多部门认可。

2001年至2006年间,她获得江西省级特级教师、江西省先进工作者、江西省教育工会"师德先进个人"3项省级荣誉称号,教学成果与论文获得包括江西省教育厅科研室等单位省级认定一等奖3项,主持科研课题获得全国教育科学"十五"规划重点课程等在内的5项国家级课题认定,其带领的教师队伍执教的课程获得教育部北京师范大学基础教育课程研究中心颁发的全国一等奖,学校获全国中小学生影视教育先进单位。

三、担当引领　薪火相传

为了让思想烛照现实,更好提升学生语文综合素养,2008年她带领教师团队将读书、活动、看电影结合起来,编写出版了《电影课　轻松学语文》系列丛书,配合低、中、高年级全学段的学习。校本课程的开发,使书本课程、行动课程和电影课程相辅相成,全面提高学生阅读能力、审美能力、鉴赏能力、思辨能力等。为了更好地推广成果,发挥校本教材的效应,她于2011年推出了另一本校本教材《〈电影课　轻松学语文〉教学案例集》。该教材记录了老师们在运用校本教材中的做法,总结了教师教学实践中的经验并反思不足之处，同时提高了教师运用校本教材指导学生看电影和用电影辅助小学语文阅读教学的能力，培养了一支善于利用电影资源，深入开发电影课程的教师队伍。同年11月，该教材荣获南昌市"五五"工程科研成果奖，2014年获江西省中小学100门出彩课程评选一等奖。她与其带领的教师队伍获得全国教育技术协会颁发的优秀电影课教师称号，多位教师的电影课教学在全国、省内外的教学竞赛中获奖。

该项研究成果不仅成为江西省中小学基础教育创新改革名片，多次在全国行业会议中展示，更是搭起了跨省交流的桥梁。2010年在全国"画面文化"会议上，通过"电影+"示范课的展示，带动了全国名校如史家小学、东交民巷小学等学校和省内外兄弟学校的交流走访。同时，她带领教师团队积极开展送教下乡学术交流，与赣州、宜春等各地的学校长期开展业务交流和学术帮扶，所授示范课超百余节，受到同行的一致好评。

2008年至2019年间，她获得国务院政府特殊津贴，获评江西省第一批中小学正高级职称，担任过省市语文学科命题与评委近40次，获得省级论文一等奖10余次，主持国家级科研课题5项，开展省级讲座40余次，陆续被高等院校聘任为兼职教授承担培养硕士研究生工作，开创市级以上认定的名校、名师工作室，带领学校获得国家级与省级认定先进单位各5项，指导青年教师执教获奖15次，并在社会活动上连续担任三届市政协委员，在教育领域多次担任理事长、委员等社会职务，为教育工作改革发展建言献策。2019年，她主持的课题"以电影为媒介的小学语文统整式教学实践研究"成果获江西省首届基础教育教学成果一等奖。

在语文教学中引入"电影+"概念的课题研究，是她治学、治校生涯中的一个内容，一个课题从"激发学生自主学习的思考"出发到"真正有效提升学生的综合素养"，开启了她30余年的研究与实践。许多学生不仅在学习上得到有效提升，更是与影视结缘，成为电影电视工作者。而参与其中的教师们通过对该项课题的不断创新、不断突破、不断完善得到了执教过程中的成长、锻炼与认可。2019年至今，她受聘于南昌凤凰城上海外国语学校，担任校长一职，仍坚持对"电影+"的教学突破，继续思考如何通过互联网的海量资源及人工智能的匹配等方式方法，从形式的更新、工具的更迭、数据的统计、沟通交流机制的准确性上进一步提升"电影+"的趣味性、过程的可追踪性、效果的可衡量性，从而推动语文教学向"活""生命""统整""情感"进军。

立德树人，致力于用教育创新点亮孩子们的人生梦想，一位教育"筑梦人"仍在途中奋力前行。

寄语：未来的路很长，也很短；做好一件事很易，也很难。希望你们在长长短短的日子里，在漫漫的人生路上，竭尽全力，躬耕教坛，无私奉献，立德树人！

回顾教育"绿水"间　瞻望"杏子"累累处

校友简介：徐承芸，女，1972年7月生，中共党员，中学高级教师。现任江西省教育厅教学教材研究室小学语文教研员、小学科副科长，兼任中国教育学会小学语文教学专业委员会副秘书长，江西省教育学会小学语文教学专业委员会副理事长、秘书长，江西省教育学会读写教育研究分会副理事长。1991年毕业于南昌师范学校普师专业。

被评选为省师德标兵、江西省首批学科带头人、江西省特级教师等；被聘请为教育部"十四五"国家级培训专家，为教育部基础教育质量监测中心特聘专家，为人民教育出版社特聘教材培训专家，为江西师范大学、江西科技师范大学兼职硕士生导师。参与编写北师大版小学语文教科书，参与编写统编语文教科书教师参考用书，主编《小学语文教学关键问题指导》《好课这样教：小学名师经典案例》等，编著《每天进步一点点》《指向小初衔接的语文阅读教学》，著有《好妈妈：懂比爱更重要》和儿童小说《青房子·红房子》《金梭子·银梭子》等。主持省级重点课题10余项，在省级以上刊物发表论文100余篇。

深秋时节，桂香满院，徐承芸倚着飘窗旁的靠枕，读着《南乡子·绿水满池塘》，思绪飞跃，似"点滴芭蕉疏雨过"。回顾从教30年间最初的10年，徐承芸觉得甚是有趣，笑靥衬得眉梢翘。

一、火眼金睛　照进心灵

读师范时，同学给徐承芸取的外号是"溜溜的眼"，缘由是她的眼睛不仅大、亮，而且听人说话时眼睛"滴溜溜"乱转。

1991年8月，徐承芸师范毕业以"优分生"的成绩被选进南昌市百花洲小学，9月开学即承担四年级二班的语文教学工作。当梳着长辫子的徐承芸出现在他们面前时，教室里好一阵骚动，胆子大的班长大声问她："老师，你多大呀？"看着他们满脸兴奋的样子，像是班上来了个新同学，她暗想：上课时我得想办法镇住他们。

回到办公室后，她突然想起自己学生时代的两位老师——小学语文老师潘维康和初中数学老师陈望萍。潘老师有着一双锐利的"鹰眼"，她能搜索到小声说话的同学，能在讲课时发现"魂飞天外"的同学。陈老师上课时，那双大眼睛满教室巡视，尤其重点关注最后几排。她们俩的课没有人敢开小差，哪怕是班上最调皮的孩子。

想起这两位老师，徐承芸也有了主意。她教学生涯的第一课，先向孩子们提出了听讲要求："认真听讲，具体说就是老师在讲课时，你们的眼睛要看着老师，手可以随时记笔记，也可以自然放在桌上；同学发言时，你们的眼睛要看着他，对同学发言有补充或不同意见的可以举手说出来，我的眼睛很厉害，你们哪位同学开小差、说小话，哪位同学在下面做小动作，老师都能看见。"

她夸张地把头摆了摆，眼睛快转了几圈，然后问："老师的眼睛有什么不同？"

"徐老师的眼睛会说话。"中间的女生说。

"还有什么不同呢？"她走近孩子们。

"老师的眼睛转得很快！"

"老师的眼珠是黄色的！"一个孩子好像发现了新大陆。

"真的，真的！""老师的眼白还是蓝色的！"同学们已经兴奋得不行。

差不多到火候了。她拍了拍手，说："大家坐好。老师的眼睛与你们的不一样，这叫'闪电眼'，天生的哦！以后上课要认真听讲，不然老师很快便会发现谁在走神，谁在开小差。"

自那天以后，她就一直依赖"闪电眼"关注每一个孩子的学习状态。每一位好老师兴许都有一双有着"特异功能"的眼睛，因为眼睛是心灵的窗户，眼与眼的交会，必然能达到心与心的沟通。

二、拼"零布头" 我有妙手

徐承芸的妈妈是个纺织厂女工，她总能将一些看似无用的零布头做成围裙等有用的物件。伴随着缝纫机嗒嗒的工作声，各种布头不一会儿便变废为宝了。徐承芸很是惊奇，直叹"妈妈能干"。

从教第5年，徐承芸被任命为学校的副教导主任，承担一个班语文教学的同时，分管学校的教学工作。年龄和事业上的成熟，让她有了更多的反思。

在反思自己的课堂教学时，她发现其中有好些"零布头"没有利用好。课堂上的三五分钟就像零布头散落在课堂上，不受重视，常常浪费了。她意识到这些时间就像妈妈的那些零布头，利用起来就会提高课堂教学效率。这些"零布头"有如下用处：

培养兴趣。学生对语文课外知识特别感兴趣，她便准备了书籍、名人逸事等学习材料，利用课堂上的"零布头"时间读给学生听。短短几分钟，充实了语文课堂，激发了学生的语文学习兴趣。

分享作品。学生平日里写的小练笔、周记，之前总是批改得多，点评交流得少。她便用"零布头"时间让学生交流、分享各自满意的作品（一段感人的日记、一篇精彩的小作文）。她和孩子们在相互交流中享受分享作品带来的快乐。

开展微活动，如词语接龙、成语对对碰、我是小诗人等。活动与学习内容相关，又有别于教科书上的练习，既活跃了课堂气氛，又培养了学生运用语文的能力。

孩子们越来越喜欢语文课，越来越喜欢写作，活动中他们不只会闹腾，还会凝神思考。

三、播下种子　开出"自信"

徐承芸小学三年级时，她的语文老师鲁宏在课上说："我们班以后会出一个作家，那便是徐承芸！"随后，鲁老师拿出一张报纸，上面刊载着徐承芸三八妇女节写的一篇短文《妈妈的节日》。在同学们的掌声中，徐承芸万分激动地上台领到一支钢笔———支用稿费买的英雄牌钢笔。那一天是她上学以来最高兴的一天，比获得"三好学生""免学费"奖状、作业本奖品都要高兴，因为鲁老师竟然说她长大后能当作家。

那天以后，她开始投稿。在小学、初中阶段，她发表了10余篇作品，包括儿童诗、论述文和小小说。

鲁老师这一次的鼓励于徐承芸而言是影响深远的，它像一把利斧，把她蒙昧的心智劈开，让一束耀眼的光带着太阳的味道把她暖暖地包裹起来。

初教一个班的写作课时，她会把自己从小到大的文字带到班上，与孩子们分享。徐承芸告诉他们："你们人人可以像老师这样，记下童年、少年时代的趣事、丑事、囧事……你们人人可以当作家！"

一个好老师给学生培植的自信，能够指引学生的一生。所以，她对学生习作教学向来是重讲评轻批改。

首先，徐承芸会用30分钟或40分钟在办公室进行第一次阅评习作。写得好的句段、词语，放在最左边，大概选20多本；若发现有明显问题的、没有写明白的作文，放在最右边，大概选两三本；综合写得好，结构清楚，叙述完整，挑三四本放中间。剩下的有些问题，亮点也不明显，以鼓励为主。

其次，上好第一次讲评课。大多同事不上习作讲评课，认为作文认真批改了学生便明白。其实批改只是教师明白了学生的习作问题，学生只看分数而鲜有反思。在她的讲评课上，她会先请习作本上被她画上好词、好句、好题目的同学朗读作文优秀之处；再请作文综合写得比较好的同学朗读他们的优秀作品，和同学们一起赏析；最后她读那些有些问题的作文，让同学们说说问题在哪里，应该怎么改。为了不让学生心里产生不悦情绪，她不提及姓名，只会说挑了几篇问题表现比较明显的。只要找到学生的一点优点，他们便不会泄气，哪怕是写得不好的孩子，自信心依然很重要。

然后，她便布置他们进行修改。这次修改，要求学生根据这节讲评课上提到的重点问题自查自改，对应赏析的好词、好句、好段、好题，争取也有一二处精彩。第二天或第三天，再抽一节课进行同桌阅评。通过朗读，修改不通顺的地方，读完后同桌再提出修改意见，并评分签名。

最后，她再进行一次评改。

如此这般，学生写作文更自信了，因为每次被老师表扬的学生不止一两个，不仅仅是语文课代表或班长。学生每次与上一次写的作文比都有明显进步。讲评课以评促导，比简单的内容指导、方法指导更适合学生，优秀作文、问题作文都来自学生，这样的评改课学生很喜欢上。

隔壁班的年轻老师去她班上随意问了个男孩："谁是你班上写作文最好的同学啊？"男孩迟疑了片刻，说："我可以说自己吗？"老师很惊诧地问："真是你吗？你是你们班写作文最好的？"男孩理直气壮地说："我不知道谁是写作文最好的，但前段时间徐老师说我那篇作文是写得最好的呀！"这位年轻老师告诉徐承芸，那一刻她被孩子的自信与认真融化了。

三十个春夏秋冬时光流转，徐承芸也从一名青涩的教师成长为一位资深教研员。关于如何为学、如何为师，她在思考、实践、否定、肯定、再实践的进程中彳亍前行。

寄语：语文系母语的独特地位决定了它的工具性特点，但语文教育者心中应有大义、大局、大境界，语文教育的理想状态是融人文性与工具性于一体。"引导学生热爱国家通用语言文字，在真实的语言运用情境中，通过积极的语言实践活动，积累语言经验，体会语言文字的特点和运用规律，培养语言文字运用能力"可谓是语文工具性的教育目标；"发展思维能力，提升思维品质，形成自觉的审美意识，培养高雅的审美情趣，积淀丰厚的文化底蕴，继承和弘扬中华优秀传统文化、革命文化、社会主义先进文化，全面提升核心素养"可谓是语文课程在实现工具性的过程中人文性的教育目标。二者相辅相成，互相观照。

最后，送给学弟学妹们一句话：教学有法，教无定法。好老师的教学方法都是在理想信念、道德情操、扎实学识、仁爱之心的基础上领悟出来的。别无二法，别无他径。

成功与成全

校友简介：钟事金，男，1981年7月生，中共党员，中小学高级教师，江西师范大学硕士研究生实践导师，江西教育学会小学校长研究会理事，江西教育学会小学语文专业委员会理事。现任江西师范大学附属小学校长。1998年毕业于南昌师范学校普师专业。

获得江西省特级教师、江西省第二批优秀青年骨干教师、全国"双有"先进个人、江西省首届中小学名师培养对象、江西省第五批名校长培养对象等称号。荣获"赣教杯"小学古诗文教学竞赛一等奖，南昌市"园丁杯"一等奖，江西省小学语文教师素养大赛一等奖，江西省"引航杯"班主任技能大赛一等奖。在省、市级刊物上发表8篇文章。

在过去26年的教育教学生涯里，钟事金从乡村走到县城，从县城来到省城，从一名乡村教师成长为省特级教师，从一名一线教师成长为省城名校的校长。所以，常有人说他是一个成功的教育者，而他始终认为教育成全了他。很多人好奇他是怎么做到的，问他是否有什么秘诀。其实，很简单。要做好一名教师，心中要有对学生发自内心的爱，平时多读书、多学习，用心上好课。有人问他当老师的时间越长，获得的荣誉越多会不会让他更自豪？他的答案是否定的。他不会忘记，他从一张白纸一步步成长起来是一批批学生用他们宝贵的时光陪伴着他；他不会忘记，他每个成绩的取得，每个荣誉的获得都是学生用他们的投入成全了他；他不会忘记，每天每年都不一样，每一届学生有每一届学生的特点。所以，他心中便会多了些敬畏、谦逊和执着。正如人民教育家于漪先生所说："一辈子做教师，一辈子学做教师。"

一、献身乡村育桃李

1998年9月，刚过完17岁生日的他，满怀激情与对未来美好的憧憬，来到了偏远的乡村小学——新建县乐化镇瓜州小学。

初为人师，学校就给了他教毕业班的重任，而且是包班，因为学校五个年级只有六个老师。来到教室，当他看着面前坐着的19名学生眼睛里对知识的渴望，顿感肩负的担子重了许多。于是，他告诫自己一定要认真教！他就像一个停不下来的陀螺，上完语文课，课间便抓紧时间用小黑板写好下节数学课的题目。按照课表上课，除了教语文数学，还教学生唱歌、画画，带着学生到学校门口的天然草地踢场球。尽管每天忙个不停，但是每每看到学生那一双双对知识渴求的眼睛时，当听到学生的笑声回荡在山间时，所有的疲劳都变成了一种快乐。

很快，第一年乡里的统考结束。当校长告诉他，他们班获得了语文第二名、数学第一名的好成绩时，年轻的他被喜悦包裹着，那是付出后收获的喜悦，那是和学生们一起成功的喜悦。

随后连续三年，他都被安排教毕业班。在有了第一年的成绩后，他开始反思过去的一年里哪些地方做得好，哪些地方做得还不够。"将快乐带给学生"这个信条便是那个时候确立的。因为是包班，所以有很多的时间去做其他的老师做过的事情：反复练习，不停做题，多读多背。不仅如此，他还做了很多其他老师没有做的事情：开展活动，锻炼学生，建立自信。印象最深的莫过于每年的元旦和"六一"。以前从来没有过的联欢，他却花费很多的精力教孩子们"玩"。排节目，做道具，甚至借来录音机给他们伴奏（因为当时学校不通电）……每一次活动也成为学生小学生活中最美好的回忆。

在这青春又青涩的岁月里，他的辛劳也得到了领导的肯定。2000年、2001年被评为乡优秀班主任，2002年被评为乡村学生喜欢的老师。他所撰写的论文《浅谈小学生识记能力的培养》在新建县教育学会第十一届年会上获三等奖。

二、山重水复疑无路

第四年，他来到镇里另一所规模相对比较大，交通比较便利的乡村小学。来到新的学校，就像当年初为人师一般，心中压力很大。学生人数多了好几十个，学生的认知水平较先前有很大不同，唯一相同的是教毕业班。

起初，他沿用以前的教学方式，学习成效却不高。他想通过多讲多练，用题海战术提高学生的学习成绩，可是效果并不理想。他知道出问题了，但他不知道问题出在哪里。他看教案，参考其他教学案例，可脑子里始终一团糨糊。有很长一段时间，他觉得自己很无能。

果不其然，所教班级的统考成绩没有达到预期的目标。虽然很多老师安慰他这是学生基础薄弱导致的，他已经很尽心了，但是他的内心很清楚，是他的教学方法出问题了。

三、柳暗花明又一村

2004年7月，县里首次从乡村小学教师中选调部分优秀老师到县城任教。他抱着重在参与的心态报考了。第一轮笔试，他成功入围，而且成绩靠前。第二轮说课环节，他又脱颖而出，成功考取，来到了县城最大的小学——新建县实验小学。

在新建县实验小学，他迎来了人生的很多第一次：第一次集体备课、第一次观摩大型公开教学、第一次知道课程标准……他就像一个初生的婴儿，一切都是那么陌生，一切都是那么新奇，一切又是那样有吸引力。

一个偶然的机会，他在学校图书室读到了苏联教育家苏霍姆林斯基的《给教师的建议》，苏霍姆林斯基深入浅出地阐述了自己是如何将教育教学理论与实践相结合的，介绍了一个老师成长过程中会出现的问题以及解决的办法，讲述了一些关于学生、学习的深层次探索。读后，他兴奋不已，尝试分析两个地方的学生差异，再反观自己的教学方式。他发现，他尽管有满腔的热情，但是采用的是传统的填鸭式教学方法，并且，他没有思考教育，没有了解学生，只用一种方式教所有的孩子，怎能不失败？

　　在他看来，"解决问题的最好办法就是读书"。这句话成为他的座右铭之一。

　　面对浩瀚的书海，他该读什么书呢？读哪些书才可以让他更快地成长起来呢？《给教师的建议》第三十三条中建议教师除了买与共产主义理论有关的书籍，还应买以下几类书：（1）所教学科相关的科学问题的书；（2）关于可以作为青年们的学习榜样的那些人物的生活和斗争事迹的书；（3）关于人（特别是儿童、少年、男女青年）的心灵的书（即心理学方面的书）。

　　希望大家的个人藏书里有以上这三类书籍；希望每过一年，大家的科学知识都会变得更丰富；希望大家到了参加教育工作满十年的时候，教科书在你们眼里就浅易得像识字课本一样。只有在这样的条件下，才可以说为了上好一节课，你是一辈子都在备课的。只有每天不断地补充自己，才有可能在讲课的过程中看到学生们的脑力劳动，占据注意中心的将不是关于教材内容的思考，而是对于学生的思维情况的关心。这是教育技巧的高峰，每一位教师应当努力向它攀登。

　　看后，他开始整理自己的书橱，读三类书。第一类，读工作的书，读教育教学研究的书籍。作为一名教师，需要对教育的本质有所思考，需要掌握一定的教育理论。例如《给教师的建议》《大教学论》《杜威教育名篇》《陶行知教育文集》等。还要读本学科专业类书籍，他长期从事语文教学，读《小学语文课程与教学论》《薛法根教学思想与经典课堂》《小学语文名师课堂深度解析》等。还可以读国外有关教育的一些书籍,例如《第56号教室的奇迹》《芬兰教育全球第一的秘密》等。第二类，读自己的书。根据自己的喜好，通过广泛阅读，丰富自己。第三类，读孩子的书。不仅要读研究少年儿童的书，例如《教师不可不知的心理学》《教育中的心理效应》《儿童心理学》等，还要读写给儿童的书，例如国际大奖小说系列、安徒生大奖系列、沈石溪动物小说系列等。每读一本书都会收获一个意外的惊喜。

大家常用"课比天大"这句话来说明课堂教学的重要性。上好课是一个老师的天职，也是教师专业发展的必需，更是实现教书育人的关键手段。让教师成长最快的莫过于每个学期的观课、议课和公开教学。在观课、议课中学习、思考；公开教学的收获则更大，因为有年级组老师的帮助，一堂课要经过反复打磨，反复试教，一堂课集全年级老师的智慧和经验。而后的展示与评课环节，更加打开视野，引发思考，怎样才算一堂好课，怎么做才能实现一堂好课。

大量阅读，让他知道了许多智者深邃的思考，让他学习到了许多大家的智慧，让他感受到了教育的美妙。而努力上好每一堂课成为他表达自己对教育热爱的信条。

四、逐梦省城再出发

2009年9月，一个十分偶然的机会，他以人才引进的方式，来到江西师范大学附属小学。

来到江西师大附小后，没有之前换环境后的彷徨，有的是更多的从容。因为他深知，教育事业是人的事业，想要做好一名教师，做一名好教师，就要走进学生。教师是一个对专业要求较高的职业，要想成为一名专业的教师，就要拥有专业的知识背景，学会科学的教学方法。

学生是教育的中心，课堂是教学的主阵地。让学生成为课堂的中心，课前了解学生的学情，课中认真倾听学生的表达、观察学生的表现，课后反思一天的教学过程。课堂中一个个鲜活的例子是学习最好的素材，课堂外大师们的一席席话是成长中必不可少的指引。

教育之路，犹如一次人生旅途，途中有无限的风光。在教育的旅途中，他感受到了无限的快乐，因此醉心欣赏沿途的风光；在教育旅途中，他收获到了无数的感动，因此对教育的深沉的爱愈发浓郁；在教育旅途中，他明白了教育的价值，明白了人之所以为人的意义。教育，成全了他！

寄语：亲爱的学弟学妹们，自从我们踏进"师范"之门，我们的人生注定不同。"学高为师，身正为范"成为我们的人生追求，"教书育人"成为我们的人生使命。教师是一个平凡的职业，但是其重要意义让我们不能不认真、认真再认真地对待它。我们有权选择平凡，但是教师这个职业不允许我们选择平庸。当你对它有更深的理解、更多的热爱、更执着的追求时，你会更加感受到生命的美好，领悟到生命的真谛。

若桥飞渡致远　立德树人抱朴

校友简介：黄筱红，女，1970年10月生，特级教师，江西省首批中小学正高级教师。现任西湖区教师发展中心书记。1988年毕业于南昌师范学校普师专业。

被评为南昌市劳动模范、江西省劳动模范，是南昌市人民代表大会代表、中国共产党南昌市代表大会代表、江西师范大学特邀教师。荣获全国小学语文教学委员会先进工作者、全国少先队社会实践教育百佳好领导、江西省首批学术骨干、江西省师德先进个人、南昌市师德标兵、南昌市学科带头人等荣誉称号。2015年被中华人民共和国教育部委派，赴香港担任教学指导交流工作。2021年黄筱红劳模创新工作室被评为"江西省工人先锋号"。

> 她们站立在三尺方寸的讲台，
> 面对清澈如水的求知双眸，
> 丹心育栋梁，流金岁月长，
> 秉烛照青史，春秋明月光。

在走过人生第17个春天之后，1988年，黄筱红从南昌师范学校毕业，圆了自己的梦——做一名光荣的人民教师，来到了南昌市站前路小学任一年级语文老师兼班主任。

白天，她像一位农夫，以黑板为泥，粉笔为犁，耕耘在教学园地中；晚上，她像一位渔夫，以书本为舟，钢笔为桨，泛舟于学海。她暗下决心：要用充满活力的青春，用充盈的爱心描绘出人生的春天。

可是，头疼的事儿接踵而至。首先是得不到学生家长的认可。一个不满 18 岁、身高 156cm、体重 78 斤的单薄女孩，管得住班上 51 只"叽叽喳喳"的"小麻雀"，镇得住班上那些比小猴儿还淘气的孩子吗？不放心，一百个不放心。连她妈妈也担心"孩子带孩子，这能行吗？"于是，家长们有找关系转班的，有到校长室去提意见的，有将信将疑的……她没有退缩，没有委屈，她要用实力证明：她不会比别人差，她教的孩子一定最棒！

她带领孩子们扎实地学、快乐地玩，摸索着上观摩课，举办贴近时代、贴近孩子生理心理特点的班队活动。她深知，"经师易得，人师难求"，教书育人的核心是育人。为此，她一头扎进班级管理之中，逐渐摸索出育人之道——"让每个孩子都闪出亮点"。她认为，作为启蒙老师，不能给孩子划分"好中差"的档次。孩子只有个性差异，每个孩子都有自己的亮点，启蒙老师应该做研究者、发现者、引导者。教师应懂得欣赏"每朵花儿的美"，教育者要善于抓住切入点，挖掘孩子最大的潜力。

在班上，她总是不厌其烦地表扬学生，如：认真听讲、课本放得整齐，甚至某个字的一撇一捺写得好，都值得肯定夸奖，以促其成形。因为她知道，老师是孩子的引路人，应该抓住每个学生身上任何值得肯定的地方，给予认同，让学生知道这是个好习惯，应该坚持下去。她曾教过一个叫任毅的学生，由于调皮捣蛋被同学们取名"任意"。她纠正说，他热爱劳动，乐于助人，应该叫"仁义"。这个同学感受到了老师的重视，就很注意自己的言行，改变了过去的顽皮形象，进入中学后还被选为班长。

迈稳了班级管理的第一步后，她又开始了对教学的"千锤百炼"。她刻苦锤炼自己的基本功，小到每一个字的发音，每一笔画的书写；大到每堂课的设计，都着眼于学生的终身发展，毫不懈怠。西湖老一辈特级教师李再、张敏，功勋教师王瑞源、蔡建兴，是她教学路上的明灯和引路人。她要求自己朝"智慧型"教师的方向发展，做教学的探索者、研究者。从参加工作起，她一直投身于教改的大潮中，"义务教材课改实验""小学作文实验""赏识教育教改实验""优化教学过程""三语教学实验"……教改园地处处留下了她探索的足迹。教研室的曹作棣老师帮助她把"桥"的概念引入教学，力争达到"简约高效、灵动快乐"的教学效果。在识字阅读教学中，她为学生铺路搭桥。到北京学习，她自己掏钱买厚厚的《汉字源流字典》《古代汉语词典》背回南昌，以便更好地开展教学。

在写作教学中，她充分利用教材这座"桥"，发挥以读带写、以写促读的作用，用读写结合的方法为学生学好语文铺路搭桥。她告诉学生写作一要积累，二要运用，三要迁移，四要创造。如朱玄婧小朋友学完课文《雪地里的小画家》之后，是这样仿写的：

　　下雪啦，下雪啦！

　　雪地里来了一群小画家。

　　大象画大饼，小猫画梅花。

　　小猪画剪刀，螃蟹画菊花。

　　不用颜料不用笔，几步就成一幅画。

　　串串蛇为什么没参加？

　　他在洞里睡着啦。

朱玄婧还仿照课后的看脚印连线题，也画出了动物脚印的形状以及所比喻的事物，思维与语言表达得到了统一，课堂教学效果得到了检验及升华。邓清扬小朋友在学习了本文后这样写道：

　　下雪啦，下雪啦！

　　雪地里来了一群雕塑家。

　　玄婧作小兔，雅婷作小鸭。

　　叶昕堆城堡，清扬堆雪娃。

　　不用刻刀不用泥，大家全是艺术家。

男生为什么没参加？

他们在打雪仗啦。

这首诗获得全国"语文报"杯作文大赛特等奖，成为低龄段中唯一获此大奖的江西选手。简单吗？语言简单，但思绪飞扬，匠心独运，洋溢着童真童趣。其实诗中的语言几乎都源自课本中的词，当然，最妙的是孩子将"小画家"变为"雕塑家"，体现出雪地里孩子们的欢乐，是对快乐童年的真实写照。黄筱红的论文《以写促读，阅读教学新视野——小学语文教学多样化经验交流》获首届全国小学语文教学论坛优质论文评选特等奖。

在教育教学上，她是屡受幸运女神眷顾的。青年时代的她多次拿下西湖区教学评比之首——

在首届教师基本功技能大赛中，被评为"教学新星"；

在首届"中坚杯"教学大赛中，拿下语文学科唯一金杯；

在首次"西湖区科研能手"评选中，走上领奖台并代表发言；

在首批"西湖区名师"评选中，名列前茅……

不满25岁的她被市政府授予"劳动模范"光荣称号；27岁的她成为中共南昌市人民代表大会代表。初为人母时，她就当选南昌市青年骨干教师、南昌市小学语文学科带头人。1998年，才工作10年的她就被破格聘为小学高级教师。

她以为，一个语文教师最成功之处在于发挥"桥梁"作用，引导孩子喜欢上语文，这能影响孩子一生。"读书的癖好与所谓刻苦学习是两回事，它讲究趣味。""人们说天才就是勤奋，并且以为勤奋就是死用功，其实完全不是这样，天才是太喜欢他所做的事情了，欲罢不能，在旁人看来他就是很勤奋，其实他是在享受，但是你不知道。"你若教会孩子爱上语文，你就成功了，而且是大成功。

寄语："一条路，落叶无径"，很喜欢漫步在林荫路上。在这样一条路上，闻着草叶的馨香，听着树叶在脚下沙沙作响，感受着天地人的和谐，任思绪徜徉和飞翔。一株株大树小树仿佛是成长中的孩子，教师呢，就是那飘飞的叶，化作春泥育新苗。立德树人，见树见人。母校豫章师院正如一棵大树，让师生享受中华优秀文化的阳光雨露，丰盈内心、茁壮成长，实现全体学生的全面发展，在"减负增质"的春天，成就"师生双成"，成就一树花开的梦想！感谢恩师，祈愿母校更好！

做教育的追光者

校友简介：姜秋花，女，1971年7月生，中共党员，中小学正高级教师。现任南昌县诚义学校业务副校长。1990年毕业于南昌第二师范学校普师专业。

被评为江西省小学数学学科带头人、江西省首批小学数学骨干教师、江西省家庭教育指导师、江西省家庭教育教研员，获得江西省百姓学习之星、江西省教研先进个人、江西省少年诗词大会优秀组织个人、江西省育人宣传报道先进个人、江西省优秀教学资源评审专家等荣誉称号。姜秋花数学名师工作室被评为南昌市优秀名师工作室、全国先进名师工作室。参加各级各类教学竞赛及执教的优质课多次获国家级、省级一等奖，指导师生参赛多人次获省一等奖。主持与完成省、市级课题15个。参与编写省级教材2本，在省级刊物上发表教育教学论文6篇。

姜秋花愿做教育的追光者，追逐光，专心学习积极探索；成为光，潜心钻研奉献担当；散发光，温暖自己照亮他人。

一、做教育情怀的追光者

1987年，姜秋花以优异的成绩考取南昌第二师范学校，3年的师范学习坚定了她的教育信念——好的教育让每个生命闪闪发光。1990年毕业后，她被分配到家乡八一乡中心小学任教，倾心扎根乡村教育15年，在平凡的工作岗位上奉献青春。虽然农村的条件艰苦，但她热爱教育事业，向着明亮的方向追光而行。她坚持学习，树立终身学习的理念，争当课改的排头兵；她潜心钻研，课前专心备课，课中精心上课，课后静心反思；她积极参赛，"园丁杯"教学竞赛、优质课现场赛、课堂教学竞赛，到处活跃着她的身影……2005年，她通过县内选调考试，考入县直小学莲塘三小任教导主任，这是她教育路上成长的美好时光。她勤奋好学，阅读积淀；精耕细作，参赛送教；求真务实，实践创新；关爱学生成长，着力培养学生良好习惯；关心学校发展，积极为学校发展建言献策。成为一名学习型、研究型的教师，是她的梦想，也是她努力的方向。她被评为江西省小学数学学科带头人、江西省首批小学数学骨干教师、南昌市高层次人才。2016年9月，她担任诚义学校业务副校长，分管教育教学和教育科研工作，这是她教育路上逐渐成熟的开始。她深入年级组，与教师交心谈心，用尊重关心感召人心，用和谐的人际关系团结人心；深入学科组听课观课，与教师交流探讨，用培养发展凝聚人心，用真诚相待温暖人心。课程安排、教学教研、教师成长、教学竞赛、课题研究、名师培养、培训研修、教材开发、心理辅导、家庭教育……每一项工作，她都细致安排；每一件事情，她都认真思考；每一项工作，她都暖心服务。她注重提高学生综合素养，开展丰富多彩的教育活动，开设射击、足球、踏板操、非洲鼓等特色社团，开展学生学科素养赛、综合能力赛及才艺展示活动。师生参加各级各类竞赛并获奖，学校被评为全国青少年足球校园特色学校、江西省少年诗词大会优秀组织单位、江西省体育传统（射击）项目学校、江西省科普教育基地。她深刻感受到所有的教育，都应该是有光的。教育者应该让"潜在的光"发散出来，让"显在的光"变得更加明亮。她愿做教育的追光者，源于初心，始于梦想。

二、做教育专业的追光者

姜秋花执着追求，精心培育，希望成为教育中引领孩子们前进的闪烁星光。她坚持学习，锐意进取，用心点燃孩子智慧的火花，把学生的成长看作最大快乐。她立足课堂教学，以生为本，倡导快乐教学法，让学生在乐中学；她尝试让音乐走进课堂，让学生在学中思。她注重对学生能力的培养，关注学生好习惯的培养。她钻研吃透小学教材，精准把握教学目标及重难点，提高教学质量。在学习反思中提升专业素养，在实践创新中沉淀教育智慧。她参与编写人教版教材配套省级教材《数学作业本（配人教版）》及《文明礼仪素养》，主编校本教材《数学速算与巧算》，撰写的教育教学论文在《江西教育》《小学教学研究》上发表，指导师生参赛多人次获省一等奖。她也慢慢成长为江西省学科带头人、教育的管理者。她注重教师的专业发展，在教学教研中率先垂范，坚持为学校老师上公开课观摩课、专题讲座、上课说课示范培训，多次承担了省、市、县专题讲座学术报告、观摩课示范课、送教下乡送教下校、远程培训辅导教师等工作。同时，她鼓励教师参赛、上示范课、开讲座。她愿做教育的追光者，追光而遇，沐光而行。

三、做教育科研的追光者

姜秋花自1990年参加工作至今已有30多年，其中科研经历有21年。20多年的科研历练，使她形成了"两向三段四意"的科研特色：课题研究要体现解决问题与提升品位两种价值取向；注重申报、实施、结题三个阶段；强化四个意识，即规范意识、实干意识、成果意识、成长意识。她坚持走"科研兴校"之路，鼓励教师人人做课题，通过课题研究解决教育教学中的困惑，促进教师专业成长，提升教育科研水平。她主持及参与完成了10个省级课题和多个市级课题，荣获南昌市"五五工程"科研型教师、南昌市教育科研先进个人称号。诚义学校被评为南昌市教育科研先进集体、江西省教学科研先进单位。她成立校本课程课题研究小组，开发尚德、启智、健体、博艺系列校本教材，主要有《数学速算与巧算》《心灵有约》《晨奕学八德》《围棋》《葫芦丝》等。她愿做教育的追光者,追光逐梦,奔赴热爱。

四、做教育关怀的追光者

在教育工作中,姜秋花用爱助力孩子健康成长,促进家校携手共育,同心同德,同向同行,同频共振。作为一名国家二级心理咨询师及江西省家庭教育指导师,她致力于心理健康教育及家庭教育,建设心理健康教育中心,开发心理健康教育教材,开设心理健康教育课程,培养心理健康教育老师,举办心理健康教育讲座,开展心理健康教育活动。孩子要成长成才,首先要成人,要有健全的人格和健康的心理。作为一名教育工作者,她不仅关心孩子的身体、学业,更关注孩子的心理健康、身心和谐发展。她通过心理健康普查、筛查,建立特殊的关爱档案;开展心理疏导、学业辅导、培养习惯、赠送文具、共进午餐、陪伴阅读等关爱活动,培养孩子健康的心理。为做好家校共育,2021年3月,她接受江西省家庭教育指导中心邀请参加《对话校长》家庭教育访谈,做了主题为"用心陪伴,做孩子最知心的朋友"的交流探讨。陪伴是最好的爱,是给孩子成长的最好礼物,让爱的陪伴温暖孩子成长之路,照亮孩子前行的方向,让每个生命闪闪发光。她希望自己从一名"追光者"成为"发光者",温暖自己,照亮他人。她愿做教育的追光者,追光逐明,筑梦育人。

五、做教育引领的追光者

姜秋花在教育教学中,示范引领,促进教师专业发展。学校要发展,教师必须先成长。她以数学名师工作室为龙头,推进各个学科工作室的教学教研,提升教师的专业成长;以课堂为阵地,定时间、定人员、定地点、定主题、定内容开展教研,深入课堂听课观课、磨课议课;以学习为手段,为老师创造更多更好学习机会,激励教师多学习,向名师学习,向书本学习，向同行学习；以竞赛为载体，开展启智教学节、学科素养赛、课堂展示赛、校级学科带头人评选，鼓励教师多参赛多思考，在竞赛中历练成长；以团队为抓手，引领教师团结协作，抱团发展，形成合力；以名师为榜样，激励学校的骨干教师上示范课开讲座，交流分享，示范引领。在诚义学校工作几年中，她培养了17名省、市级学科带头人与骨干教师，其中2名省学科带头人，3名省骨干教师。姜秋花数学名师工作室被评为全国先进名师工作室，工作室教学成果荣获全国创新发展成果一等奖。教育是光的事业，每位教师都可以散发生命的光，让人生变得更精彩、更有价值，让世界变得更明亮、更温暖。她愿做教育的追光者，向光而行，向阳而生。

教育事业，其路漫漫，源于热爱，始于情怀。作为一名教师，姜秋花在选择追光的时候，也希望变成另一束光照耀别人，只要热爱，每一个教师都可以成为教育的追光者！

寄语：做教育的追光者，在教育中塑造人格，在真情中演绎爱心，在平凡中追求卓越，用最好的教育照亮孩子的人生！追光而遇，沐光而行，温暖自己，照亮他人！

行走在以爱暖心的路上

校友简介：陶燕，女，1983年4月生，中共党员，中小学一级教师。现任南昌市育新学校副校长。2002年毕业于南昌师范学校小学教育专业。

被评为江西省优秀普通话水平测试员、江西省小学语文学科带头人、江西省中小学骨干教师、南昌市优秀共青团干部、南昌市小学语文学科带头人等。参加各级各类教育教学类比赛获奖百余项，指导学生参加各级各类比赛获奖数百人次。创办东湖区陶燕名师工作室。主持参与国家、省、市级课题9项，在省级以上期刊发表论文10余篇，编著专著1部。

2002年，陶燕作为学生党员、优秀毕业生，被分配到南昌市育新学校工作。21年来，她用满溢的爱心滋养着一批又一批的"幼苗"，用心用情为一朵朵"花儿"向阳成长保驾护航，用爱心与责任诠释教师担当，用温暖与奉献书写党员形象。

一、倾情杏坛，有爱心

习近平总书记说："百年大计，教育为本。教育大计，教师为本。"教师是立教之本、兴教之源，承担着办好人民满意的教育的重任，肩负着让每个孩子健康成长的职责。扎实的知识基础、过硬的教学能力、勤勉的教学态度、科学的教学方法是老师的基本素质，其中知识是根本。从教以来，陶燕始终深耕课堂，刻苦钻研业务，认真研究教材教法，研究新课程标准，抓住一切学习的机会不断提高教育教学质量，不断积累和总结教研经验，不断提高业务水平。

陶燕努力成为学生口中的"小叮当"。教学中，她始终注重五育并举、因材施教、寓教于乐，创造出层出不穷的学生喜闻乐见的"新点子""新活动"。她鼓励学生大胆质疑、勇于创新，让学生在轻松愉快的课堂氛围中掌握知识，提高能力，促使学生爱上语文、爱上学习，帮助学生形成良好的学习内驱力。

她努力成为学生眼中的阅读"点灯人"。无论是在校内还是在校外，都积极营造浓厚的书香氛围，坚持开展"每日诵读经典""每月共读一本好书"等丰富多彩的阅读活动，诵读经典、酷爱阅读已成为历届学生的标志，有效地帮助学生提升语文核心素养。

她努力成为学生心中的贴心"小姐姐"。从2012年开始，她踏上了四处学习心理学之旅。她每个周末都泡在南昌大学学习心理学，利用各种碎片化时间啃书做题，用了整整一年的时间，翻旧了一摞做满笔记的、厚约30厘米的书，2013年终于成为国家二级心理咨询师。之后，他持续自费学习"积极心理学"，利用周末时间赴广州、上海、武汉等多地参加学习班。利用假期时间跟随美国资深老师学习正面管教，2017年成为正面管教认证学校讲师和正面管教认证家庭讲师。她把学到的先进理念和方法运用到工作中，主动向学校申请在学生中开设儿童社会情感课程，帮助学生收获自立、自信、自律等终身受益的优秀品格，用爱与智慧滋润学生的心灵。弯腰与低年段学生平等交流是她的习惯，温暖拥抱是她与学生爱的语言，毕业多年的学生，仍喜欢找她诉说心声。南昌电台《今天那点事传递南昌正能量》节目曾专题报道《学生心目中最美女教师——陶燕》。她还努力做家校共育的"连心桥"，先后开展了30余场家庭教育讲座，与家长分享交流不惩罚、不骄纵、和善和坚定并行的教育方式，帮助家长更新家校共育的理念和方法。

二、示范引领，有温度

在南师读书期间，陶燕刻苦练习普通话，于2001年达到了普通话一级甲等水平。通过继续深入学习，2002年成为省级普通话水平测试员，2006年成为当时南昌市最年轻的国家级普通话水平测试员。她积极发挥自己的特长，创造性地组织开展学校的语言文字工作，组织学生主持各种大型活动，组织学生参加各级演讲、朗诵、讲故事比赛。她连续七届指导学生参加南昌市、东湖区中小学生艺术节校园剧和朗诵比赛，编排的《党啊，亲爱的妈妈》等原创情景朗诵、原创校园剧屡获一等奖。这些佳绩的背后，每一个节目的背后，都凝结着她的心血，从节目的创作到舞台的编排，她总是用匠心在打磨，点点滴滴都力求做到尽善尽美。每次艺术节期间，她都是全心投入、不分昼夜地忙碌着；每次艺术节语言类的专场，都成为育新人、东湖教育人的骄傲，学校也被评为江西省语言文字规范化示范校。

一个人可以走得很快，一群人可以走得很远。从东湖区骨干教师、学科带头人，到南昌市学科带头人、江西省骨干教师、江西省学科带头人，这一路走来，得益于领导、同事们对她的关心和帮助。陶燕也充分发挥自身在教育教学中的引领作用，每学期都积极主动地承担省、市、区各级公开示范课教学。她成立了陶燕名师工作室，积极承担培养青年教师的工作，与同事无私共享经验，甘为助力之梯，指导多位教师在各级各类教学竞赛中收获佳绩。她积极承担江西师范大学本科生、研究生实习生指导教师，"国培计划"培训教师的工作，为培养明日的教育人才贡献力量。

2018年，陶燕积极响应国家号召，克服困难主动申请去乡村、薄弱学校交流，在扬子洲学校和青桥学校交流工作三年。她每天早晨都提前半个小时进班，组织已到校的学生有序进行晨读，还经常组织丰富多彩的阅读活动，带领他们阅读绘本故事，开展"故事大王"评选活动，大力推动儿童阅读，让爱阅读的种子在学生的心田扎根。20 余次赴遂川县、万安县、奉新县等全省偏远山区送教，为贫困学生们送书送温暖，为优质均衡教育发展贡献绵薄之力。

三、服务管理，有行动

都说，越努力越幸运。陶燕在积极完成一线教学工作的同时，先后担任过办公室干事、党务干事、校团总支书记、副教导主任、副校长。加班加点、披星戴月是她的工作日常。刚工作的那年，学校正如火如荼地筹备五十周年校庆活动，陶燕一进学校，领导就把她分配到工会，承担联系校友、编制校友册等工作。那时，网络不发达，她经常跟着工会主席加班加点一个个打电话，联系落实一位位校友，校对核实一条条数据。校庆日那天，她看着自己联系的校友纷纷来到母校参加活动，看到他们在签到簿上留下一个个熟悉的名字，心里格外高兴激动。

陶燕至今还记得 2003 年加班的第一个通宵。那年，由于学校申报南昌市首批"名校"，需要大量的材料，所以她经常加班到深夜写材料、整理材料。某天下班后，所有的材料要印刷成书，由于时间紧迫，她和两位同事就在印刷厂的电脑上一份一份材料翻看，一句话一句话校对，直到所有材料认真审核后，可以投入印刷，才如释重负地走出印刷厂。此时，天已蒙蒙亮，踏着环卫工人清扫落叶的声音，他们走回学校，小睡了一会儿，又站上讲台，精神抖擞地给学生上课。最后，学校成功成为南昌市首批名校，他们整理的材料，也得到了专家组的肯定，心里倍感自豪。

陶燕就像是一块砖，哪里需要哪里搬，学校的重大活动、接待检查、急难险重工作总少不了她忙碌的身影，她也总是以饱满的热情和主人翁的态度，默默无闻、无私奉献、尽心尽责地完成各项工作。担任校办干事期间，她负责学校宣传工作，多次被评为区优秀通讯员；担任党务干事期间，她多次被评为系统优秀共产党员；担任学校团总支书记期间，学校团总支多次被评为区优秀团支部，她也被评为南昌市优秀共青团干部；担任教导处副主任十年时间里，她积极组织日常教学管理工作，高效夯实教研科研、课程改革、信息化提升、教师培养等工作，为学校的高质量教育教学工作保驾护航。她组织指导教师参加省"赣教杯"、市"园丁杯"、区"骏马杯"等教学竞赛获奖数百人次；组织策划开展的"童心向太空，共筑航天梦——摘星星的妈妈回来了"学科融合主题活动，获得国家、省、市媒体的高度关注；创设开展的"尚品育新　诗文少年""紫藤读书节"活动已成为学校的特色品牌活动。她踏实肯干，团结合作，共享经验，立足岗位，为实现学校教育教学高质量发展与跨越贡献力量。

寄语：愿学弟学妹们不忘初心，不负韶华，仰望星空，脚踏实地，始终眼里有光芒，心中有理想，做一个有信仰、有情怀、有担当的追梦人。

撒红色种子的蒲公英

校友简介：万雯雯，女，1983年3月生，中共党员。现任南昌三中青云谱校区副校长，南昌市中小学"研学导师"，兼任江西省班主任专业委员会副秘书长。2000年毕业于南昌师范学校。

被评为江西省骨干教师、南昌市"师德先进个人"、南昌市小学语文学科带头人、青云谱"名师"等。2020年执教的课例获江西省特等奖，2021年指导教师参加全省中小学红色文化课程教学比赛获小学中年级组一等奖，2023年作为编者参加江西省中小学《红色文化》教学比赛获一等奖。2017年参与编写江西省地方课程小学三、四年级《红色文化》教材，2022年参与《红色文化》教材的修订及《红色文化》课程指导纲要的研究。

近几年，红色文化已经深深融入万雯雯的工作：2017年，参与江西省《红色文化》教材的编写；2019年，参与江西省红色文化教材的教师培训；2020年，完成了36节小学红色文化三、四年级线上课程的录制。

还记得2020年，疫情来势汹汹，录课困难重重。《红色文化》教材没有教师用书，没有足够的课程资源，没有学生试教，不能面对面研课。更难的是时间紧迫，每个星期都要完成5节课的线上研讨、撰写教案、制作课件、录制视频、剪辑上传、审核修改、再次上传等工作。她每天戴着口罩穿梭于冷清的街道前往录播室录课，常常在录播室待上一天，中午、晚上都以方便面填饱肚子。

她几乎每晚备课到凌晨两三点，有时甚至通宵。每一堂课，都精益求精，为了一个教学环节，不惜花上几个小时向省市教研专家请教，或查找资料反复琢磨；为了一个英雄人物、一个革命事件，常常要查看、搜索大量的文献资料，观看大量的视频影片。

她永远忘不了那个深夜，在电脑前撰写《咏兰》的教案，又不知不觉过了零点，家里很安静，显得敲打键盘和点击鼠标的声音异常悦耳。长时间面对电脑屏幕，眼皮在打架，恨不得找根火柴棒撑开它，肩周在抗议，巴不得有人重重捶上几拳，她强忍困意和疲倦继续备课。《咏兰》是朱德纪念妻子伍若兰的诗篇。对于朱德，她是了解的，但是他的诗、他的妻子，她是不太了解的，那么屏幕前的孩子们对这些就更陌生了。她加强学习，通过查找大量的资料，了解到伍若兰不仅仅是"双枪女将"，还会美工设计；了解到伍若兰被敌人抓住时怀着身孕，受尽种种酷刑，都不屈服，最后头颅被砍下，悬挂在赣州城门上……伍若兰牺牲时年仅26岁，连一张照片都没有留下。那时，在深夜，她一个人，泪流满面，泣不成声，同样是女子，同样身为母亲，英雄人物的精神已重重激荡在她的心灵深处，顿时觉得自己现在吃的苦，熬的夜微不足道，现在做的事，上的课意义重大，她擦干眼泪，挺直身板，再次读起朱德元帅的诗词《咏兰》——幽兰吐秀乔林下，仍自盘根众草傍。纵使无人见欣赏，怡然自得地绽放。

作为一名红色文化教育工作者，她不仅深入学习了革命历史，更深刻感受到了红色精神的内涵，那是一次内心的成长，思想的重塑。

线上课程播出后，她陆续收到朋友们从四面八方发来的反馈，说自己的小孩喜欢听她的课，每天都盼着听她的课。

更惊喜的是收到了上饶市茅家岭中心小学戴良源等同学们的来信。收到信的那一刻，她特别感动。他们将自己学习红色文化课程的点滴感受定格成文字，跨越几百公里，传送到她的内心，让她清楚地看见一个个红色故事已触动他们的心灵，红色火种已播进他们的心中。戴良源同学听了她的线上课《咏兰》之后，在信中写道："情不自禁地想起了此时在前线的战士——和病毒抗战的医生和护士们。他们不顾自己的安危，穿上神圣的战袍，冲向了那最危险的龙潭深渊，我想对医护人员们说，谢谢你们！正因为你们舍生忘死，舍小家为大家的奉献精神，我们才能更健康地生活。"

她在收到信的第二天，立马给戴良源同学回信。她告诉他："少年强则国强，你们是祖国的花朵，你们是祖国的未来，老师希望你和你的同学们从小要了解党史、国史、革命史，学习革命先辈坚定信念，艰苦奋斗的优良作风，树立理想，学好文化，掌握本领，为实现中华民族伟大复兴做出自己的贡献。"

就这样一堂网课串起师生缘分，两封书信传递红色精神，她和学生红色书信的故事得到"学习强国"、央广网、省教育厅、江西教育电视台的关注并报道。

后来，在省市教研室的带领下，她分别赴上饶市信州区茅家岭中心小学、南昌百树学校、华东交通大学附属小学送教。从线上到线下，从屏幕里走到教室里，学生把她当成了"明星"教师，从他们的眼神里，在和他们的积极互动中，可以充分感受到他们对红色文化课程的喜爱。

送教中，让她倍感欣慰的是去华东交通大学附属小学送教，她当时上的是红色歌谣《苏区干部好作风》，在课上，她带着学生一起学唱山歌《苏区干部好作风》，唱完一遍，学生说还想再跟唱一遍，整堂课就在孩子们演唱的山歌中愉快地结束了。课间，她摘下扩音器，正在收拾整理的时候，听见好几位学生都哼着这首山歌的旋律从她身边走过，在那一刻，她心里感慨万千，红色歌谣虽然离学生遥远，但一样可以唱进他们的心里。

让她受宠若惊的是南昌百树学校的学生，她给他们上的课是红色家园《英雄城——南昌》，课堂上他们自信大方地介绍自己家乡的红色历史，一上完课，把她围了个水泄不通，有拿着书本找她签名的，有想跟她握手合照的，这些"小红星"们可爱得很。

让她印象最深刻的当然是见到了第一位写信给她的学生——戴良源。他是一位热爱阅读写作的孩子，专门制作了一本书册送给她，那是他用文字记录的成长路程，就像他写给她信里说的那样："我会好好学习，等到我学有成就之时，也会像英雄伍若兰阿姨和那些白衣战士一样，为祖国做贡献，做一个对社会、对国家有用的人。"

录制红色文化线上课的两个月，是一段没日没夜备课、录课、做课件、剪辑课的忘我时光；是一段无畏疫情危险，吃泡面吃到吐的奋战时光；是一段强烈感受到团队力量，与领导、专家、同伴并肩前行的温暖时光；是一段穿越时空育己育人的奇妙时光。在那一刻，她清晰地知道她为什么要教红色文化，她确切地明白学生为什么要学红色文化，因为小小的种子有蓬勃的力量，绽放着红色的希望，而她愿意成为一直在蓄积力量、等待风来的蒲公英，乘着红色文化课程的东风把红色种子播撒在每一位学生的心田。从此，他们的眼中便多了一束光，那就是从革命前辈手中接过的、从过去照向未来的光。

寄语：红色为暖色，代表庄重热烈，象征着革命先辈浴血奋战的红色精神，象征着新时代站在伟大复兴新征程上的光明前景。希望学弟学妹们利用好红色资源、赓续好红色血脉、传承好红色文化，在学生心中扎下红色的种子，培养"根正苗红"的社会主义建设者和可靠接班人。

不负芳华循初心　无问西东踏歌行

校友简介：杨芳，女，1972年4月生，中共党员，中小学高级教师。现任中共南昌市委机关幼儿园副园长。1989年毕业于南昌幼儿师范学校普幼专业。

被评为全国"十一五"教育科研先进工作者、中国教育部"国培计划"优秀辅导教师、江西省幼儿园学科带头人、江西省学前教育质量提升指导专家、江西省骨干教师等。获得教育教学奖励百余次，发表论文十几篇，多次参与高校和幼儿园教材的编撰。

"星光不问赶路人，岁月不负有心人"，"不积跬步，无以至千里；不积小流，无以成江海"。1989年毕业至今，杨芳每每看见或听见这样的话语，都会回想起来时路；每每咀嚼自己的工作经历，都会想起这些努力奋进的话语和一路关心、支持、帮助她成长的人和事。

一、幼儿老师是什么样子？

还记得中考填报志愿的时候，可能因为家里三代教师的缘故，她很自然地填报了师范。她的物理老师问她："你填报了哪里？""幼儿师范。""很好，很适合你。"当时她百思不得其解。当时同学们对她的评价是"妥妥的一个不爱说话的理科生"，老师是从哪点看出她适合呢？参加工作的第一年她很自然地把在学校学到的"游戏是幼儿基本活动"这一理念贯穿在工作中，把集体教学外的时间都用在了组织孩子玩各种游戏和室外大型器械上，当时她认为那是一件再正常不过的事。有一次一位家长一句不经意的话触动了她。那是一个晴朗的下午，当时16岁的她带中班的孩子在玩滑滑梯,时不时还和孩子玩闹,其他班提前接孩子的爸爸妈妈路过时说:"这个老师很负责任,经常看到她带着小朋友在玩。"当时她第一反应就是"这不是幼儿老师该有的样子吗?"那时她突然明白了物理老师说的话,她虽然不是一个很活泼外向的人,但她有一颗童心,对待事物细心、有耐心,而这正是一名幼教老师的基本素养。

二、你写了论文吗?

随着时间的推移,知识和经验的积累,使她慢慢成长。她不仅接待了省幼教同行,还在1992年担任了局团委宣传委员和单位团支部书记,在工作之余带领团员青年开展了丰富多彩的活动,深受好评。记得有次年终总结,单位党支部青年委员万老师对她说:工作做得不错,但你作为团支部书记,还应该对自己提出更高要求,才能对青年教师起到带动和引领作用。随后灵魂拷问:"这次有江西省的论文参评,你写了吗?"写作一直是她的短板,碰到要写论文这类的,只要不是要求每个人都要交的,她都绕道走。这么一问,她瞬间僵在那里,好像突然被重锤砸了一下,清醒地认识到,做好一个幼儿教师不仅要会做,而且要善于总结经验。于是她阅读大量的书籍,积极主动请教专业人士,发扬钉钉子精神,从写好每一篇教育笔记做起,慢慢尝试写论文,再到参赛、发表,从获得单位优秀教育笔记,到市、省、国家奖项,再到在各类杂志发表论文及参与撰写高校学前教育和各类幼儿园教辅材料,她慢慢朝着更远、更高的教育山顶攀登。每个人都有潜在的能量,只是很容易被习惯所掩盖,被惰性所消磨,只要努力激发,一定能让生命擦出灿烂的火花。

三、教研任务能承担吗?

众所周知,教研是幼儿园发展的生命线,一个好的教研管理者、组织者能让教师的快速成长得到保障。2008年，当时还在带大班的她被任命为保教干事，业务曾园长找她谈话："大班毕业后脱产，在保教处分管教研工作，能承担吗？"她瞬间感受到了压力。印象中，那时的南昌乃至江西的教研正在起步阶段，幼儿园的教研形式较单一，如何拓展，如何将教研向纵深发展，如何让教研成为教师专业成长的阵地……都还缺少可借鉴的资料，更别说样板。当时她脱口而出："啊？一去就做？这么难的事得让我先适应适应，跟着学学吧！"而一句"给不了时间，你边学边干"的回复让她立志奋发了。她记得第一次做全园性的教研时，从选题到形式，到教研流程，再到每一个提问、每一次的回应与小结，都细细、反复推敲，几易其稿，最终得到领导的肯定，得到了大家的好评。现在她每每在指导教研、国培授课讲解如何开展教研的时候，这些都记忆犹新。把困难举在头上它就是灭顶石，把困难踩在脚下，它就是垫脚石。只要不畏困难，勇毅前行，一定会有所收获。

四、你参评了江西省学科带头人吗？

一次开会时，江西省幼教专家卢老师碰到她，说："你参评了今年的省学带吗？""咱们省优秀的老师很多，竞争太激烈了，我就不去折腾了吧！""学带不仅仅是一个荣誉，更多的是检验、肯定你的业务能力和水平，帮助教师队伍整体提升，你要享受参评过程中的成长，让自己的职业生涯不留遗憾。"这一番话让她凝思良久。是呀，一个人也许走得快，但一群人一定会走得更远，幼教这艘大船要乘风破浪，必须有这么一批积极进取的人在自己专业成长的同时，引领大家前行，而江西省学科带头人评选的目的正是在此。她问自己："我在回避什么？有什么好顾虑的呢？"成功不是战胜别人，而是提高自己。积极对待过程，怡然对待结果。没评上她坦然接受，享受评选过程，如果评上了她就更好地发挥传帮带的作用。不管评上与否，多年后回首她一定会对自己说"不遗憾"。于是，她梳理日常工作，并根据参评文件逐条整理，逐级向上申报，历时六年经过两次参评后，在2023年获得江西省学前教育学科带头人称号。生命如流水，只有在它奔向前去的时候，才漂亮，才更有意义。你若盛开，清风自来。

"不负芳华循初心，无问西东踏歌行。"回首从教30多年历程，在领导的关心培养、同事们的团结配合下，从普通教师、班主任、教研干事、教研主任兼医务所负责人、保教主任到业务园长；从参加全国、省、市各类教育教学大赛获奖到南昌市学科带头人、南昌市教育指导委员会委员、江西省骨干教师、江西省学前教育质量提升指导专家、江西省学科带头人；从南昌市优秀教育工作者提名、南昌市巾帼标兵岗负责人到南昌市优秀教育工作者；从优秀团员、团干部到团支部书记、团委委员；从优秀党员、党支部干事到优秀党务工作者、党支部委员、局纪检委员；她循着初心一步一个脚印踏歌前行，她很欣慰，收获的不仅是知识、能力、阅历，更多的是职业幸福感。

"不经历风雨怎么见彩虹，没有人能够随随便便成功。"虽然成长的经历各有不同，但"宝剑锋从磨砺出，梅花香自苦寒来"，梦想的道路上需要努力、需要拼搏、需要坚持是共同的特点。

寄语："为君聊赋今日诗，努力请从今日始"，"以梦为马，不负韶华"，希望你们在教育的道路上像树一样，向下扎根，向上生长，不因风雨弯腰，不为繁华渎志，一步步稳稳地走向成功和幸福，答好时代给你们的考题。"长风破浪会有时，直挂云帆济沧海"，当你们成为名师、名家的时候，相信那时的你们一定"会当凌绝顶，一览众山小"。相信自己，你们能行！

学高为师　身正为范

校友简介：张伟，男，1973年12月生，江西省民主促进会会员，中教高级。现任南昌市青少年宫副主任。1992年毕业于南昌师范学校美术专业。

获得团中央、文化和旅游部授予的全国优秀教师、华东地区校外教育创新活动家、中国青少年宫协会"骨干教师"等荣誉称号。先后在国家级杂志发表论文及作品10余篇，并数次获得国家级和省级论文评比一等奖。出版美术著作6部，参与编写美术著作和教材4部。多幅油画作品在全国及省级美术作品大赛中获奖，1998年在北京中国现代美术馆、1999年在南昌美术馆、2009年在中国人民大学艺术学院和北京798国际艺术中心等举办油画作品展，《江南都市报》、《南昌日报》、《南昌晚报》、江西省广播电台、江西省电视台《赏艺》栏目等多家新闻媒体给予专题报道。

关于治学与个人成长的目标及要求，张伟脑海中首先想起的是当年老南师的校训"学高为师　身正为范"。时至今日，张伟依然以此为人生格言和奋斗目标，要求自己在专业上和人格修养上不断精进，时刻牢记南师各位师长对他的谆谆教诲。

谈起美术的启蒙，张伟首先感谢了家人对于他的支持与宽容。因为母亲工作的原因，很小的时候，张伟经常到母亲单位去玩。单位上有几位常年在瓷盘瓷碗上绘画山水的美术师，他见到那些技艺娴熟的叔叔阿姨颇为羡慕。回到家里，他也照着他们的样子，拿起毛笔在墙壁上信手涂鸦，满脑子都是李白、苏轼在禅院墙壁题诗作赋的那份潇洒与自信。一年下来，满屋子的墙壁已经被张伟的涂鸦搞得乱七八糟。这种沉醉于墙壁上的狂涂乱抹一直坚持了好几年。父母从来也没有因为这种"调皮捣蛋"而责怪过他，母亲甚至在每年过年前都会买来许多白纸糊在墙壁上供其"糟蹋"，有时还会专门买来一些印有国画作品的挂历或年画供其临摹。正是这种种原因，使张伟幼小的心灵中悄悄种下了一颗艺术的种子。

张伟于1989年进入南师美术班，开始了较为系统的专业学习。南师三年，他记忆深刻的几位老师有平易近人、和蔼可亲的刘迪玺老师，治学严谨、要求严格的龚嗣炎老师，悉心教诲、不失幽默的邓云老师，低调谦逊、功底深厚的王勇老师，才华横溢、慷慨激昂的吴志群老师。在众多老师的悉心教导和严格要求下，美术班的学习氛围很浓，同学们每天都会在画室画到很晚才回宿舍。张伟绘画技艺的专业成长乃至于人格成长都得益于那个时期那几位老师的影响。

张伟很庆幸刘迪玺校长教他美术欣赏课程，在老校长的身上，他感受到了人格魅力，学会了做人的道理。有一次在操场上与骑着自行车的刘校长迎面而遇，作为学生，他本能地想低头迅速擦肩而过。没承想，刘校长竟然主动停下来，并且准确叫出张伟的名字，并很关切地询问他的学习近况以及是否适应南师的生活，这让他感觉心里暖暖的。作为一校之长，能准确叫出一个学生的姓名，并主动停下来询问学生的学习近况，除了让他感受到老校长平易近人与和蔼可亲之外，更让人感受到老校长亲民的工作作风与独特的人格魅力。毕业多年后，张伟和刘校长在路上偶遇，依然会亲切地打声招呼并驻足攀谈。

对于母校，张伟印象最深刻的是当年立在南师主席台旁的一块师表碑。记得在一次学校晨会上，刘校长将一位同学随手扔在地上的半个馒头当着全校师生的面吃了下去，并借此告诫全体学生要珍惜粮食，进而指着主席台旁的师表牌，要求全体南师学生要时刻谨记师范生的行为准则，并以师范二字为治学修身目标。那个时候懵懵懂懂的学生对于"师范"二字不是很理解，刘校长在晨会上特意解释："何为师范？即学高为师，身正为范。因为我们以后大多数人都将走上讲台，更要在学问与修身上时刻牢记师范生的责任，不光要做到传道授业解惑，更要以身作则，做好学生的榜样。"时隔多年，刘校长低调谦逊的人格及"学高为师，身正为范"的要求对张伟的影响依然深刻，无论是治学与修身，他都时刻提醒自己以师范二字三省吾身。对待学生要有爱心，做到有教无类，发自内心地关心学生的成长。专业上不论起点高低，都要持之以恒地学习。工作中，要学会换位思考，多站在学生和家长的角度思考问题，要有服务意识和"春蚕到死丝方尽，蜡炬成灰泪始干"的奉献精神。

走上讲台之后，随着教学工作的深入开展，张伟越发感受到艺无止境，需要不断充电来提升自己的专业水平及教学水平。所以工作两年后，他报考了南昌职业技术师范学院，1997年在中央美术学院油画系进修，2007年前往中国人民大学艺术学院读研。求学期间，张伟非常有幸得到许多国内名家的悉心指点，诸如央美的老教授钟涵先生、潘世勋先生、戴泽先生，中国人民大学的王克举先生、闫平先生、徐唯辛先生。每次外出脱产学习，他都感觉机会难得，所以倍加珍惜。除了白天正常上课，一下课都会泡在北京的各大书店如饥似渴地博览群书直到书店打烊。到了周末，则会约上三五好友前往中国美术馆、798艺术中心等展区观看画展或到各大院校聆听专家讲座。那时的生活费不是很多，只能通过节衣缩食省下钱来购买大量的专业书籍。每天晚上守着一床的书籍，就着泡面和馒头研读到深夜，他觉得这段时光是最充实和最幸福的。在北京求学的那段时间，虽然物质条件匮乏，但于张伟而言受用终身，不仅专业水平得到了提升，更重要的是通过大量阅读和观展，打开了艺术的视野，提升了艺术的修养。

从教30年来，尽管取得了一些成绩，但张伟时常想起诸葛亮的《诫子书》一文："夫君子之行，静以修身，俭以养德。非淡泊无以明志，非宁静无以致远。夫学须静也，才须学也，非学无以广才，非志无以成学。淫慢则不能励精，险躁则不能治性。"他牢记艺无止境的教诲，时刻要求自己保持学生的心态，低调谦逊，不骄不躁，养成终身学习的习惯。

寄语：希望豫章师院的学弟学妹们能够以"师范"二字的内涵为人生目标，在学业上持之以恒，学有所成，谨记学高方能为师；在个人品行修养上低调谦逊，修身正己，谨记身正方能为范。人生道路漫长，希望你们能够寻找到努力的方向，专注一件事情，花费十年、几十年的时间与功力，一定会有所成就。在今后的工作与学习中，希望你们能够保持对学习的热情，不忘初心，持之以恒，闯出一片属于自己的天空。

爱心树下吐芳华

校友简介：钟声芳，女，1985年11月生，中共党员，中小学高级教师。现任赣州市特殊教育学校党支部副书记。2003年毕业于南昌师范学校特殊教育专业。

获得中华人民共和国教育部特教园丁奖，江西省十佳少先队辅导员、新时代赣鄱先锋、省学科带头人、省骨干教师，赣州市优秀教师、优秀共产党员等20多项荣誉称号。主持参加过多项国家、省、市课题研究并顺利结题。撰写的多篇教育教学论文在国家级、省级期刊发表。

一、三尺爱心大舞台

钟声芳在特教学校的三尺讲台上，教学生学知识、学做人、学劳动、学自立自强，甚至学最基本的走路、说话、吃饭、与人交流等。她2017年入校，主要教学对象是听力言语障碍儿童，把孩子从"无声世界"带入"有声世界"。2018年起，学校开始转入招收培智学生，她迎难而上，站上新的教学岗位。

刚开始她带的班级里，11名孩子基本不能与人沟通，大部分孩子无法集中精力，甚至易怒，或没任何反应。课堂上，孩子下座位走来走去，拍手拍桌子，大声哭喊唱歌，发呆发愣，甚至随意大小便，等等行为掺杂着陪读家长大呼小叫的场景，比菜市场有过之而无不及。她束手无策，一度产生了畏难情绪，失去了信心。可看到这些家长们期盼的目光，想到孩子们漫长的未来生活，更想到特教老师的初心使命，她没有退却。

没有特教老师经历的人是难以相信的，一个简单生字、一句日常问候，对正常的孩子来说太简单了，但在特教孩子们身上，往往教上几十遍、上百遍，孩子们可能还是瞪着大眼看着你，有的孩子甚至看都不看你一眼……机械的重复，琐碎的工作，是常人无法想象的单调和枯燥。但她认为，选择了特教事业，就是选择了爱与奉献。

光阴荏苒，一批批新生来报到，一批批毕业生离开，她也从一位新教师，成长为学校的教学骨干、学校管理者。一路走来，她感触最深的就是，特殊教育需要教师投入更多的耐心、爱心和责任心，特教事业是爱的事业，爱是特教事业的生命与源泉。20年特教生涯，她将自己活成一束光，点亮自己的同时，用自己的爱心照亮一个个孩子的梦想。

二、个别化训练显成效

2018年，她在宁波参加了一个"自闭症（现统称孤独症）疗育"培训，回校后，她和另一位同事开设了"个别化教育训练课"，每天下午放学后，校园里飘荡着她一对一带着孩子朗读的声音："跟老师读，苹——果、苹——果……"

为了上好"个训课"，她要比其他特教老师付出更多。每天除了要思考不同的课程内容，写更多的教案外，还要动手制作教具。有时，她也会因要为不同的孩子设计不同教材课程而烦恼，但更多时候，她发现自己的辛苦并没有白费，经过个别化训练的孩子成效明显，能比较快达到预期效果。孩子身上令人欣喜的进步，使她坚持了下来。

她个训课第一个训练对象小鑫，是一个有严重孤独症、多动症、无语言伴有情绪障碍的孩子。刚接触小鑫，他毫不给她"面子"，把桌上教具扔了一地，当她弯腰去捡教具，却又被小鑫吐了一口痰在头发上，后又跳上桌子狠狠一脚踩在她手上，然后一溜烟跑了。当时的她又气愤又委屈，可面对这样的孩子,她只能把怨气往肚子里咽。

她向家人叙述了被小鑫"收拾"的场景,家人劝她调到普校去,可她想着,作为一名共产党员,国家培养她成为一名特教老师不容易,既然选择了这个岗位,再苦再累也要坚持走下去,用自己的专业去帮助更多的残疾孩子和家庭。通过和小鑫母亲的微信沟通,了解到孩子每天都是母亲陪伴,小鑫母亲曾经也想过带着孩子一起跳河自尽,结束这样的煎熬。得知这些,她先对小鑫母亲进行心理疏导并成了她诉苦的倾听者,多少次,这位母亲从晚上八点至凌晨一两点给她发语音信息,但为了孩子教育以及对孩子妈妈进行心理疏导,她都一一回复。

经过努力,她终于探索出针对小鑫的康复训练方法:每次上课安排男助教老师辅助控制、安抚小鑫上课;不断通过小鑫喜欢的强化物,吸引注意力;重复训练安坐、听指令、感知觉、注视、言语、认知等。

守得云开见月明。一次接到小鑫妈妈激动得语无伦次的电话:"钟……钟……钟老师,小鑫认识……认识狗啦,还指着一只狗说那是狗,你说……你说我该怎么感谢你啊,你真是小鑫的贵人。"这简单的一个字,对小鑫来说是多么不易啊。之后不久,小鑫妈妈又打电话对她说:"孩子终于不会乱走了,没想到可以放手了,真的很高兴。"

一年后,经过个训课训练的孩子从之前无法上课到基本能够安静地坐下来听课,从家长的不认同、不重视到现在都能积极配合做好助教。此时此刻,她心中洋溢起一种来之不易的幸福感。

三、一腔情深送教上门

2016年,学校要派出一批老师进行常态化送教上门,打造家庭课堂,她第一个报了名,加入了送教上门队伍。

一条弯弯曲曲的山路,如丝带一般飘向章贡区水西镇凌源村大山深处。

有个名叫小林的智力障碍少年，家就在绿荫掩映之中。当年 13 岁的小林，智力发育却不到 3 岁孩子水平。从 2016 年第一次踏进小林家起至今，整整 7 年时间里，她和其他老师带着特殊的讲义、书本和教具，每月不少于 4 次来到小林家送教，风雨无阻。每次上课，都是先坐公交车或打车到凌源村委会，之后还得步行 5 公里的山路，历时一个多小时才能到达。尽管这样，大家从未落下一堂送教课。

小林生活不能自理，家人为了生计，没有时间照料，经常把孩子一个人关在房间，用餐、用厕都是小林在房间解决。每次送教，她就像姐姐一样给小林擦身、换衣裤、剪指甲，想尽一切办法让小林安静下来，一切收拾干净，才开始讲课。

根据小林的智力和认知水平，她专门为他设置了丰富的课程，包括康复课、生活技能课、音乐课、游戏课等。小林没有言语能力，也害怕与他人交流，眼神躲避。于是她每次去上课时，都会带好小林喜欢的强化物，并且精心设计好课前游戏，先与他互动玩耍，让小林卸下防备，逐渐接受与老师的相处。

又是一个送教的日子，小林注意力明显更集中了，当天教的知识也学会了，这让她明白了特殊教育的意义。

四、互帮互助传帮带

一枝独秀不是春，万紫千红春满园。她在积极钻研业务外，还积极发挥传帮带作用，对学校青年教师们采用研究教育教学与课堂教学艺术相结合的工作方式，让他们参与观摩课堂，相互交流，鼓励他们形成教学特色，提高教学效率。利用课余时间、双休日休息时间，引领青年教师进行课题研究，指导青年教师切合实际地分析处理教材，使青年教师能比较自如地驾驭教材和课堂。

她的无私付出、毫不保留地指导，受到学校青年教师的欢迎，也使赣州市特殊教育学校拥有了一支业务能力过硬的优秀特教队伍。在她的带领下，几位青年教师撰写的论文在市里、省里获奖，课题研究通过了省、市、区级立项，并圆满结题。

五、"移动课堂"展风采

爱心传递，社会共享。她把课堂搬到校外，哪里有需要就到哪里教。很多直接为群众服务的部门（单位），经常会遇到听力障碍人士，往往比画半天，经办人员仍弄不明白意思，她受邀把课堂延伸到校外，义务到社区、银行、交警等部门（单位）公益教手语，对手语进行归类，挑出每个行业的常用手语，以便各行业人员尽快掌握一些必要手语。她的"移动课堂"收效明显，成为不少部门（单位）提速升级服务质量的一道"风景"。

2022年9月25日，赣州市残疾人联合会与赣州广播电视台联合开办《同在蓝天下》手语节目，她担任了手语主播。通过荧屏，传递着党和政府，以及社会各界关心、支持残疾人事业发展的爱与温暖。

多年来的特教生涯，一步一个脚印地走过，虽艰难但充实而无悔。"如果你渴求一滴水，我愿意倾其一片海；如果你要摘一片红叶，我给你整个枫林和云彩……"歌词表达出了她心中的美好期望与执着。在与残障孩子们的朝夕相处中，她奉献了智慧和汗水，同时也收获了快乐与幸福。她把爱播撒给最需要关怀的残障儿童，也把最美好青春韶华奉献给特教事业。

寄语：亲爱的学弟学妹们，特殊教育是一项充满爱和责任的事业，它需要我们有足够的爱心、耐心、责任心和专业知识。希望你们能在这个领域中找到自己的定位，实现自己的价值。请相信自己的选择，坚持自己的信念。

励志照亮人生　拼搏成就梦想

校友简介：程明，女，1987年4月生，中共党员，南昌市红谷滩区九龙新城第三幼儿园园长，中小学一级教师，红谷滩区责任督学。现任南昌市红谷滩区九龙新城第三幼儿园园长。2003年毕业于南昌师范高等专科学校幼师专业。

被评为南昌市年度教师、南昌市青年骨干教师、师德标兵，多次荣获南昌市教学、技能竞赛一等奖，江西省优秀课例一等奖，主持的多个省市级课题结题并取得良好的科研成果，多篇论文在核心期刊发表，受聘为江西省国培授课专家。

一、迷茫中坚定前行，收获了成长

16岁那年，程明从南昌师范毕业，带着青涩和对未来的憧憬来到了幼儿园，一切都像想象得那么美好，城堡式的幼儿园，阳光灿烂的孩子。但正式带班之后，她对幼教这份职业产生了畏惧和怀疑，因为这些活泼可爱的孩子根本就不听她的指挥。"老师，他打了我；老师，他抢了我的玩具；老师，他把水洒了一地。"班上就像一个个矛盾纠纷现场，而她就是那个不熟悉业务的菜鸟调解师，不知道怎么才能让他们安静下来，根本就不能正常开展活动，她甚至埋怨父母为什么给她选择幼师。沮丧和失落充斥着她整个神经，嗓子也在折腾中全哑了。孩子们见她说不出话来，小希给她端来了一杯水，霏霏给她带来了润喉糖，最调皮捣蛋的睿睿拉着她的衣角说："老师，我以后不调皮了。"孩子们的纯真、可爱、善良深深地打动了她，幼儿园教师原来是一个这么幸福的职业。她开始调整自己，向有经验的老师学习班级管理，想尽各种方法抓住孩子的兴趣点，蹲下来倾听每一个孩子的声音，慢慢地，她能游刃有余地开展各项活动，孩子们也喜欢上了她，她当上了孩子王。

凭着对幼教的无限激情和热爱，很快园领导就对她这初出茅庐的小姑娘委以重任，在工作的第二年她就担任了小班的班主任。接到这个安排，她内心既窃喜又感受到了很大的压力：25个第一次离开家的孩子，25个寄予深切期望的家庭。她暗暗下定决心，尽她最大的努力给这些孩子最美好的3年幼儿园生活，不负家长所托，园长所望。她开始了以园为家的日子，那时候住在幼儿园宿舍，每天7点多就到了班上，协助保育老师整理班级准备迎接孩子，中午抱着哄着因为想妈妈而不肯睡觉的娃娃，下了班给班上的老师开班务会，探讨班级出现的问题和解决的办法，晚上回复家长们的信息，准备第二天的教学活动，每天晚上都是九十点钟才回到宿舍。那时候的她，感觉有使不完的劲儿，永远不知道疲惫，工作生活都特别充实。孩子的点滴进步和对她越来越浓的爱与依赖，使家长们对她这个17岁小姑娘从不放心和质疑到尊重与信赖，都激励着她努力大步前行。

二、用爱教育用心养育，收获了感动

班上有一个女孩子叫霏霏，是从隔壁班转过来的。孩子每天上幼儿园都哭，也不怎么跟小朋友玩。年幼的霏霏经常生病，很瘦，胆子很小，也不自信，眼睛斜视也特别严重，看人的时候只有一只眼睛能与人对视，并且她的左脚后跟是无法着地的。妈妈对孩子很是愧疚，觉得是她的大意才让孩子早产，总担心老师照顾不好孩子，所以才会让隔壁班的老师觉得家长难以沟通，甚至觉得她在挑刺。孩子到她班上后，她付出了对其他孩子双倍的爱，每天她一来园就蹲下来拥抱她亲亲她，请班上孩子主动找她玩，让她融入这个新集体，请她当值日生，帮老师做力所能及的事情，她生日的时候，为她在班上开了一个隆重温馨的生日会，请她上台发言、讲故事，把握一切机会让她表现自己。家长方面，每天不厌其烦地接待妈妈，倾听她的诉求，帮助她，开导她，全班老师在周末的时候到她家家访。经过一个月的努力，孩子喜欢上了幼儿园，家长也不像原来一样满身是刺，而是满怀感激。这个孩子她一直带到大班毕业，毕业的时候这个孩子已经是一个快乐开朗的小女孩。霏霏毕业后在孩子全家的盛情邀请下，她到孩子家做客，妈妈道出了这三年来的感激："霏霏能这么健康地成长是因为碰到了你这样的好老师，霏霏总是说老师像妈妈，不想离开她的老师。"孩子妈妈很激动，紧紧地拥抱了她。这一刻她感受到了这个职业的神圣，一个有爱心有智慧的老师，影响的是一个孩子的一生和一个家庭一辈子的幸福。

三、爱岗敬业无私奉献，收获了尊重

2013年，她通过教师招聘考试以优异的成绩考到了红谷滩凤凰中心幼儿园。当年，这还是一所创建中的幼儿园，她和所有老师经历了艰苦的创业过程。进驻之初，幼儿园没有水电，没有大门，没有基本的办公、生活条件，杂草丛生，垃圾成堆，到处都是厚厚的灰尘。为了能尽快开园，作为保教主任，她不怕苦、不怕累，带领着年轻的教师们在盛夏拔草、拖建筑垃圾、清理装修卫生，脏活累活抢着干，在片区适龄儿童家庭的期盼中，在园长的带领和全体教师的共同努力下，幼儿园在2014年2月顺利开园。

幼儿园分配的各项任务，不管多艰难多重，她总是立马接下，排除万难，想尽各种办法，出色地完成任务。2016年市级示范幼儿园评估，幼儿园暑期重新装修，12月份就要进行评估，幼儿园的环境创设、材料准备、教育教学等工作迫在眉睫，任务重时间紧，她放下嗷嗷待哺的小宝宝，带领全园教师加班加点，配合园长出色地完成了所有任务，幼儿园在2016年市

级示范幼儿园评估中获得了全市最好的成绩，评估组专家还特别对保教工作提出了表扬，肯定了她们幼儿园的保教工作扎实有效，为此，幼儿园在此次评估活动中授予了她"特殊贡献奖"。

在幼儿园里，她是同事眼里永远"打着鸡血"的人，也是最拼命的人，2017年怀二胎期间，临近生产，区里要下到各园来进行视导评比，本应该请假待产的她没有请假，而是周六继续来园加班到很晚。加班回来后很累，她感觉脚上套着千斤重的铁链，周日晚上就开始发动了，在知道自己已发动生产的第二天，她还是开着车，肚子都顶到了方向盘，来到幼儿园完成当天的交接工作，由同事送往医院生产，去往医院的路上开始联系她的主刀医生，并叮嘱爱人拿待产包到医院与她会合。由于第一胎是剖宫产，两胎相隔太近，情况十分危急，一到医院就做了紧急剖宫产手术，还好母女平安。虽然大部分的幼儿教师只是一名柔弱的女子，但她们从内散发出来的坚强和力量足以披荆斩棘。

2021年7月，因为组织的信任和领导的安排，她被任命为园长，来创办一所高品质、高质量、高起点的幼儿园——南昌市红谷滩九龙新城第三幼儿园。在这里她实现了所有的教育理想，把幼儿园打造成了一个让孩子有幸福记忆的幼儿园。虽然开园仅有3年，但先进的办园理念、精心打造的环境创设、扎实的各项工作，让幼儿园迅速成长，成为全省幼儿园国培跟岗、参访学习、示范帮扶的园所，幼儿园收获了同行的尊重和社会的肯定。

四、终身学习赶超自我，收获了情怀

转眼在幼教岗位已经走过了20个春秋，专业上，她努力钻研业务，不放过任何一次学习成长的机会，多次获得南昌市教学技能竞赛一等奖、江西省教学课例一等奖。在教育教研方面，她主持及参与省市级课题10多项，并取得了良好的科研成果。示范引领方面，积极引领年轻教师专业

成长，并受聘为豫章师范学院国培授课专家，多次接待国培跟岗人员并开展讲座。学习上，通过自学考试拿到了本科文凭，还在备战研究生考试，圆她那个未完的大学梦。工作之余，她学习书法、茶艺和插花，因为她知道教师只有不断充实丰富自己的学识和灵魂，不断研究探索才能适应时代的需要。坚定的教育信念，催促着她快速成长；对幼教事业的热情和执着，深耕了她的教育情怀。

教师之所以伟大，在于她永远在消耗自己，照亮别人。如果把回报和金钱画等号，幼儿教师的付出和回报一定不是成正比的，但如果回报是幸福、快乐和满足，那回报就是双倍的。她骄傲，她是一名幼儿教师，终生无悔！

寄语：希望学弟学妹们能努力学习，做好职业规划，坚定信念，将来成为一名仰望星空、让孩子终身受益的好老师，为学前教育事业做出自己的贡献。

鞠躬尽瘁培育　不辍耕耘教学

校友简介：邓晓坚，女，1970年7月生，民革党员，豫章师范学院、南昌开放大学、南昌师范学院国培讲师、客座教授，南昌市示范幼儿园评估组专家。现任南昌市站前路教育集团站前千禧幼儿园园长。1989年毕业于南昌市幼儿师范学校学前系幼教专业。

被评为南昌市骨干教师、南昌市优秀园长、西湖区青年新秀等，获江西省幼教年度"杰出贡献"奖。主持的教育部"十一五"规划重点课题获得全国优秀科研成果奖。撰写的论文多次获得省市级及至全国一、二等奖。独立编写著作5部。

邓晓坚在幼儿教育一线工作了35年，总结出自己治学治园的理论实践体系，即现代化办园、人文化管理、特色化教学，并坚持贯彻实施"学习前辈经验、提升自身素质、扶持新生力量"的理念。

1989年，她刚毕业，被分配到南昌市抚河幼儿园，工作不久就赶上全市举办第二届幼儿教师技能技巧大赛。当时出于各种原因，没有老师报名参加，老园长只好把目光投向了她这个稚气未脱的小姑娘身上。初生牛犊不怕虎，在校苦练三年的功夫派上了用场，拿回了技能技巧比赛全能第三名、美术单项第二名的奖项。老园长高兴得合不拢嘴。而能够被老园长看见，或许是因为一件小事：一日她在园所门口捡到一个黄皮信封，里面有9000元现金，幼儿园通告了一周才被家长认领，家长当时感激不尽，说没想到还能找回这些钱，因为他自己都不知道丢失在什么地方了。从此，老园长便开始重点培养她，她也像一块高容量的海绵，在知识与技能的海洋里不断吸收营养，在各种演讲、论文、美术、教学比赛中崭露头角，满载而归。

1993年，她前往深圳参加了深圳市滨苑幼儿园的筹建工作，学到很多环境创设的新理念，回来后毛遂自荐担任全园的环创统筹工作。童话般的幼儿园环境使幼儿园在市级示范园评估、省级示范园评估中脱颖而出，她的卓越突出能力也得到教委领导认可，委派她筹备民办公助的站前千禧幼儿园，并于其后委以园长重任。

她34岁那年，同时参与两所幼儿园的工作，整个暑假没有休息一天，陪同主管采购教玩具、窗帘、电脑、家具，烈日炎炎下跑物业，上街张贴招生广告，挨家挨户发放招生宣传单。建园初期人员紧缺，身兼园长、老师、出纳、保育员等多职，甚至还每周接送幼教专家来园指导工作的司机。在种种努力与支持下，幼儿园各项工作逐渐顺利开展。开学之后，走进幼儿园，给人的感觉不仅仅是漂亮，更蕴含着满满的教育元素：全面普及的多媒体教学，为孩子打开了通向信息世界的窗口；园内的英语路、汉语路、计算机路是一条条蕴含现代理念，通往多彩人生的特色路；每层楼的钢化玻璃护栏上串联了一个个精彩的童话故事；一个个区角将缩小的社会搬进了幼儿园；一组组精致的沙发是传递温馨的亲情小站，孩子和家长在那里亲昵交谈；教室里陈列的用废品制作的精美小玩具，是老师、小朋友智慧的结晶；榻榻米寝室不仅供孩子们午睡，更是孩子们相互嬉戏、释放活力的好地方；连用废旧盒子制成的不同粗细的胶棒盒都让孩子在潜移默化中理解了大与小的概念。所有的设计与布置无不凝结着邓晓坚的心血与汗水，是数年来学习成果的结晶。在大家的努力下，短短一年时间，园内幼儿人数从68人达到满员，教职工由12人增至52人，各项工作业绩斐然，得到了社会、家长、领导、同行的高度赞叹与认同。

作为千禧幼儿园工作的唯一在编教师，作为一园之长，在各方各面渐渐走入正轨后，邓晓坚开始着重打造园内文化建设，提升办园品质，组织大家学习中华传统文化，人手一本《陶行知的教育思想》《中国最佳教育随笔》等，撰写读书心得并集中交流讨论，不断提高身心素养。她强调贯穿幼儿园的文化可以浓缩为一个字"爱"。爱的中间是一个"心"，父母与孩子心连心，老师与孩子心连心，老师与父母心连心。常常有家长因为特殊原因没能顾上孩子，她就自己带回家，短则一两天，长则一两个月。有一回，宝宝班一位两岁多的小女孩，玩耍中不慎被门夹了手指头，鲜血直流，孩子疼得号啕大哭，带班老师也吓得不知所措，她立即陪同保健医生把孩子送去医院治疗，十指连心，家长看到孩子痛苦的模样，非常激动也非常气愤，向园方、向老师讨要说法。当晚她带着老师登门探望孩子，并真诚地向家长表达歉意。尔后，她安排食堂阿姨每天熬好营养美味的羹汤，行政人员轮流送至孩子家中，直至伤愈。家长担心孩子来园会有心理阴影，她主动承担照料孩子的任务，把孩子安排在办公室，除了每日抱着安抚、喂饭、午睡等都亲力亲为，一周后，孩子终于又能开心地融入班集体了。每日的付出，得到了家长的认可，同时也获得了家长的谅解。就这样，爱的文化在园内扎深根、开繁花，幸福快乐的笑颜绽放在孩子和老师们的脸上。

"师者，所以传道授业解惑也。"为加快提升教师综合素养，提高教师教育教学能力，她积极组织各类教育教学活动，引领教师队伍不断提升，如每周邀请优秀幼教专家来园进行《纲要》和教育教学技能培训，开展听课评课、观摩交流等实践活动。她经常组织园所老师与本市幼儿园交流学习，并想办法让年轻教师去上海、杭州、广州等优秀单位考察学习，犹如蜜蜂采集花蜜，走出去请进来，让教师们将理论与实践有机结合，以集体的智慧不断探讨最佳教学方案，促进青年教师迅速成长。而也正因为这样的大力培养，导致每年都会有老师怯生生地来找邓园长，表达想去考公办幼儿园的愿望。大家都知道，任何一个幼儿园对师资都是求贤若渴的，作为一个民办园园长更是如此,所以每当此时,她也是万分不舍,但还是支持大家去实现梦想。园所平均每年都有1—2人考入全市各公办幼儿园,大家把邓园长的教学理念传承到新的工作岗位,教学自成体系,表现不凡,渐渐成长为中流砥柱与园长。千禧幼儿园也成为南昌各师范院校学习培训的基地。2005年被评为南昌市一级一类幼儿园,2009年被评为江西省示范幼儿园。

就这样,千禧幼儿园聚集着一批优秀的教师,暑往寒来,她们以无条件的爱、以深厚的专业知识培养着一批又一批的孩子。邓园长执教的课程被评为南昌市优质课一等奖并在全市公开展示;设计的教玩具"百变方块"获得省、市教学玩具大赛第一名;设计的"邓氏球架"别具一格,深得孩子喜欢。孩子们在老师们的培养下成绩优异,他们的作品多次在省市比赛中荣获一、二等奖,绘画作品刊登在《南昌日报》和《大灰狼》报刊上,各种省市美术、语言、舞蹈类比赛捷报频传,几年来近千人次获奖。孩子们获奖时那惊喜的表情,就是邓晓坚和老师们最想看到的!

回眸35年教育路程,邓晓坚感慨万千,时代在变化,现在是多媒体科技信息年代,幼儿教育领域也将融合多样化应用,如初现端倪的语音笔、教育机器人、VR等技术,这些都将由现在在校的莘莘学子、未来走向幼儿教育岗位的老师们去运用了,但无论外界条件如何变幻,"爱"的宗旨亘古不变。

寄语: 技术在手、爱在心中,承前启后,吾辈必青出于蓝而胜于蓝,为国家治理及人才培养做出应有的贡献!

书写春华秋实

校友简介：胡节，女，1979年4月生，中共党员。现任上海市虹口区教育学院教师。1998年毕业于江西省南昌师范小学教育专业小教师资专科班。

被评为小学语文教研员、全国优秀教师、全国新时代中小学学科领军教师示范性培训培养对象、上海市园丁奖获得者、上海市第四期"双名工程""种子计划"领衔人等。获得全国第五届青年教师阅读教学竞赛活动二等奖，江西省小学阅读教学比赛一等奖，南昌市第三届"园丁杯"优质课评比一等奖，上海市中小学中青年教师教学评选活动一等奖，上海市第一届优秀课例比赛活动一等奖，上海市首届中小学优秀作业、试卷案例评选活动一等奖。录像课被评为教育部"一师一优课、一课一名师"部级优课、全国基础教育精品课。

胡节出生在一个教师家庭，父亲是高中数学老师，母亲是初中语文教研员，三个姐姐也分别从事大学和小学的教育工作。在这样的家庭中长大，耳濡目染，她坚定地选择做一名人民教师。

小时候，胡节印象最深的是，家里几经搬迁，却总有一批又一批的学生通过各种方法找到她的家探望父亲。他们在和父亲谈话时，说得最多的一句话是"您是一位好老师"。那时，胡节多么渴望自己也能成为像父亲一样的好老师。

1998年，胡节从南昌师范毕业，正在为分配去向担忧时，曾实习过的南昌师范附属实验小学的蔡梅江校长主动将她留了下来。出于感激，她买了一块布料送给蔡校长。正式上班的第一个教师节，蔡校长把这小小的礼物还给她说："你努力做个好老师，就是对我最大的感谢。"那时，心中的感动无法用言语表达，只想着，一定要像蔡校长说的那样，努力做一名好老师。

2006年，因为和爱人分居两地，胡节决定到上海工作。她的爱人抱着试试看的想法，将她的简历放在了上海市虹口区第三中心小学的门房里。第二天一早，胡节就接到了盛裴校长的电话，他邀请胡节到学校试教。听了试教后，盛校长给予了她很高的评价，欢迎她成为第三中心小学的一员，并对胡节说："第三中心小学教师的核心价值观是'大爱精神'，相信你是具备专业素养又有大爱精神的老师。"那时，她觉得自己只有努力做一名盛校长所说的好老师，才能对得起这份信任。

在胡节的从教路上，还有很多这样引领过她、帮助过她的人，是他们让胡节不断地坚定要做一名好老师的信念。胡节回顾25年的从教历程，对如何做一名好老师的理解和认识，认为可以用"爱生""善教""引领"这三个关键词来概括。

一、润物无声，感悟"爱生"真谛

父亲告诉胡节，爱学生不是要去做多少轰轰烈烈的大事，而是要把学生当成自己的孩子，关心他们，呵护他们，鼓励他们，帮助他们实现梦想。

小俞是她的一名学生，热爱艺术，但学习上有困难。有一段时间，胡节发现他有一些异常的表现：喜欢不停地眨眼睛，还总是会忽然夸张地张大嘴巴。她咨询医生，得知这可能是紧张焦虑造成的脸部抽动症。通过和小俞的交流，她了解到他的父母望子成龙，看到他的成绩不理想，对他要求很严苛。之后，她一次又一次找到小俞的父母，一方面建议他们带孩子及时就医，一方面和他们讨论怎样给孩子减压，并反复劝告家长：孩子不是只有学习这一条路可走，我们最需要的是发现他潜在的能力，并帮助他实现梦想。在她们的关心帮助下，小俞的症状渐渐消失，家长对孩子也有了新的定位。2018年，小俞以专业第一的好成绩考上了北京舞蹈学院。接到报喜电话，胡节真的体会到了做教师的幸福感。

学生小杨爱读书，想象力丰富，但就是抵触写作文。为了让她体会到写作的快乐，胡节通过班级轮流周记的形式指导她尝试不同文体的创作。在她的鼓励下，小杨开始写诗歌、散文、小小说，甚至是对联和歇后语。每次小杨富有个性的周记一出炉，胡节总要好好表扬一番，引来同学们争相阅读。胡节每年都会给学生制作轮流周记作文集，其中小杨入选的篇目也总是最多的。小杨渐渐懂得写作不是为了应付考试，而是为了真实地传递自己的思想和情感。小杨越来越喜欢写作，在作文比赛中频频获奖。一次，小杨在她的轮流周记中这样写道："我真想把胡老师翻开轮流周记本的那一刻微笑定格为永恒：她的嘴角不由得轻轻往上扬，她的脸颊显出那个浅浅的酒窝，她原本满含期待的眼里盛满了欣喜，而她的心里溢出了一种黏黏的东西，那样东西叫幸福……"胡节没有想到，一个年仅11岁的孩子能揣摩出老师批阅轮流周记本时的心情，而且能如此准确并富有诗意地表达出来。对这篇周记胡节只写了一句评语："有了你们，我真幸福！"

多年的从教经历，让胡节渐渐理解了父亲说的话。学生最需要的是润物细无声的爱，当我们愿意用心去发现每个孩子的困难点、每个孩子的闪光点，并真心诚意地去帮助、鼓励、呵护他们时，我们就一定能看到花开。

二、潜心研磨，实现"善教"理想

一个好教师除了爱生更要善教。作为一名语文老师，胡节心目中理想的课堂是简约、灵动而扎实的。"简约"不是"简单"，而是蕴含着教育智慧的简洁设计，以最核心的问题带动最丰富的学习空间；"灵动"是给予学生充分思考与表达的空间，让课堂充满活力与张力；"扎实"则是追求教学的有效性，让每一个学生在每一堂课中都能有所得，有所进步。

为了达到这样理想的境界,她不断学习,通过反复磨课,提升教学内功。2011年,她上了国家级公开课1节,市级公开课1节,区级公开课2节。为了上好每一节公开课,她一遍一遍研磨、试教。常常下班后,一个人在空荡荡的教室里,一边修改教案,一边模拟上课。每次开课,紧张和压力便会相伴而来。一次次地修改和试教,一次次地自我否定和被否定,考验的不仅仅是时间和精力,更是她的意志力。

磨课虽辛苦,但对胡节来说是一笔无价的财富。她先后多次在国家级、省市级教学比赛中获奖。最重要的是,如她所愿,她逐渐形成了简约、灵动而扎实的教学风格。在胡节的课堂中,学生们有所得、有所获、有进步。她也渐渐懂得磨课不是为了把一堂课演好,而是要通过不断地思考、研究和调整,找到提升教学效率的最佳途径和解决当前教学问题的有效方法,使抽象的教学理念转化为最有效的教学行为,使教师的教学水平有质的飞跃。

三、共谋发展,站位"引领"新高度

随着教学经验的丰富,胡节对如何做一名好老师开始有了更深一步的认识。这个认识源于2008年发生的一件事。

这一年,学校推荐她申报上海市虹口区骨干教师,她拒绝了,理由是:只想教好自己的学生,上好自己的课。胡节的导师和她谈了很久,这次谈话让她第一次开始思考,在做好本职工作,关注自身成长和发展的同时还能做些什么?从那时开始,"引领"这个关键词渐入她的视野,对怎样做一个好老师有了更进一步的认识和理解。

这一年,胡节申报并被评为区小学语文骨干教师。她第一次开始尝试带教青年教师。记得第一次指导带教老师参加教学比赛时,她没日没夜地和老师一起备课。每次试教,胡节都从家里扛来三脚架和摄像机,帮老师

拍好录像，等试教结束再陪着老师一遍又一遍地看上课的视频，帮助老师发现教学中的问题。节假日，胡节约老师到学校，让老师把她当作学生模拟试教。这位青年教师当时只有两年教龄，但获得了区教学比武二等奖的好成绩。这是胡节第一次体会到帮助身边的老师在专业上发展是件多么开心的事，而在这个过程中，胡节自己也在进步，专业也有所提升。

这些年，胡节从骨干教师成长为学科带头人，被选拔为上海市"双名工程""种子计划"领衔人，成为区小学语文教研员，担任区小学语文骨干班的班主任，还有了自己的学科研修团队。这些身份让她有更多的机会与青年教师和带教团队共同发展。先后指导多位青年教师在国家级、市级比赛中获奖，也带领团队完成了多个项目的研究和课程的开发。胡节越来越认识到：一名好老师不仅要善于自己学习和实践，更要起到示范、引领作用，还要懂得在团队中如何与他人协作，共同发展。

心怀感恩，坚守初心，胡节继续行走在来时的路上——还要继续努力，成为一名更好的人民教师！

寄语：以爱为光，照亮学生前行之路；直面挑战，珍惜每一次成长的机遇。你一定能成为一名好老师。

成长的"桥"

校友简介：龙星，女，1985年7月生，中共党员，中小学高级教师。现任南昌县洪州学校党支部副书记。2004年毕业于豫章师范学院英语专业大专班。

被评为江西省骨干教师、江西省优秀少先队辅导员、南昌市学科带头人、南昌市优秀教师、南昌市师德先进个人、南昌县骨干教师、南昌县先进个人等，多次获得国家级、省、市优秀教学论文一等奖。

"白日不到处，青春恰自来。苔花如米小，亦学牡丹开。"龙星，一个普普通通的名字，22年前，仅能从艺师班师生口中听到。如今，母校让她以一名优秀毕业生的身份给学弟学妹们写点什么，龙星希望用她走过的路幻化成一座桥，一座助学弟学妹们成长的桥。

一、锻炼自我　感念师恩

初入学校的她，离开了父母的视线，感觉空气中充满了自由的味道，课程之余有大量的时间，浑身充满使不完的劲。学校开设了各种各样的社团、组织，她报名、竞选最终被学生会文艺部、管弦乐团长笛组、舞蹈队、合唱团录取，她的校园生活变得多彩又忙碌。学生会经历让她从生涩的学子成长为组织各项大型活动的文艺部部长。大型活动的举办都是从无到有的艰难过程：如何招募参赛者、宣传、分配工作人员，活动中的细节和可能出现的意外，以及最后的收尾和总结。各种文艺活动的排练都非常辛苦，要利用课余时间、双休日、寒暑假排练。当时学校没有空调，为了方便管理，排练只能在最老的宿舍，又热又闷，但现在回忆起来，都是温馨。她在社团学到了很多东西，假期也非常充实，艰苦环境却牢固了校友的感情。因为自己是学生会干部，学业上更不敢放松，不能给学生会抹黑，在校期间年年都获得奖学金。

二、厚积薄发　勇毅前行

"人生在勤，不索何获。"读完艺师，龙星深感自己学历不够，为适应社会发展需求，直接从艺术跨专业，考入学校英语大专班。班里许多学霸同学，每日刻苦到晚上十一点，她就笨鸟先飞熬到晚上十二点，连走路都在听英语听力或复习易错单词，虽然未名列前茅，但总能紧追其后。在大学阶段，她非常注重社会实践，早早找好英语培训班实习，听课、打杂，她勤勤恳恳、见事做事，几年的坚持得到了老板的信任和大家的一致肯定。有老师私下把绝版的教案送给她，为她今后的教学方法，提供了充分的养料。她毕业后参加教师考试，没有经过任何的培训，笔试、面试都脱颖而出，很顺利地以第一名的成绩进入了公办学校。

初生牛犊不畏虎，她紧接着又以一名初中英语教师身份考入莲塘一中担任高中英语教学。一中老师的勤奋努力、严谨治学，迫使她一往无前，孜孜不倦思考如何提高学生的成绩。在领导和同事们的帮助下，取得了一些成绩，如：参与编写校本教材《莲子录》《书法课程》；带领学生参加全国中学生英语听说能力、阅读竞赛，均获得第一名；个人获得市"优秀教师"、市"学科带头人"等荣誉。

南昌县教育资源稀缺，需要扩建多所九年制学校，她抓住了走向校级领导岗位的机会，现任南昌县洪州学校党委副书记。在一中，她基本以教学为主，兼顾的行政工作也是按部就班做事。转为行政岗后，她需要全盘考虑学生的发展，这是巨大的转变和挑战。她不断调整状态与想法，经过几年时间的努力，分管的党、团、妇女、关工委等相关工作都获得了不错的成绩，如：荣获市基层党组织光荣称号；指导党员教师参加党务技能大赛获得一等奖；团支部获省优秀大队的荣誉；妇女、关工委工作年年被县里评为优秀；开展省、市级课题研究工作，带领名师工作室参赛获得省级二等奖；2024年6月个人获得江西省第五批中小学学科带头人的光荣称号。这些成绩离不开在校期间的积累，不敢自满，必将蓄力向前。

三、兴趣使然　成于自律

"天然兴趣难摹写，三日无烟不觉饥。"做教师一直是她的愿望，毕业时，有进入政府工作的机会，但她选择了扎根学校默默耕耘。虽然当时长辈絮叨："你一定会后悔。"教学压力大时，有一点后悔，但时过境迁，现在想来，一切都是最好的安排。因为是自己的兴趣，又有之前的实习经验，比同年龄的教师多了一份自信和从容。但每个人都有意志薄弱的时候，也提醒大家远离"多巴胺"，追寻"内啡肽"。多巴胺是一种神经传导物质，这种分泌物和人的感觉、情绪有关，它传递开心及兴奋的信息。多巴胺与各种上瘾行为有关，如打游戏、刷抖音、疯狂购物的时候会分泌大量多巴胺，使人越来越上瘾，过后反而会觉得更疲惫、焦虑、空虚。内啡肽是脑垂体自身产生的一类内源性肽类物质，人们的积极状态，如：学习、冥想、慎独、修行、超越自我等，需要勇往直前、克服困难、坚持不懈、内在驱动的行为，常能促进人体内啡肽源源不断地持续分泌，使人自强不息。低级的快感，会拖垮人生，有意义的追求，会给人持续恒久的快乐，想要取得好成绩，请远离多巴胺的诱惑，追逐内啡肽的愉悦，产生自驱力。每一次克制，都意味着自己比以前更强大、更理智，没有什么力量，比自律和坚持的力量更强大，越自律越自由。

四、心系母校　未来可期

1908年江西省立女子师范学堂创建,至今已有115年历史。她在校期间,见证了2000年南昌幼儿师范学校并入南昌师范学校。2004年5月,南昌师范学校升格为南昌师范高等专科学校。毕业后的2005年8月,南昌第二师范学校并入南昌师范高等专科学校。2017年5月,经教育部批准升格为本科院校,更名为豫章师范学院。2018年,南昌教育学院并入豫章师范学院。这些成绩的取得凝聚了豫章人的汗水与智慧,对进一步提升学校办学层次、增强核心竞争力具有重大意义,作为从豫章走出来的学生倍感荣光。学校的不断壮大和发展,一定能更好地服务社会发展,向社会输送更多教育类专业的人才,不断提升学校在教育类专业的影响力和美誉度。

寄语:春华秋实,岁月如歌。宋代学者朱熹曾说:"为学之实,固在践履。苟徒知而不行,诚与不学无异。"一方面,要学以致用,努力把所学知识运用于实践中;另一方面,要保持学习状态,针对实际问题及时扩充知识储备及经验,排除知识盲区,从而取得更多的进步与提升。最成功的教育就是教育出身心健康、向阳而生的成功的人,希望能和母校在新时代中一起踔厉奋发、勇毅前行。

特别的爱给特别的你

校友简介：罗秘华，女，1972年10月生，中小学高级五级教师。现任宁都县特殊教育学校校长，兼任宁都县蒲公英义工协会财务部部长。

被评为江西省中小学十大师德标兵、江西省中小学优秀校长、赣州市2010十大感动赣州人物、赣州市巾帼建功标兵、赣州市督导评估专家、赣州市特教学科带头人，为宁都县第十一届、十二届、十五届政协委员。

习近平总书记指出："广大教师必须率先垂范、以身作则，引导和帮助学生把握好人生方向，特别是引导和帮助青少年学生扣好人生的第一粒扣子。"泰戈尔说过："果实的事业是尊贵的，花的事业是甜美的，但是让我做叶的事业吧，叶是谦逊地、专心地垂着绿荫的。"爱自己的孩子是天性，爱别人的孩子是高尚，爱残疾孩子则是一种神圣，30年来，罗秘华一直兢兢业业地奋斗在特殊教育岗位上，是宁都县第一个主动要求从在编的国家公务员转入事业单位的人。

一、创办新校

用柔弱之肩担负起这份沉重的责任。20岁那年，罗秘华成为江西省首届"特教师资班"毕业生；30岁那年，她在这个70多万人口的大县创办了第一所特殊教育学校。

1993年毕业时，她面临着新的人生选择。因为当时宁都没有特殊教育学校，作为优秀学生干部、优秀毕业生，本可以选择到基层从事行政工作，或留在县城小学教书。但她提出的要求是到县残疾人联合会，因为那里 1991 年办了一个"聋哑儿童少年特教班"。听说来了一位正规学校毕业的老师，许多听力障碍、言语障碍儿童的家长闻讯而来，看到老师教得认真负责，看到学生学得有滋有味，第二个学期就来了 8 个学生，再下个学期来了 17 个。

县城的听力障碍、言语障碍孩子有书读了，但乡村的听力障碍、言语障碍孩子因为无法解决吃住问题，依然被拒之门外。于是，她一边尽自己所能为一些学生安排吃住，一边找有关部门领导，建议尽快办一所特殊教育学校。2001 年 7 月，宁都县政府决定筹建宁都县特殊教育学校。这一重担，自然落到了她的肩上。成功是一种壮美，但创业充满艰辛。这边要整理修缮校舍，那边还要上班，那几个月正是夏日炎炎，选定校址、整修校舍、物色教师、添置教学设备、开展招生宣传、拟定办学方案，多少次早出晚归，多少次废寝忘食，脸晒黑了，人也瘦了一圈。2002 年 3 月 1 日，宁都县第一所特殊教育学校如期开学了。

二、呵护折翼天使

用母爱之心呵护这些"花朵"。20 年前，这里只有 2 名学生，今天，已发展到 12 个班 9 个年级 193 名学生。

这些花朵需要更多的关爱、更细心的呵护。最小的学生只有六七岁，大的却有十四五岁。初来学校，学生不知换洗衣服，不知上课下课，甚至连上厕所都得老师跟着。她像母亲一样，上课用手语认真讲解，下课后为孩子们换洗衣服，洗头洗澡，缝补衣服。天热了，为学生驱赶蚊虫；天凉了，及时给他们添衣服；生病了，及时带他们看医生。不少学生家境贫寒，她就为他们募集伙食费……点点关爱，浓浓亲情，温暖了一颗颗自卑孤独的心。她成了学生们最可亲可依赖的人，他们假期有时都不愿意离开学校，很多孩子见人就比画说，罗老师比亲妈妈还亲。

为了特教事业，她放弃了许多，筹办特教学校时面临着是留在县残联做国家公务员，还是到特教学校当一辈子教师？她选择了后者，很多人不理解："人家总是想方设法挤进公务员队伍，你怎么反而往事业单位调？"而且按规定，她的定级还得和新分配的大中专毕业生一样从头再来，以至于她办理手续时，工作人员还慎重地再次问她："就这样决定了？"她说："选择读特教专业的那一刻起，就下定了决心，要把这作为终身的职业。"

她把所有的爱献给了这些听力障碍、言语障碍孩子，在学校，她对学生倾注母爱之心，对毕业走出校门的学生她也始终牵挂在心。日常利用政协委员的身份，与各个企业联系推荐毕业学生就业，如今，已经毕业的100多名学生全部顺利走上了就业岗位，有的成为美容美发师，有的成为电器修理工，有的外出务工，还成了企业的主管，他们用自己诚实的劳动，赢得了社会的认可。

三、静待花开

用不屈不挠的精神，感动着身边的每个人。学校成立20年来正在蓬勃发展中。从老校区分到特校来的老师，看到学校的条件差，设施简陋，有些退缩，她就耐心劝说，谈自身工作的体会，像大姐姐般关心青年教师、新教师，传帮带新教师，稳定了教师队伍，现在那些年轻教师有的成了中层领导，有的成了骨干教师。

学校2015年9月搬迁新校，新校占地面积30亩，每年学校都出一些文艺节目参加普校的文艺表演，扩大宣传，让更多的人了解、关心、扶持特殊教育。学校目前功能设备齐全，主要招收听力障碍、智力障碍、孤独症等适龄儿童，实行九年一贯制义务教育，开设了文化课、课外兴趣小组，对高年级的学生进行电车缝纫、烘焙、洗车等职业技术培训；还有菜园基地、果园基地，教育学生爱劳动，让学生毕业后能自食其力，过上有尊严的生活，减轻家庭、社会的负担。对于重度残疾儿童学校为每个孩子进行送教上门服务,她带头下乡进村入户送教,给孩子们送温暖、送政策、送文化知识,得到了家长的一致好评。

四、沉心静气办特教

她对老师们说得最多的一句话是:既然选择了特教,就要有奉献青春终身从教的精神,不放弃每一个孩子,做特殊孩子成长路上的引路人,让每个孩子在学校都能学有所长。为了孩子的一切,一切为了孩子。作为校长她总是以身作则,为了让孩子学技术,她首先学会电车缝纫,并拿到了技术等级资格证,手把手教学生,一直坚持在教学一线。在教学业务上不断要求上进,被评为"赣州市第六批学科带头人""江西省第五批骨干教师",并带领学校骨干教师一起研究课题,参加老师们的教研活动,当好"领头雁"。

五、热心投身公益

她不仅坚守特教岗位30年,还热心公益事业。2014年,她和几个人筹备组建了宁都县蒲公英义工协会,本着奉献、友爱、团结、进步的宗旨,到全县各乡镇开展扶贫助学、敬老、关爱残疾人的活动。目前协会的志愿者达800多人,足迹遍布各乡镇,为孩子送去了御寒的冬衣,为敬老院的老人制作丰盛的午餐,为灾区人民送去救灾物品。2018年,她又加入"壹零之家"公益组织,进行一对一助学活动,帮助5名贫困学生完成义务教育。在她的影响下,几个同事也认领了助学对象,为爱行走在乡间,"爱人如己,不忘初心",守护最美夕阳红,守护折翼的天使。

寄语：只要大家善于积累，点滴做起，细心观察每个孩子，了解孩子的需求，善于发现孩子的优点，每个孩子都能出彩，明天的特教专家行列必有我们的一席之地。

要坚守特教的初心，奉献自己的青春年华，做有爱心、有耐心、有恒心、有责任心的特教好老师。勿以善小而不为，尽自己所能做些力所能及的公益事业，帮助他人，快乐自己。

精心打造幸福磁场　共享成长美好时光

校友简介：陶惠娥，女，1970年10月生，中小学正高级教师。现任进贤县教师发展中心副主任。1988年毕业于南昌第二师范学校。

获得全国小学数学教育专业委员会先进工作者、江西省特级教师、江西省优秀班主任、江西省小学数学学科带头人等荣誉称号。创建的个人网络学习空间和主持的名师网络工作室多次荣获省级一等奖；主持承担多项国家级、省级课题均顺利结项，研究成果在国家级刊物上公开发表。

"磁场"指富有吸引力的地方。因为被深深吸引，自然心生好感。若能长期置身于此，心情定将愉悦舒畅，步履必将坚定铿锵。由此，美其名曰"幸福磁场"。这里的"幸福磁场"指名师工作室，陶惠娥特别喜欢其中的"幸福"一词。因为只有品尝到幸福滋味，才会深深爱上工作室，才会自主自发地加速专业成长，才会凝聚向上向好的蓬勃力量！

一、研究源于静心

名师工作室是以名师为引领、以学科为纽带、以研究为核心，集教学、科研和培训于一体，促进教师专业发展的教研共同体。2017年2月，陶惠娥主持的首届名师工作室正式成立，从此奏响名师工作室赋能教师专业发展新乐章。7年来，她先后主持两期线下名师工作室（第三期名师工作室即将启动）、两届名师网络工作室。静心梳理过往，内心波澜起伏。在取得骄人成绩同时，难免遇上诸如"如何为工作室的正常科学运行保驾护航""如何着力提升工作室活动效能""如何正确应对工作室成员后期专业发展渐趋懈怠"等系列瓶颈。由此,名师工作室建设路上,她也是且行且思、且思且行,用实际具体行动交出了一份满意的答卷。

二、方式倾注匠心

到底如何有效破解名师工作室建设中的瓶颈?经过多年的实践与探索,她慢慢摸索出了一些技巧与门道。

(一)唱响团队建设主题曲

工作室团队的基本建设是打造"幸福磁场"的重要基石,理应加倍重视。

1. 结构呈梯队,抱团促发展。工作室结构应呈梯队样式,这样才能实现"抱团专业成长"。她的工作室秉承"三年一周期"原则,成员来自全县不同城乡学校。第一个层级是工作室领衔人,第二个层级是核心成员,第三个层级是年轻培养对象。这样布局,旨在便利工作室传帮带活动实施,促进所有成员专业加速成长。

2. 精心细规划,助力加速跑。工作室团队的基本建设还应科学规划并形成富有特色的教育主张,这也是支撑团队发展的内核所在。她的名师工作室一直秉承专业引领、同伴互助、共同发展、资源共享的活动宗旨,遵循以研修促提高、以活动促成长、以示范促辐射、以反思促发展的总体思路,采用以课题研究为主抓手、以课堂教学为主阵地、以课例研究为主渠道、以交流研讨为主平台的工作举措,依照"阅读+研修、听课+磨课、科研+沙龙"三位一体式的工作路径,以线下研讨、线上交流为工作主线,以立足数学核心素养、促进教师专业发展为活动主题,逐渐形成指向深度学习、发展核心素养的学科教学思想。

(二)吹响拔节生长集结号

名师工作室基本建设已经准备就绪,接下来便是促进工作室成员向上拔节生长的事宜了。

1.在丰富活动中坚定行走

为充分体现以活动促成长的基本思路,工作室为成员专业发展搭建充裕时空平台,促进大家在活动历练中坚守专业发展初心。

一是潜心主题研讨,全力打造教研共同体。

首先,做到主题鲜明,形成合力。主题是活动主旨方向,更是活动终极目标。比如,根据成员自身成长规律以及工作纵深推进原则,可以进一步细化活动主题:开局时,"年轻培养对象登台亮相","领衔人和核心成员的示范引领"紧随其后;一年后,年轻培养对象展示自我;再次开展集体备课、同课异构、教科研沙龙等更具内涵的主题研讨活动。工作室为成员专业发展搭平台、建脚手架,全方位生发工作合力。

其次,做到活动有序,强力推进。主题研讨活动还应力求目的明、层次清。工作室开展的各类活动,一方面从不同知识领域中自选课题,再细化成多轮次活动。另一方面,活动均采用课例展示、交流互动、活动综述(专题讲座)的融合形式精彩呈现,促进工作室成员在原有基础上得到不同程度的发展。

最后,做到反思整理,力促成长。为推动主题研讨活动真正走深走实,还需切实做好后续跟进工作。比如:大力推行系列"六个一"活动,引领工作室成员反思活动过程,梳理活动成果,在活动中反思,在反思中成长。

二是依托课题研究,切实提升教科研能力。

工作室创建以来,一直秉承以课题研究为主抓手的基本原则,切实开展教育科研活动。每期工作室创建初期,她便带领团队适时申请省规划办课题,所幸每次都成功。再充分遵循"计划—行动—观察—反思"这一循环往复的科研路径,做好前期准备,做实实践研究,做细收集整理,做精成果推介路线图,扎实开展各项活动,着力提升教科研能力。

到目前为止,她所领衔的工作室所承担的两个省规划办课题均已顺利结项。这份可圈可点的科研成绩，对大家坚定专业发展决心与信心、提升成长幸福指数大有裨益。

2.在激励中笃行不怠

德国教育学家第斯多惠说："教育的艺术不在于传授本领，而在于激励、唤醒和鼓舞。"

一是依托仪式，生发成长动力。

人生需要成长，成长需要仪式感。如在满满仪式感、浓浓成长味的工作室启动仪式氛围中，正式吹响开工集结号，大家愉快踏上专业发展新征程；在满满仪式感、浓浓成长味的结业庆典氛围中，大家怀揣对工作室的依恋和对专业发展的憧憬，从容开辟教育新天地，奏响教育新乐章！

二是倾情培育，激增成长自信。

成员专业的可持续发展离不开工作室领衔人的精心培育和鼓舞激励。工作室成员结构呈梯队模式，总体上属于层级负责制。而在落实层级负责制的基础上，领衔人还应全面关注和引领工作室成员的专业发展，对个别后进小伙伴更应给予激励鞭策和精准指导。

为帮助工作室成员克服教育写作方面的畏难情绪，努力提升教育写作水平，除开展全员专题培训外，她还常对同一类活动中所有成员的作品全改全批。虽活动过程极其艰辛，她却欣慰至极，这为大家奋力前行注入了强劲动能。

对那些专业发展自主性稍显滞后的小伙伴，更需要精心指导。她会沉下心来，以春风化雨之情"常开小灶"，不断鼓舞激励和精准指导。

三是树立标杆，明晰成长方向。

标杆即榜样。榜样就像一颗闪亮的星，值得奋力追寻；榜样更是一盏明亮的灯，指引前行的路。

首先，身为领衔人要积极为成员树立标杆。比如：需要小伙伴撰写的成长感悟，自己必然率先垂范。无论文体格式还是文章内涵充分发挥辐射带动作用，同时感染影响个别小伙伴与工作惰性说再见。其次，还应善于捕捉成员工作闪光点，并公开真点赞、立标杆。最后，工作室成员专业发展成效的适时分享也必不可少，这能为其他成员奋楫直追树立鲜活榜样。

四是在融洽氛围中温暖前行。

身为工作室领衔人的她，还特别注重凝聚团队意识，大力营造融洽氛围，引领工作室成员携手温暖前行，并积极倡导"工作室——我们的家"的温馨理念。于是，周末乡间开心小聚、准备新年礼物小惊喜或分发祝福红包等活动，总能掀起一股股暖流，为构建幸福文化磁场注入新鲜血液。

三、成效彰显初心

短短 7 年，她主持的名师工作室连续 3 次被评为市级优秀名师工作室，荣获 2 次省级一等奖，真正成为省市范围内颇具影响力的研究团队，为全县小学数学教育教学培养了一大批优秀人才。其中，省级骨干教师 3 人、市级学科带头人 6 人、市级骨干教师 5 人，工作室其他成员也都成为影响辐射他人的榜样标杆。2023 年 2 月 10 日，她在国家教育行政学院举办的中小学名师工作室建设专题研修班上进行了经验分享，好评如潮。

初心在方寸，咫尺在匠心。众行致远时，花开满庭芳！名师工作室建设路上，她一如既往地倾情倾力打造幸福文化磁场，让身后的团队共享专业发展好时光。

寄语： 执着方显勇毅，磨砺始得玉成！希望学弟学妹坚守教育初心，心系美好愿景，不断追寻光，努力成为光，倾情散发光，生动演绎教师专业成长精彩篇章，共同奔赴教育教学的诗和远方！

千里之行始于足下

校友简介：杨津，女，1969年9月生，中共党员，中小学高级教师。现任南昌市青云谱区教育体育局专职督学，兼任中国书法家协会会员、江西省书法家协会理事、江西省教育书法委员会常务理事、南昌市文联第十届委员会委员、南昌市书协副主席、《书法报》视频教学导师。1989年毕业于南昌师范普师专业。

被评为全国优秀辅导员、省科技教育先进工作者、南昌市"十佳"少先队辅导员、市区优秀教育工作者、优秀教师等；获全国青少年科技创新大赛优秀组织奖；其作品荣获江西省第二十次社会科学优秀成果三等奖，并被国家图书馆、省图书馆等收藏。书法作品入展获奖全国、省级书法作品80多次，出版、主编2本专著。

"学思践悟"是杨津一直秉持的理念，"教育即生活，教育即生长，教育即经验的改造"是杨津一直践行的精神，她坚持以勤补拙，以学为先，知行合一，实现学高为师，身正为范，行稳致远。她的成长过程可谓"博学之，审问之，慎思之，明辨之，笃行之"。

一、三尺讲台，一勤天下无难事

1989年毕业，杨津被分配到南昌市郊区偏远村办小学任教，学校坐落在空旷的田野之间，工作报到时，教办同志形容说："该校远看似座桥，近看似个庙。"但她义无反顾，一干就是5年。在这5年的教学生涯里，她经常进行家访，深入了解学生学习和家庭生活情况，家长们或从田头地里或从集市工厂或从外乡外地赶来接受家访,有的还以农村高规格"煮三个鸡蛋"接待她。从家长们的满怀期许中,她感到了温暖,感受了愉快,更受到了激励。这让她忘却了边远乡村工作的清苦与孤独,一心扑在教学上,把从南师学堂上学来的因材施教分层作业运用到语文教学中,帮助学困生以勤补拙,学有余地的学生快马加鞭,扩大视野。南昌市郊区期末统考,班上学习成绩连年排名位列全郊区前茅、全镇第一。

5年后,她被调到南昌市前万任教导主任兼大队辅导员5年,后又调到南昌市徐坊学校任教,并晋升副校长,同样一干又是5年多。其间,改教数学,在教学比赛中连年获奖,指导学生参加奥数比赛多人斩获一等奖。十年磨一剑,先后在《江西教育》《南昌教育》发表文章,如《徐访学校悄然出现书市》《不妨换个角度听课》等。

弹指一挥间,10多年过去了。2002年,她主持筹建了青云谱区少儿活动中心,并担任主任。经过"学思践悟、知行合一"教育理念的不断实践与探索,创设了"引进成熟培训机构,合作、优化活动组合"(基地+集团)监督管理模式,产生了"教育即生活,教育即生长,教育即经验改造"的课程理念,对"活动中心"与培训机构集团化运作的理解得到了进一步深化。在2014年成功申请300万元体育福利彩票基金和青云谱区政府1800万元投资,又在异地新建了"青云谱区少儿活动中心",打造出由生命力、生长力、发现力、创造力四大课程构成的青云谱区青少年校外教育魅力课程新体系,该经验被作为全省课后服务典型经验案例推广应用。

二、督学督导,知行相资以为用

从事教育教学工作30年来,她坚持以学促教,以教促学,循序渐进,秉持学思践悟的成长理念。2021年,任青云谱区教体局专职督学。身份与工作岗位的改变,并未改变她以学为先、以勤补拙、知行合一的处事风格。

在进行学校挂牌督导时,她发现一年级部分学生执笔存在不良姿势,顿生对新生不良执笔姿势的思考,通过对全区一年级学生执笔姿势调查发现,一年级学生近20%执笔姿势不良,如此下去,将严重影响学生的视力、颈椎、脊柱等健康,源头治理迫在眉睫。

以问题为导向,查找原因。"涉浅水者见虾,其颇深者察鱼鳖,其尤甚者观蛟龙"。为此督学专项介入,召开分管副校长、教务主任和班主任老师座谈会,分析产生问题的原因,原因有三:一是幼小有效衔接缺失,二是家庭教育缺失,三是学校未对学生执笔教育进行强调与评估。在调研区属部分幼儿园幼小有效衔接工作时发现,问题根源在于幼小衔接中的书写准备意识薄弱,衔接机制不健全,未实现有效衔接。

以认识为先导,制定措施。"己欲立而立人,己欲达而达人"。推动幼儿园重温《关于大力推进幼儿园与小学科学衔接的指导意见》,吃透《幼儿园入学准备教育指导要点》等文件精神,制定幼小衔接做好必要的书写准备的制度与方案。以改变环境的方式,增加对书写姿势的干预;以创设游戏情境的方式,激发纠正姿势的主动性;以加强园校互动的方式,保障幼小衔接活动成效。

以效果为目标,学思践悟。"善学者尽其理,善行者究其难"。把正确握笔及坐姿要点编成儿歌,让孩子熟记成诵,并印发给家长知晓与配合;把执笔教育与写字操等常规训练结合起来,做到"练字先练姿",在课堂中严格落实;把示范引领与定期评比执笔姿势正确结合起来,加强现场示范。同时推进家校互动,要求家长定期监督,实现执笔教育"无缝对接"。

一个月后,当她再次走进各校,不良执笔姿势从近20%降至5%,幼小衔接工作已经渗透于各项教育教学工作中,衔接标杆已蔚然成风。

作为专职督学,她的感悟是要做到"三要":一要用好眼和耳,为学校把好脉,发现亮点,找准问题。二要善施计和策,为学校提出可操作、可持续、有新意的点子。三要创新"督"和"导",为学校充当"教育合伙人"角色,久久为功,常督不懈。

三、梦想不坠,为者常成行者常至

"爱子,教之以义方"。她的书法启蒙于父亲,儿时就开始临帖。洗砚磨墨、铺纸提笔,对书法情有独钟。记得每到过年,父亲要为邻里连写三天的春联,她打下手,裁纸、拉纸、摆放春联。人们常说"春雨化雨、润物无声",父亲悄然成了她的书法启蒙老师。中国纪录片学会傅崇智先生在一文中写道:"杨津幼时,父望女胸藏文墨虚若谷,腹有诗书气自华,像他一样成为一个汉字麦田的守望者,一个文化海洋的畅游人。于是,在父亲的启蒙、督导、熏陶下,游目骋怀,徜徉书山,荡漾学海,积土成山,积水成渊,至于成立。"傅先生笔下褒奖不为过,执着、勤奋、不屈是她的书法追求,古人云:"物有甘苦,尝之者识;道有夷险,履之者知。"在探寻书法的路上,多逢良机,巧遇导师,才得以"留心翰墨,味钟张之余烈,挹羲献之前规",临池学书。诗人、书法爱好者王治川先生在一文中写道:"杨津书法一步一个台阶从量变到质变,果敢而勤劳的她勤奋耕耘。其创作的隶书作品,用笔厚重,结字稍扁紧凑。尤其在横画的波挑很显眼,秀丽多姿,用笔轻灵飘逸,在汉隶的基础上求新求变。其隶书极具特色,对清人郑簠隶书特点理解深刻。"她一次次惊诧于"悬绝岸颓峰之势,临危据槁之形"书法之时,无法自拔;一次次沉浸在"纤纤乎似初月之出天涯,落落乎犹众星之列河汉"书法妙局之中,叹为观止;一次次忘情于"一画之间,变起伏于锋杪;一点之内,殊衄挫于毫芒"线条变化之间。

习郑隶,知其难,忍其劳,守其苦,宵衣旰食,不论寒暑,夜以继日。非上溯汉隶不得,寻《礼器碑》《曹全碑》《西狭颂》《石门颂》古法,融会贯通。她以郑簠隶书行草笔意写出《曹全碑》秀美飞动之势,《夏承碑》

篆籀之气，《西狭颂》宽博遒劲、疏散俊逸之感，飘逸奇宕新意，遒媚虚灵、活脱洒丽。

杨景曾《二十四书品·澹逸》诗云："轻云出岫，随意卷舒。"经水滴石穿、持之以恒、锲而不舍地思索，她的书风书艺书品渐趋成熟。在教学隶书时，她提出书法有五法：起笔藏锋，收笔即停，稳起稳收，举重若轻，每笔不能松懈。有五不：不急，不躁，不紧，不慢，不贪多。时时抓住精髓，临帖求精准，创作求多变……

她要求自己和学生写隶书如弹琵琶，要轻拢慢捻。在学生面前要有满腹经纶，学富五车，谦谦有礼，亦师亦友。讲课时端庄善诱，说古论今；示范时要"智巧兼优，心手双畅"，学书先做人。她以学促教，以教促学，循序渐进，学高为师，身正为范，行稳致远，著有《郑篁隶书临创手记》。正是带着这样的一份天涯情味，一缕无边乡愁，一抹悠悠才情，习书、作文、为人，隽永而清澈透亮，沉静而明丽多姿。让一份灵动的墨香点化了时代，让一腔教育情怀及生动的诗情舒展了时代精神，让一幅缤纷的画卷笼罩了未来。

寄语：少而好学，如日出之阳；壮而好学，如日中之光；老而好学，如秉炳之明。业精于勤，行成于思，方能人师。

愿守初心化春泥

校友简介：张艳芳，女，1981年1月生，中小学高级教师。现任进贤县第二初级中学教师兼教研组长。1998年毕业于南昌第二师范学校普师专业。

被评为江西省初中物理骨干教师、江西省第一批智慧作业评审专家、新时代中小学学科领军教师示范性培训培养对象、南昌市优秀班主任、南昌市优秀教师、南昌市"洪城学师"。录制的视频课程《飞机的升力》《照相机的成像原理》和《施力物体和受力物体》分别荣获江西省优秀教学资源展示活动一等奖，在第十一届全省中学物理教学改革创新大赛中荣获初中组一等奖。指导的沪粤版初中物理八年级下教案和姜云洪老师录制的视频课程《频率的定义及单位》分别在江西省优秀教学资源展示活动中荣获一等奖，多次荣获全国初中应用物理知识竞赛优秀指导教师奖。主持多个省市课题立项并结题，撰写的多篇论文在知名刊物上发表。

一、以勤而耕，拾获山河

从小张艳芳就梦想成为一名好老师。1998年7月，毕业于南昌第二师范学校的她，被分配到南昌市进贤县民和镇北门小学任教。这是一所乡村学校，张艳芳担任一年级语文课教学及班主任工作。面对一个个"小豆芽"，她慌了手脚，觉得自己责任重大，压力也很大。于是她认真研读教材，认真备课，了解学情，同时积极向前辈老师请教。有一回，乡镇举行课堂教学大赛，评委是全乡镇的校长。校长让张艳芳代表学校参加课堂教学大赛。学校这么信任她，她下决心不能给学校丢脸。那个年代没有现代化的多媒体教学设备，只有台式的幻灯机，只能自己制作手动教学幻灯片。她以勤补拙，不敢有半点疏忽，用一台老式的幻灯机和一台电视机辅助教学，自信满满地走进赛场，赢得了满堂喝彩。

　　2004年，张艳芳调入进贤县民和镇五里中学，担任八年级物理课教学及班主任工作。面对学段跨度大、学生个头和她差不多的状况。她一边利用业余时间自学大学课程，参加函授学习，一边认真钻研各种物理教研材料，听专家讲座，并到进贤二中请教物理名师。张艳芳暗下决心：一定要成为像他们一样的人，让物理课成为师生共同成长的途径。她将所学的一点一滴融入课堂和班级管理中，逐渐形成了扎实高效的教学风格，多次参加县市里的教学竞赛并荣获奖项。其中2008年指导学生参加全省物理竞赛荣获一等奖，2016年参加全省班班通教学竞赛荣获三等奖，先后荣获了"进贤县优秀班主任""进贤县优秀教师""南昌市优秀青年骨干教师""南昌市优秀教师"等荣誉称号。骨干教师体系建设又一次让她迎来了职业生涯的春天。2020年经过层层选拔，张艳芳被聘为"江西省初中物理骨干教师"。从此，她有了自己的团队，建立了名师网络工作室，她感觉自己的担子更重了。她不断学习新的教育教学技术，不断反思教育教学手段，2021年被聘为江西省第一批智慧作业评审专家，同年名师网络工作室也喜获南昌市优秀名师网络工作室。一路走来，她明白了"锲而不舍，金石可镂"的道理。

二、浇花浇根，育人育心

　　斯普朗格说过："教育的最终目的不是传授已有的东西，而是要把人的创造力量诱导出来，将生命感、价值感唤醒。"教育是为了唤醒学生沉睡的心灵，作为一名从教26年的教师，张艳芳明白：学生是鲜活的个体，不应该把他们当作一个物体去塑造，而是要尊重、引导、唤醒他们。

上届班上的小威同学患有情感双向障碍症。一天早读课上，张艳芳发现他身体在不停抖动，于是赶紧把他带出教室，轻声询问情况，小威拿出笔颤抖地在纸上写道："老师，我说不出话来了。"看着他苍白的脸，战栗的身体，她满眼心疼，搀扶着他在学校的走廊里走着，小威又紧张地写道："老师，头脑里有另一个不同的我，可我又征服不了他，我想做个正常的人……"看到这，她强忍着泪水轻轻抚摸着他的头说："孩子，你就是正常人，只不过身体出了点状况，每个人都会生病的，不怕，你身边所有的人都会帮助你的。"慢慢地，他的身体和情绪得到了舒缓。在往后的日子里，每个星期张艳芳都和他聊一两个小时，同时还叮嘱学生多关心小威。她和同学们时时刻刻用爱融化他心中的坚冰，慢慢地小威的心理问题得到好转，并顺利考取了高中。

20多年了，送走了一批又一批学生，留守在她身边的还是那颗经久未变的心——爱岗位、爱学生。每当毕业后的学生给她打电话、发信件或到学校看她时，她身上就如同沐浴着春日里第一缕阳光般的温暖，因为那是学生对她的爱，还有对她工作的认可和支持。

三、如泽如炬，虽微致远

2023年，张艳芳有幸成为"新时代中小学学科领军教师示范性培训"培养对象。通过专家讲座、名师示范课、交流互动研讨等学习，她开阔了眼界，意识到一位好的教师还应当是教师专业发展的引领者、圆梦人。

为着力加强青年教师队伍建设，为县区教育事业可持续发展培养骨干力量，张艳芳成立了线下名师工作室。她以教师专业成长需求为起点，以课题研究与课堂实践为抓手，以教师间的互相合作与相互超越为路径，竭尽所能为教师成长赋能。她认为，教师培养的终极目标是实现教师这一特定人群的个体发展，教师专业发展的起点应当是充分享受职业的幸福感、获得感和价值感。教师培养的形式、内容、目标都应指向人的发展，对教师的学习愿望、学习潜能的唤醒，是对教师反思、变革、实践能力的有效培植，并确保其获得教育教学观念及行为改进的动力与具体实操方法。

如今，张艳芳正努力把26年教学生涯里积累的宝贵经验，与刚刚走上讲台的青年教师们分享。她带领他们在实践中不断创新，打造了一系列精品课，及时总结经验撰写论文，编写校本教材。张艳芳指导的姜云洪老师和邹丹老师多次参加进贤县学科竞赛活动，均在江西省优秀教学资源展示活动中荣获一等奖，姜云洪老师也喜获江西省第三批智慧作业评审专家荣誉。在专业学习上，她像严师一样对他们高标准、严要求；在专业发展上，又像大姐一样，帮助他们搭平台、定目标，激励每个人都努力成为更好的自己，青年教师们都说："张老师是我们最好的遇见。"

因为有追求，所以更努力。2023年，张艳芳被评为南昌市"洪城学师"，可张艳芳知道，专业发展之路没有止境，唯有继续奋斗才无愧于已经获得的这些荣誉⋯⋯

寄语：请记住，每一个学生都是一个独特的个体，他们需要的是理解、尊重和引导，而不是简单的知识灌输。相信你的能力，相信每一个学生的潜力，与学生一起在教育的旅程中探索、发现、成长。

平凡"起跳" 爱心育人

校友简介：刘璐，女，1991年1月生，预备党员，中小学初级教师。现任吉安市特殊教育学校教导处副主任。2013年毕业于南昌师范高等专科学校特殊教育专业。

获得国家优秀教练员、全国优秀教师、吉安市教体局先进个人、高级言语治疗师、高级发育迟缓指导师等称号。

一、跳绳筑梦，创造奇迹

2013年，刘璐与学校另一名体育教师王老师组建了一支聋人跳绳队，取名酷跃跳绳，以一名手语翻译的身份协助王老师带领一群听力障碍孩子训练。3年时间，她几乎没有假期，在训练室陪着孩子们挥汗如雨训练成了她的常态。为了让理解能力、身体协调能力均落后的队员们掌握每一个跳绳动作，她先用笔记本记录下跳绳动作细节，再将跳绳动作进行分解，通过细致入微的手语讲解以及动作演示带领队员领悟技巧，让队员一遍遍尝试，从不娴熟到灵动跳跃。为了克服队员们演出、比赛的紧张情绪，同时为了增添他们的自信心，她利用晚上以及周末的时间带领队员到广场、公园进行训练，常常引得大量人群围观，并收获一片欢呼。通过大量的校内集训、户外训练，硬生生把原本肢体不协调的、没有韵律节奏的、胆怯的一群听力障碍孩子练成了"别人眼中的孩子"。2014—2015年，她带领孩子们在全国跳绳联赛、全国跳绳总决赛上获得多枚奖牌。2015年8月，在第八届跳绳锦标赛上，这群听力障碍孩子创造了中国跳绳史上的奇迹，获团体表演季军。这一路走来，她和她的团队付出了汗水与泪水，收获了鲜花与掌声，队员们的每一个空翻动作都干净利落，每一个跳绳姿势都别出心裁。尽管训练过程非常艰苦，磕磕碰碰是常态，但她和教练从未想过放弃，凭借着坚持不懈的努力，孩子们的跳绳技巧有了质的飞跃，最终站在全国乃至亚洲赛场上。酷跃跳绳创立的初衷是让听力障碍孩子锻炼身体，丰富课余生活，通过手脚并用摇绳跳跃来克服各种障碍，提高耐力。最终，他们用一根绳子挣脱命运的束缚，跳向更广阔的世界。

二、爱生如子，乐于奉献

工作以来，她一直担任班主任，从早到晚陪伴学生，不论是在课堂上，还是在餐厅、宿舍……她每天督促孩子们吃饭睡觉，课间操天天陪伴玩耍，学校的角角落落都留下了她忙碌的身影，虽不美丽，但坚定有力。她一直爱生如子，给孩子们换衣裤、剪指甲、擦口水……多年来，一直自费给孩子们买奖励品：一块糖、一块饼干、一个蛋糕、一个小玩具……点点奖励都凝聚了她的用心和无私奉献。孩子们有了奖励，有了鼓励，更加努力，所以她所带班级一直都是孩子们守规则，家长们高度配合的状态。她经常说，她花点钱没有关系，孩子们行为习惯养好了，有了学习的动力才最重要。

不仅如此，她还特别注重培养学生的综合素质能力，激发学生兴趣，注重音乐、艺术潜能以及学生生活实践的开发和培养。为了搞好学校特色课程，她自费学习中国舞和手工制作，然后自行研究适合特殊孩子们的课程类别和教学方式，坚持不懈地组织学生进行音乐、舞蹈、绘画、手工的训练，培养他们的特长，丰富他们的生活，为他们赢得了更多的自信心，让他们在实践中感受到创造的乐趣，为他们搭建了展现的平台，她自己也赢得了家长们的支持与信任。入校以来她曾多次辅导学生参加绘画作品比赛、生活技能比赛，如剥花生、插花、水果拼盘等，带领孩子走出校门、增长见识的同时，也收获了诸多荣誉。

三、潜心探究，永无止境

她积极参与课改与培训，提升业务水平，将理论与实践相结合，应用于教学中。她不断刻苦钻研业务，为提高教学水平，用心翻阅各种特殊教育理论书籍，摘录心得，在实践中探究。2017年，她主动申请将自己的办公室搬进教室，时刻与孩子们在一起，成为全校第一个实行坐班制教师。通过学校多次的请进来和走出去培训，她学习到了更多知识，她认为，新时代的特殊教育教师，不能只限于传统的教学模式。于是，她开启了班级区域布置以及教具制作之旅。她布置的教室不仅温馨漂亮，而且符合智力障碍学生的学习特质；服务于课堂的任何一件自制教具都要经过一番思考，然后找图片素材、打印、动手加工再反复试验。她还给程度较重的孤独症儿童提供了个别化的康复任务，为他们制作个性化的课程安排，打破了传统培智课堂的教学模式。

"学习从来都不晚，晚的是你从未开始。"她一直用这一句话来勉励自己。当你在时间的长河中坚持不懈地终身学习，你的知识将会在复利的作用下持续累积和增长，最终的收获和回报会远远超出你的想象。由于智力障碍学生的复杂性和独特性，她发现传统教学已经适应不了新需求，为了更好满足智力障碍学生的个别化教育教学需求，开启智力障碍学生心灵，她努力提升自身专业素养。在2015年12月，她通过线上线下培训的方式，完成了新职业技能的全部课程，考取了高级发育迟缓指导师证书。2023年3月，借助网络平台，跟随林丽英老师进行了151学时的儿童语言训练师系统培训，获取了高级言语治疗师证书。

寄语：这世上，存在着许多不同障碍类型的残障孩子，他们像一朵朵残缺的花朵、一棵棵受伤的小草。作为特教教师的我们，在选择踏上特教教师岗位的那一刻，也选择了一种以爱心铸就的生活，开始承担起为特殊儿童启智润心的神圣教育使命。

以爱育苗　做最美老师

校友简介：熊文强，男，1991年1月生。现任南昌市保育院幼儿教师。2013年毕业于南昌师范高等专科学校体育系体教专业。

被评为江西省2019—2020年度新时代"最美幼师"，入选全国"最美幼师"，荣获南昌市优秀教师等称号。获南昌市第八届"园丁杯"教学竞赛现场教学个人一等奖。中班活动《营救小动物》编入《幼儿园活动设计与经典案例分析》；在南昌市教育学会幼儿研究委员会的教育案例评选中，《动作技能对户外自主活动的影响——投的对，炸的准》获得一等奖；作品《营救小动物》被评为优秀作品并推荐在国家教育资源平台上展示。

2013年夏天，带着对社会的憧憬，熊文强从大学毕业了。在毕业实习期间，先后顺利在南昌市联立学校、南昌百树教育集团任职教师，虽然在两所学校工作时间不长，但工作经历历历在目。他还记得当时他承担了小学1—6年级的体育课，每天的课时排得比较满。起初对待工作还是非常有激情的，但随着时间的推移，慢慢有了些疲惫，这让一个刚参加工作的年轻老师在身体和精神方面有点吃不消。但他自始至终都没有怨言，及时调整状态，把实习当作锻炼机会。而他工作期间也始终以学习者的姿态向领导和同事虚心请教，得到了大家的帮助。在这段时间里，他的工作经验和社会阅历也得到了提升。

在实习期间，他也积极参加公办学校的招聘考试，在努力和一点点运气的加持下，考入了南昌市保育院，任职体育老师。在当时，他对幼儿体育认知这方面，还多少有点不足。他当时心想："对于一个自己本身就读的专业，虽然接触的是更小年龄段的孩子，但是也拿得下。"他对进入保育院工作满怀期待。来到保育院，周围一切都是陌生的，从孩子到同事，他让他无所适从，因为眼前见到的跟自己想象的体育老师工作大相径庭。幼儿园体育老师需要极大的耐心，需要细心关注到每位孩子的一举一动，孩子出现一些特殊状况也需要及时处理，场面完全出乎他的意料，当时他的心里便暗暗有了打退堂鼓的想法。

庆幸的是，当时院里面有很多年长的老师和领导，她们像长辈、像妈妈一样关心鼓励着他。看到他状态不太好，情绪低落时，会主动找他聊天疏导。记得有一次，他在付老师班上顶班，付老师对他说："小熊，你既然都来了这里，肯定也是花了很大的努力，你现在走，去其他地方也不见得有这里好，何不静下心来，安安心心的。"听了付老师的话，他在心里沉思了许久，感觉从一个熟悉的环境跳到一个陌生的环境，确实有很多的不如意，如果就因为不习惯环境而放弃这份工作，很没有担当。于是便听从了付老师的建议，静下心来，慢慢融入保育院。在保育院工作的头两年时间里，领导更多的是让他接触孩子，了解不同年龄孩子的特点，他轮流在全院顶班，以至于全院小朋友都认识了一位叫"小熊老师"的老师，瞬间他成了院里的"大明星"，不管走到哪里，都有他的"粉丝"朝他呐喊，这也是他第一次感受到成为幼儿教师身份的"特殊待遇"，从此，打退堂鼓的想法没有那么强烈。

当时院里聘请了院外的体适能机构老师来院给孩子上体能课，每周一次的体能课，晨间律动操是最受孩子们喜欢的。每当看到舞台上橘子老师的带动力和感染力，他都发自内心地羡慕嫉妒，想知道他是怎么做到的。每当点到他上台和孩子们互动时，他却格外拘谨、放不开。就因为这件事，一直被领导"教育"。当时，他为了给自己争口气，暗暗对自己说："别人可以做到，我为什么不能？"在这种鼓动下，调整状态，放下"身段"，成为他当时的首要任务。

在私下，他会跟老师交流，听取意见，也录制律动视频，回家不断练习动作，直到熟练掌握。慢慢地，通过一次又一次地上台与孩子互动，他开始有了感觉，那种拘谨、放不开也就逐渐消散了，晨间的律动操也能独当一面，在一些院里重大接待活动中承担领操的重担。与此同时，他也得到了幼儿和家长的喜爱以及领导、同事的肯定，越来越自信，工作热情越来越高涨。从那里以后，打退堂鼓的想法又减弱了，他对幼儿教师有了新的认识。

在平时工作中，他用最真诚的心去对待每一名幼儿。有一次他在院里带孩子们散步时，一旁走过的同事问道："为什么孩子这么喜欢你，这么黏着你？"他只是微笑回应，其实内心知晓原因。因为在每日生活学习中，孩子们能感受到他带给他们的快乐，以及无微不至的照顾。在生活中，他会充当大哥哥的角色，给小女生梳辫子，帮助小男生穿衣服、鞋子等。在游戏中，他会充当游戏伙伴的角色，带领他们玩各种不同的游戏。在学习中，他会是教师的角色，帮助他们学到本领。只要做到对待孩子一视同仁，对待每一名孩子都用最真诚的心，那么孩子必定100%地从内心喜爱你。

令他印象深刻的是听到一届毕业班家长这样说："庆幸班上有一位男老师，我的孩子变得自信、开朗、活泼了。"他接手这个班时，孩子们在运动方面都比较弱，不管是身体协调能力还是动作技能的发展，相对于其他班级，要弱很多。在这种情况下，他根据自身的优势，在晨间和户外活动中，合理安排练习，使班上幼儿对篮球产生了浓厚兴趣，一个个成为小小篮球高手。他利用户外活动时间，充分发挥孩子的自主性，教师的专业性，实现家园共育，让家长也参与进来，一同体验运动的乐趣。最终在毕业典礼上的篮球操表演，给了大家一个大大的惊喜。他打退堂鼓的想法在这期间完全消退了，取而代之的是工作热情的不断攀升。总之，放下"身段"，融入孩子们的内心世界，诚心对待每一个孩子，用专业的知识去引领孩子发展，做孩子健康成长道路上的启蒙者和引路人。

幼儿园无小事，事事育人；教师无小节，节节为楷模。作为一名幼儿教师，同时也是一名共产党员，他认为要以身作则，严于律己，无论在什么场合，是否与孩子交谈和相处，都要时刻记住自己是一名幼儿教师，要求孩子做到的，一定得自己先做到。要言行一致，坚守高尚的职业道德情操，以无私的精神感染人，以平等的态度对待人，以专业的知识引导人。

在每次带领孩子进行体育活动时，他都会亲身示范讲解，和孩子一起收拾整理，始终和孩子平等相处，同时也要求孩子做到动作的标准性，不能马虎，既充分尊重孩子，也给予孩子锻炼的机会。在每天院里的大晨间体能活动中，他都会要求没有完成好动作的幼儿重新完成挑战，对于动作不熟练的孩子，也会手把手指导，需要动作示范，也绝对不含糊。有一次跳马挑战时，一个孩子很随意地完成了动作，动作很不规范，他立马把孩子喊了回来，并重新把动作讲解、示范了一遍，孩子看完后，又重新挑战了一次。一旁同事则说："你这么认真干吗？"他觉得这样是树立一个好的榜样，如果他让孩子马虎完成，其他孩子都会觉得可以很随意，但作为老师，认真对待，就给大家打了个样，这样不仅带动孩子，更可以影响到身边的同事。

岁月匆匆，弹指一挥间。从刚进保育院的精神小伙成长为现在的一名合格的班主任，一路走来，有困难，有挫折，有放弃的念头，但更多的是成功的喜悦。他有一颗热爱幼儿的诚心，他真诚地对待每一个孩子，赢得了孩子的喜欢、家长的满意、领导的认可。他获得江西省2019—2020年度新时代"最美幼师"，同时入选全国"最美幼师"。当然，这份荣誉和收获只是暂时的，他会更加努力，发挥自身优势和特点，打造属于自己特色的班级和教育教学风格，不辜负组织和领导对他的期望。他也将一如既往地热爱他的工作和孩子，发挥好党员的先锋模范作用，坚定把幼教这条路走下去，继续书写自己平凡而充实的幼教人生，不忘幼教初心，牢记育儿使命。

寄语：亲爱的学弟、学妹们，不久的将来你们也即将踏上工作岗位，不管你们毕业后是否从事教师行业，但请记住，机会是留给有准备的人。只有提前做好准备，才能抓住机会，让自己的就业道路变得一帆风顺。你们要有克服困难的勇气，不管是找工作还是在工作中，面对困难和挫折不要轻易放弃，雨后见彩虹。祝愿大家在未来的征程上志存高远，勤学笃行。

情满昌南　爱洒克州

校友简介：张向前，男，1973年2月生，中共党员，中小学高级教师，江西省对口支援新疆前方工作指挥部干部人才教师组副组长，新疆维吾尔自治区克孜勒苏柯尔克孜自治州第二中学高中语文教师、副校长，南昌县作家协会会员，江西省楹联学会会员，江西省教育学会理事。现任南昌县莲塘第二中学党委委员、副校长。1990年毕业于南昌第二师范学校普师专业。

荣获2018年第二届感动江西教育人物提名；2019年获"开发建设克州"奖章，并被新疆维吾尔自治区克州党委、政府授予"援疆工作优秀个人"荣誉称号；获评南昌县高中语文学科带头人。

"天行健，君子以自强不息；地势坤，君子以厚德载物。""穷则独善其身，达则兼善天下。"中华文化博大精深，其中优秀传统文化深深影响了一代代知识分子，包括20世纪八九十年代的中师生。可以说，张向前的成长经历就是这种中华优秀传统文化的真实注脚。

一、学无止境，提升自我

"崇尚科学精神，树立终身学习理念，拓宽知识视野，更新知识结构。潜心钻研业务，勇于探索创新，不断提高专业素养和教育教学水平"是教育部对广大中小学教师提出的基本职业道德规范之一，也是张向前从事教育行业30余年来对自己的基本要求。

1990年夏，他从南昌第二师范学校毕业，刚参加工作，便认识到知识、能力方面还有很大的不足，于是通过两次成人高考，分别取得江西省教育学院政治教育专业大专和江西师范大学汉语言文学本科文凭。进入高中学段任教后，他深感在专业技能水平上还需再上一个台阶，于是又刻苦自学英语、教育学及心理学理论，报名参加了教育硕士全国联考，最终以超出录取线 30 多分的成绩，成为江西师范大学文学院 2007 级语文教育硕士专业研究生。攻读学位期间，他态度格外认真，学习如饥似渴，踏实勤奋刻苦，阅读大量专业论著，与导师展开深入研讨，认真撰写、修改论文，语文教育教学能力方面得到较大提升。由于成绩优异，2009 年 12 月毕业时，还被学校授予"优秀教育硕士专业学位研究生"荣誉称号。

因为有了较为广阔的学术视野和较高的专业站位，之后几年的语文教学如虎添翼，教育、科研方面硕果累累：指导学生获省级征文大赛一等奖，主持国家级课题顺利结题并获优秀课题奖，带领教研组同人获县教育科研先进教研组和市普通高中先进教研组荣誉称号，在各类刊物上发表论文、随笔多篇，被评为县高中语文学科中心组成员、学科带头人，并成为县作家协会会员、省楹联学会会员，还被聘为第九届江西省教育学会理事。

他回顾这些年来的专业成长之路，感慨虽多，但其中最重要的一点还是要不断充实提升自我。众所周知，中师生与大专生、本科生相比，无论是专业技能还是学识修养方面都存在明显不足，想要实现更高目标、实现更大发展就必须尽力弥补自身短板。因此，充分利用业余时间，扩大专业视野，增加研究深度成为他的必修课。同时，教师职业技能不能停留在过去已有的水平层面，要与时俱进，与业同频，要关注行业领域最前沿理论，将理论与实践相结合。2014 年，习近平总书记就曾勉励广大教师"要有扎实学识"，他以此来鞭策自己，终身学习，不断提升。

二、胸怀家国，爱洒边疆

习近平总书记曾勉励青年要把个人的理想追求融入党和国家事业之

中，为党、为祖国、为人民多做贡献。是啊，一个人的理想，必须融入国家发展大局中才能实现。如果能尽自己所能，为国家做贡献，不正是个人理想的最高体现吗？他一直这样认为，也用他自己的实际行动诠释着总书记的嘱托。

2017年2月，他响应国家号召，受组织委派，远赴万里之遥的新疆克州，任江西省第九批援疆干部人才教师组副组长、党支部副书记，新疆克州二中副校长。在疆三年期间，他克服气候干燥、语言不通、时差带来的不适应、与家人长期异地分居等困难，积极主动开展工作。在较好完成"江西班"语文教学任务的同时，还先后分管学校文化建设、学生思想政治教育、住校生管理、教育扶贫、班级管理等工作，主导推进值周班制度和正副班主任制度，校园环境面貌焕然一新。还负责实施优秀传统文化进校园工程，指导学生开展楹联书法社团活动，学校文化氛围渐浓。分管2019届高三年级，当年高考本科上线率同比提升11%。此外，还指导多名学生获国家级作文大赛一、二等奖，积极参加克州教育局万山大讲堂、校内教师培训及校际公开教学展示活动，主持州级课题研究并顺利结题，撰写发表多篇专业学术论文及随笔等。

援疆工作还有一个重要内容，那就是促进民族团结。在克州三年，他与上阿图什镇博依沙克村维吾尔族大哥阿不都热西提·克依木一家结成亲戚，每季度去他家一次，了解他们家的生产生活情况，和他们同吃同住同劳动，宣讲党的富民政策和民族政策，帮助他女儿、儿子解决学业、就业、家庭及其他方面的困难。3个春秋寒暑，博依沙克村路边高大的白杨和村旁潺潺的小溪见证了他们的民族情谊。此外，还先后帮扶卡迪尔亚、买尔合巴、阿布都拉、苏比努尔等十几名维吾尔族、柯尔克孜族学生，给予他们课业、升学、职业规划等方面的指导和生活上的关心关爱，资助他们书籍、文具等物品，与他们结下深厚的师生情谊，直到现在还保持着密切联系。

因为各方面工作成绩突出，他连续被克州二中、省援疆前方指挥部评为"先进教育工作者""优秀教师""优秀共产党员"，获克州总工会"开发建设克州奖章"和第二届感动江西教育人物提名。他应邀担任省教育电视台《立德树人大讲堂》栏目主讲嘉宾，并作为江西省第九批援疆干部人才代表在克州第九批援疆工作总结表彰大会上发言，2020年1月，他还在南昌市教育系统援疆支教工作会上代表援疆教师发言。

习近平总书记曾勉励广大教师"要有道德情操"，他想，作为一名党员教师，首先应有的"情操"就是爱国，以大局为重，把国家利益放在第一位。新时代青年教师一定要牢记总书记嘱托，在党和国家需要我们时，挺身而出，勇于为党为国分忧，让青春在家国情怀的辉映下放射出耀眼光芒。

三、勤慎清廉，勇挑重担

习近平总书记曾说："领导干部要有强烈的事业心和责任感。党和人民把我们放在这个岗位上，这是对我们的信任，是赋予我们的责任，是给我们为党分忧、为国效力、为民尽责的机会。"这句话对他有巨大鼓舞。

2022年8月，组织任命他担任南昌县莲塘第二中学副校长，分管校园文化建设、班级管理、学生德育、心理健康教育、团委、学校综治安保等方面工作。在有些人看来，这方面工作相对繁杂琐碎，费时费力，没啥"实惠"，然而他欣然接受这样的分工。因为在他看来，作为一名共产党员，受党教育多年，明白"吃苦在前，享受在后"的道理，更懂得党员干部必须服从组织安排，廉洁奉公，勇挑重担，勇于担当。为使工作更有成效，他积极与相关干部沟通，广泛采纳好的意见建议；深入教育教学第一线，切实开展调查研究。同时主动向上级领导汇报工作，争取政策支持。在开展具体工作时，注意调动下属干事创业积极性，发挥党员、团员、学生会干部、志愿者组织的先锋模范作用，主动解决德育、心育与智育、体育、美育、劳动教育之间的矛盾。寻找各级平衡点，力争德育、心育等各项工作落到实处、到点到位，主动做到学校各项工作一盘棋，各枚棋子都有活力。一年多来，所分管的几个方面工作成效显著，获得多方好评。

在踏实做好学校综合治理工作的同时，他还兼任两个班语文学科的教学工作。认真备课上课，认真批改作业试卷，牵头部署、示范落实"联墨双修"校本特色教学，指导学生多次获校楹联擂台赛一等奖。同时，利用个人书法、写作等方面特长，指导多名学生在县、市、省乃至国家级书法与作文大赛中获奖。

"路漫漫其修远兮，吾将上下而求索。"虽然在以前的工作中取得了一些成绩，但是"俱往矣"——成绩毕竟只属于过去，"未来可期"的教育事业，还需我辈踔厉奋发、笃行不息。他下定决心，在以后的工作中继续秉持母校"学高为师，身正为范"的校训和"勤学苦练，自强不息"的学风，立足本职，开拓进取，自强自律，勇建新功，争取以更多更大的成就来回报母校的教育之恩。

寄语：对即将走上教师岗位的学弟学妹们说句心里话：希望你们牢记习近平总书记的重托，牢记母校老师们的殷切教诲，"厚德博学，崇真重行"，砥砺品格，陶冶情操，刻苦学习，全面发展，争做一名有担当、能吃苦、肯奋斗的好青年，将来成为一名有理想信念、有道德情操、有扎实学识、有仁爱之心的好老师，为我们党的教育事业，为建设伟大祖国、美丽家乡做出应有贡献。

成长篇

深耕幼教谱心曲　挚爱童心树美范

校友简介：何丽君，女，1975年12月生，中共党员，中小学高级教师，江西省第九届教育督导评估专家，江西科技师范大学校外硕士生导师，南昌师范学院校外兼职教授专家库专家，国培项目省级培训专家，南昌市教育学会常务理事。现任南昌市城北幼儿园党支部书记、园长。1993年毕业于南昌市幼儿师范学校。

被评为江西省第三批学前教育学科带头人、省级普通话水平测试员、省级首届"园本教研"先进个人，获得市"洪城学师"、"优秀教育工作者"、"诚信之星"、"家庭教育"先进个人、"六一"系列活动组织"优秀园长"等称号，为省级网络名师工作室"何丽君童心·童玩名师工作室"负责人。获江西省幼儿教师说课暨优质课竞赛一等奖，执教的电教课《种子的秘密》和撰写的案例《剥糖纸》等30余个教育内容获全国及省市一、二等奖。主持、参与省级课题

10 余项；撰写专著论文 10 余篇，均在《中国教师报》和《江西教育》等教育刊物上登载。

30 年来，何丽君坚持用爱诠释教育，在教育的土壤里不停耕种，一颗颗教育硕果如期而至。

一、初为幼教，甘于奉献

1993 年金桂飘香的时节，她幸运地进入东湖教育，满含深情地开启了三十年如一日的教育探梦。课堂上，她用游戏性歌唱教学法引导孩子们边玩边唱，情趣盎然；用爱用心用情，把所有的美好都给了孩子们。

有一年，小班新转来一位叫朵朵的男孩。他目光呆滞，平常不大说话，一说话就叽里咕噜。最初的日子里，他天天尿裤子，乱用别人的杯子和毛巾，还常常大哭大闹，高兴了就在地上、床上爬来爬去。经了解，朵朵是个单亲家庭的孩子，妈妈上班忙，平时姥姥姥爷照顾他，所以何丽君给予了他更多的关注。游戏时，她主动牵他的小手，跟他交流，邀请其他小朋友和他一起玩耍。对他的点滴进步，总在全班表扬。每个周末下午都坚持送朵朵回家，跟姥姥姥爷交流，进行家庭教育指导，坚持了近两年。功夫不负有心人，朵朵的语言渐渐清晰起来，自理能力有进步，习惯也越来越好，脸上时常挂着微笑。有一次孩子拉肚子，一下午拉了三次，她帮他换了三次，用温水为他擦洗，抱着他，轻轻揉他肚子，帮助减轻痛苦。老人来接时，看着干干净净的孩子和洗干净的三条裤子，激动得一句话也说不出来，好半天才含着眼泪说："老师啊，看了你才知道幼儿园老师的辛苦，才明白什么叫细心和耐心。"这样的个案在她的教育日记里不胜枚举。

"我们在孩子身上所做的任何事情都会影响孩子，并形成不可磨灭的人生印记。"从教几十年来，她把教育融入与孩子亲密无间的每一天，用生命影响生命。而当好老师，就是要让爱成为一道光，照亮孩子幼小的心灵。在与每个孩子心灵的依偎中，在用爱心守护童真中，她也收获了孩子们的信任与喜爱，被评为南昌市教育系统"诚信之星"、东湖区"优秀班主任"。

二、甘为幼教，青春无悔

伴随着孩子们的不断成长，为给孩子们提供最有价值的教育，她不断更新知识，拓宽视野，改进教学，探索科研。在不懈的努力下，她的教学示范和科研成果在全省幼教领域取得了不错成绩。经过教育学硕士三年系统的学习和沉淀，她逐渐形成了"自然灵动、童趣盎然"的教学风格。

2005年，江西省举办幼儿教师说课暨优质课比赛，她有幸成为南昌市幼教代表队成员。两周内，晓月和繁星交替相随，专业书籍和文献资料堆垒相伴，学习笔记一本又一本。在与十几个冬夜和凌晨的相伴后，终于迎来了如期而至的冬日暖阳，获得了全省一等奖，为南昌幼教、为幼儿园争得了应有的荣誉。作为江西省首届"中小学名师培养计划"培养对象，她还获得了江西省幼儿教师教学设计一等奖、江西省第十六届中小学教育资源竞赛一等奖等诸多奖项。

课题研究是将学前教育经验进行理论提炼，上升为理论逻辑，进行广泛的应用与推广，进而提高学前教育保教质量的必由之路，也是一个园长走向名园长（名师）的必由之路。她承担了江西省"十一五""十二五""十三五"规划重点课题，均已结题。"十四五"课题正在研究中。其中，引领教师们深入开展的省"十二五"教科规划重点课题"家园合作方式下幼儿语言天赋发展的客观规律研究"，形成了三大本厚厚的成果专辑，还有10余篇学术文章在《江西教育》《江西家教导报》上刊发。

双休、节假日，她利用参会国培、名师工作室研讨等契机，积极在各地交流，把职业路上的经历与大家分享，也带出了1位江西省学科带头人、3位南昌市青年骨干教师，其中李力老师还荣获了2021年"南昌市年度教师"。

三、乐为幼教，向美而行

2017年，组织调她任滕王阁保育院党支部书记。为了迅速转换好角色，她努力学习党建业务，与党、团员青年教师促膝谈心，调查了解，熟悉院情，积极思考基层党务工作的新举措、新方法。她将党建工作深度融入保育院中心工作，精心打造了"滕阁先锋"党建特色项目，有效发挥了党支部的战斗堡垒作用和每位党员的先锋模范作用。"中国梦，幼教情"的书记微党课上，她以"信仰万岁""让奉献成为习惯"为主题，引领大家牢记责任和使命，刻苦学习、扎实工作，展现德艺双馨的教师风采；在《共叙幼教情 奋进新时代》红色情景诵读中，她带领教师原创剧本，演绎了三代幼教人引导儿童听党的话，跟党走的初心。那一年，她有幸荣获"最美滕阁人 最美党员"，滕王阁保育院党支部也荣获东湖区优秀基层党组织。

2018年，带着组织的信任和美好的愿景，她又全身心投入"幸福北幼"的筹建工作。她暗下决心，要用教育家的思想来打造一所新时代"不一样的幼儿园"。她每天披星戴月地查阅资料、走访调研、交流访谈、规划方案……她将多年幼教工作的经验体会和学习成果，结合北幼实际，将办园思路凝练为"三童四自"。多少次她在工地，边督建，边思考"如何因地制宜做好环境规划，彰显北幼独特的教育文化"；多少次暴雨后的清晨，她一遍遍查看每间教室、楼顶和外墙角落的水印，消除隐患；多少次为了一个水龙头的造型，一块主题墙的材料，她与施工方软磨硬泡，据理力争，甚至自己跑市场、找样品、比价格，被看作是"愚子"般的另类，但她乐此不疲……直到2021年3月，园舍装修顺利竣工，看着充满童真的环境、先进完备的设施等，日日夜夜的努力终于化为了现实，她心里有种说不出的快慰。三年来，她坚持顶层设计，科学合理地把握园所文化建设与课程的关系；坚持把每一天的点滴思考，对每项工作推进的经验得失都真实记录下来，积累了十几万字详尽的筹建日志。这是她事业的宝贵财富，凝聚着北幼从量变到质变的美好。

2021年9月，南昌市城北幼儿园正式开园。作为园长，她心里始终有一幅教育生态的美丽画卷。她创建了"何丽君名师工作室"，带领青年教师以省级课题研究为载体，全面实施"童·玩"游戏化园本课程，期盼着北幼的孩子们成为"自立自信、自律自主"的新时代中国娃，引导着他们在生活中，自然而然地接受生命、生态和生活教育。短短的两年时间里，北幼就迎来了国家级、省级、市级各级督导、同行参观与国家培训项目跟岗学习等60多次开放与交流，她还带领教师们共同介绍和讲解校园独具特色的办学理念，大家流连忘返于北幼的"童·玩小镇"，陶醉于北幼"童·玩教育"的绚丽风采。在全国中小学（幼儿园）第五届课程品质大会、全省第六届学前教育高峰论坛上，她的"童·玩课程文化"分享得到了专家同人的一片喝彩。团队成果集《深度学习视野下的"童·玩"课程实践》的正式出版和《中国教师报》《江西教育》上的论文发表，更是将园所课题成果进一步提炼转化，向全国幼教同行们提供了宝贵经验，擦亮了"幸福北幼"教育品牌。

寄语：学弟学妹们，希望你们用生命的激情润泽幼儿的成长，用高度敬业的精神与学术智慧践行自己的幼教理想和人生价值，成为幼教界拥有诗与远方的最可爱的人！

多年后　我成为你

校友简介：刘荔，女，1974年9月生，中共党员，中小学正高级教师。现任南昌市教育评估监测和技术推广中心小学语文教研员。1991年毕业于南昌师范学校普师专业。

被评为全国优秀教师、江西省特级教师、教育部跨世纪园丁工程国家级骨干教师、江西省优秀班主任、江西省教育系统巾帼建功标兵、江西省学科带头人、全国教育科学"十五"教育部规划课题——新课程师资实验先进工作者、江西省义务教育学科课程网络资源建设工作优秀学科指导教师、优秀执教教师、江西省保护野生动植物教育项目优秀项目教师、江西省"小学作文"教改实验先进个人、南昌市"洪城学师"等，为人民教育出版社统编教材优秀培训专家。指导数十名教师参加国家级、省级以上竞赛获一等奖。发表论文十余篇。主编、参编多部教育论著，参编人教社统编教材2部，主持或参与国家、省、市级课题十余项。

在中国教育工作者队伍中有这样一个特殊的群体——教研员，他们是我国基础教育发展的一股中坚力量，被称为"教师的教师"。回望33年的教育生涯，刘荔经历过不同的工作单位，也担任过不同的工作职务，但最令她自豪的是，她如今也成为一名教研员，依旧徜徉在学生间，实践于课堂上，探索于教学中。没有豪言壮语的篇章，也没有惊天动地的事迹，只是在岁月流转中不断地吸纳、成长、奉献、反思，循序渐进，渐渐茁壮。

一、因为你，成就梦想

当一位优秀的小学教师，是刘荔的梦想。1991年，17岁的她从南昌师范学校毕业，被分配到南昌市八一学校小学部，教师生涯就此拉开序幕。其中令她印象最深刻的，是南昌市小学语文教研员万良琦老师来学校听课。刘荔上了一节"看图写话"课，课后万老师充分肯定了她的教学，并给出了许多习作教学方面的建议，还让她参与到江西省"小学作文"教改实验的研究中去。有了市教研员的专业引领，刘荔的教学信心倍增，认真钻研教材，精心设计，不断开动脑筋，探索习作教学的新思路新方法。她先在课题组上展示课，然后逐步到市级展示、省级展示……在学习中，在探索中，刘荔逐渐成长，20岁出头便被评为"南昌市优秀教师""江西省教改实验先进个人""南昌市第二批语文学科带头人"。年轻的刘荔明白，是教研员万老师帮助她打开了那扇成长的大门。之后，刘荔有幸遇到了一位又一位优秀的教研员——洪玉华、胡助金、王玲湘、吴大明……他们指导她写论文、命试题，带着她做课题、搞研究，帮助她总结与反思教学问题。功夫不负有心人，当一张张荣誉证书如同秋天的果实般灿烂时，刘荔知道，这是因为有他们——甘为绿叶的教研员。

二、靠近你，愿做一片绿叶

当成为学校语文教研组长时，刘荔便在心里默默地想：要像那些无私帮助她的教研员一样，去帮助更多的年轻教师。

刘荔陆续担任学校教研组长、教务处副主任、校区执行副校长。无论兼任何职，她始终坚持担任一个班的语文教学，始终不忘教学和教研。为了不让校本教研流于形式，她将校内公开课变为主题式教研，识字写字教学、习作教学……每学期围绕1—2个主题开展研讨。老师们的课刘荔一节都不落下，每次听课后，她都会认真评课，帮助授课者找出优缺点，使他们明确他们在教学上的努力方向。学校有青年教师参加比赛，刘荔总是和专家一起帮助他们做课、改课，一遍遍听老师试教。有一次，有两位教师要参加江西省"三优"评比活动，这时正是刘荔所带的毕业班临近毕业的关键时期，她不仅面临紧张的教学工作，还有填写毕业生登记表、拍毕业照等许多琐碎的事情。但面对两位年轻教师的请教，她从不推辞，总是挤出时间听她们试教，一遍又一遍帮助她们修改教案，并陪同她们一块儿拍摄录像课。在学校工作的那些年，刘荔指导了几十位青年教师参加省市教学竞赛，他们均取得优异成绩。她努力让自己也成为一片绿叶，为教师的成长提供帮助。

三、成为你，肩负一份责任

2014年，刘荔参加南昌市教育局教研员招聘考试，以第一名的成绩成为一名市级小学语文教研员。那一天，她无比欣喜，终于成为教研员。教研员从教师队伍中走来，为教师的专业进步而去。

教研员要有研究意识，要做研究型的教研员。

2016年，江西省开始使用统编小学语文教材，教研工作转型升级迫在眉睫。一方面，刘荔不断学习，努力提升专业素养，积极走进课堂上课、磨课，开展教材试用工作。她与教材编者们对话，参与教师用书的编写。同时作为人教社特聘的教材培训专家，在全国十多个城市为一线教师解读教材。另一方面，刘荔带领全市教师一起解读新教材，研究新教法，定期开展全市"出彩课堂"统编教材的培训和研讨活动，围绕阅读、习作、古诗、文言文、整本书阅读等多个主题，运用线上线下结合的形式进行课例研究，提升全市小学语文教师的专业素养。正是因为有了教研员的专业引领，广大教师的认真探索，南昌市统编教材的教研工作得到省级教研部门的认可。

在全国、省级教学竞赛中，刘荔指导的数十位教师均获得优异成绩。

仅仅局限于听评课和教学方法指导的常规性教研是远远不够的，教研员还要引领教师围绕"课堂、课题、课程、课标"做好课题研究。在担任教研员的9年里，刘荔先后主持立项3个省级课题，并已顺利结题。她始终坚持植根于课堂的"草根式"课题研究，她结合"运用立体式绘本阅读发展小学生语文核心素养的策略研究"这一课题，带领全市18所小学开启绘本阅读之路，发掘绘本的多元教育内涵，构建立体式绘本阅读课程，促进学生语文核心素养发展。几万名学生阅读了一千余本中外经典绘本，十几次全市大型绘本阅读课题研讨展示活动，几千名教师参与学习，为有效推进南昌市阅读课程助力。

2021年"双减"政策出台，为进一步落实"双减"政策，有效提升课堂教学质量，刘荔带领教师们开展"双减"背景下小学语文单元作业设计与实施及"教—学—评"一体化的专题研修活动。她组织开展多项专题教研，带领团队参加全省"作业设计我来评"活动，荣获团体一等奖。2022年4月，《义务教育语文课程标准》颁布，刘荔以"落实课标理念，用好统编教材"为宗旨，以"单元整体教学"为切入点，带领各县区教研团队、各学校教师开展研究，完成了习作单元、阅读策略单元、故事单元、实用文单元、散文单元等多个类型单元的整体案例设计，并在全市分享。

教研员要有服务意识，还要做服务型的教研员。

2020年疫情期间，刘荔带领南昌市56名教师承担了小学语文学科五、六年级178节课的录课任务。由于所使用的统编版最新教材尚未发到学校，教师手上没有纸质教材，也没有任何的教学参考资料。为保证每一节课的教学质量，她带领各县区学校的做课团队，认真研究电子教材，逐字逐句认真审核每一位教师的教学设计。其中有不少教学设计，进行了二改、三改、四改……刘荔常常和老师们讨论、修改教学设计直到深夜。四个多月，从早到晚，她坐在电脑前为录课工作忙碌。从教学的流程、教师的语言、课件的内容、剪辑的手法等方面给每一节课提出相关建议，为每一节课把好关。刘荔带领的南昌市小学语文学科录课团队紧密团结，积极认真，录制的语文课质量高，得到省级专家的一致好评。

之所以常常有人把教研员比作绿叶、比作青石，是因为每一节优质课、每一位参赛教师的背后，总离不开一个身影——教研员。刘荔担任教研员这些年，已经数不清辅导过多少位参赛教师备课、磨课，只记得他们中走出了特级教师、正高级教师、省学科带头人、市学科带头人……每当听到大家说"你们小学语文学科优秀老师特别多"，刘荔心里总是特别欣慰。

教研员不能只把工作定位在指导优秀教师上，应该为更多的一线教师服务。每周，刘荔总会走进学校，走进课堂，听一线老师上课，发现他们的闪光点，并及时指出他们教学中的不足，为他们提出中肯的建议。她总是提醒老师们，教学要始终把学生的学放在第一位，设计有效的学习活动，关注学生的学习过程，启发学生积极思考，鼓励学生听说读写，把语言文字运用落到实处。她还经常为年轻教师上示范课，为一线教师开展讲座，在课堂里带领青年教师共同成长。

多年后，刘荔终于成了一名普通但又不普通的教研员。教研员是一份责任，热爱是原动力，奉献是成就感；教研员是一位行者，既要脚踏实地，更要仰望天空。且行且研，不亦乐乎！

寄语："学高为师，身正为范。"陶行知先生的这句名言是每一位教师努力的方向。为人师者，要成为终身学习的践行者，以渊博的学识引领学生善学善思；为人师者，更要成为学生品德的塑造者，以高尚的情操引领学生崇德向善。

仰望星空　脚踏实地

校友简介：周家兵，男，1985年10月生，中共党员，中小学高级教师，是中国教育学会会员、江西省陶行知研究会会员、江西师范大学兼职教授。现任南昌市新才学校科教处副主任。2007年毕业于南昌师范高等专科学校计算机系。

被评为江西省特级教师、江西省首批信息化应用教学骨干教师、江西省第四批信息化教学应用学科带头人、南昌市骨干教师、南昌市优秀教师、青山湖区名师等。2012年，在"智慧天下杯"全国中小学信息技术优质课展评活动中，荣获全国"特等奖"。论文、课件、录像课、教学设计多次获省、市一、二等奖，多次在国家级刊物发表论文。

从南师毕业已经有15年了，从普通老师到今天的省特级教师、省学科带头人，周家兵深知：一个人的成长需要仰望星空，更需要脚踏实地。他有坚定不移的目标，并愿意为之持续不断地付出努力。

一、选择无悔志益坚

周家兵出生在世代务农的家庭，从小目睹着父辈们生活的艰辛，很早就明白只有读书才能改变命运的道理。初中毕业，他选择了读师范学校，一方面，自然是因为当时家庭的窘况，读师范可以适当地减轻些许负担；另一方面，当老师是他由来已久的梦想，他想为家乡像他一样的孩子们传递智慧的火种，改变自己的命运也改变他们的命运。

2007年，他很荣幸地考入了南昌师范学校。求学期间，他如饥似渴地学习各种知识，不断提升专业素养。在南师，他遇到了许多敬业有爱的好老师，如谭荣华、杨晨霞、曾红红等。他们严谨治学的精神和高尚的师德在他心中留下了深深的烙印；他们在学习和生活上给予他的无私关爱，让他倍感温暖，备受激励。他希望自己以后也成为像他们一样具有人格魅力的好老师。在南师，他也结识了许多志同道合的好朋友，如焦万富同学，他们一起努力，共同进步。他们一起去图书馆自习，一起去微机室探索实践，一起通过全国计算机等级考试，后来又一起通过了大学本科的自学考试，5年时间里，他们的专业技能和学历水平都得到了提升。在这段难忘的求学时光里，他深刻领悟到：人一定要有梦想，更要脚踏实地，不惧困难，勇于进取，坚定地向心中的梦想迈进。

二、百尺竿头更进步

2007年，从南昌师范高等专科学校毕业后，他顺利地找到了第一份工作——在南昌凤凰城上海外国语学校教授小学计算机课程。在这所学校里，他遇到了许多优秀的教师和同事，他们给予了他莫大的帮助和指导。在这里，他将学校所学知识与教学实践有机结合，一点一点累积着工作经验。3年后，他参加了南昌市青山湖区的统一招聘考试，并以优异的成绩考入了南昌市新才学校。

进入南昌市新才学校后，他的职业生涯开始快速发展。虽然学科地位没有改变，依然是一名计算机教师，但教研氛围发生了巨大变化。在区级教研活动中，他们全区的信息技术教师齐聚一堂，共同交流探讨如何提升自身的教学水平。这对他来说是一个难得的机会，对他的成长帮助非常大。通过参加各级教学竞赛，他不仅提升了教学理念、教学方法和教学能力，还提高了团队合作能力和个人综合素养。

教学竞赛中，每一次磨课和反思都让他一度对自己的教学能力产生怀疑，但在教研员韩接红和各位同人的指导、鼓励下，他慢慢自信起来，也正是这些怀疑让他不断反思，不断进步。每每在课堂上看到学生们因他的引导而兴趣高涨、意犹未尽时，他感受到了收获的喜悦和教学的魅力。

三、终身学习结硕果

"活到老，学到老"，对于教育工作者来说，更该如此。工作至今，他一直坚持着终身学习的理念。因为他清楚现在的信息科技发展迅速，科技的更新迭代速度极快，作为一名信息科技教师，稍有懈怠，就会落后得更明显。

他提醒自己，不要满足于取得的那点进步，要从普通教师成长为专家型教师。而教学研究无疑是成长的催化剂。因为只有不断钻研教育教学理论和教学方法，通过科研课题和撰写论文不断总结教学经验，探索教育规律，才能提升教学水平和综合素养。

自从事教育工作以来，他通过自己的刻苦钻研和辛勤付出，取得了如下一些成绩。

1. 增强了教育教学能力。他始终严格要求自己，不断通过网络和各种教研平台进行学习，提升教学能力。在教学上，他积极参与各类教学竞赛，并注重赛后的反思。他认真学习新课程理念，刻苦钻研教学方法，虚心向有经验的老师学习，经过努力取得了一系列可喜的成绩。例如，2012年在"智慧天下杯"全国中小学信息技术优质课展评活动中，荣获全国"特等奖"。

2. 发挥较好示范引领作用。他积极参加各级各类教研活动，在省、市、区教研活动中做学术讲座及上过效果较好的公开课。例如，2018年9月，在省教研室组织的"不忘初心、牢记使命"赴靖安县和奉新县送教下乡、送学上门、送研到校活动中，执教的示范课《走进logo乐园》得到当地教育行政部门与教师的高度认可，深受当地学生的喜爱。

3. **指导教师、学生获佳绩**。他经常指导教师进行教学实践并获得佳绩。例如，2017年5月，指导教师孙李晶在"2017年新媒体新技术教学研讨会暨第十届全国中小学创新课堂教学实践观摩活动"中荣获教学课评比二等奖。此外，他还指导学生参加电脑制作活动和其他各种竞赛活动并多次获奖。

4. **论文论著有成效**。他的多篇论文在国家级期刊上发表，例如，《浅谈基于核心素养的信息技术课堂教学方法》《浅谈信息技术学科核心素养的培养》等。此外，他还出版了多本教材用书和同步学习辅导书籍。

5. **积极科研结硕果**。他积极参与教育科研课题研究，并在课题研究方面取得了一定成果。例如，主持省级课题"基于核心素养的小学信息技术教学研究"，已结题；市级个人课题"初中信息技术教学中培养学生创新思维能力的研究"和"初中信息技术课堂中创客教育的应用研究"，也已结题。

今天，当他回首所走的路，无限感恩豫章师范学院所给予他的教育：坚实的知识基础，勤奋务实、笃行不怠的精神，坚定梦想的力量。

寄语：亲爱的学弟学妹们，希望即将走向教师岗位的你们，以梦为马，不负韶华。始终以新时代"四有好老师"的标准严格要求自己，以终身学习的态度时刻保持着对学习的浓厚兴趣，成为教育战线上的一名英勇斗士，不断攀登新的高峰，实现人生价值，为社会为国家做贡献！

踏歌而行　与教育共成长

校友简介：李昌燕，女，1981年12月生，中共党员。现任南昌市西湖幼儿园园长。1999年毕业于南昌幼儿师范学校幼儿教育专业。

获得江西省学科带头人、江西省幼儿教育骨干教师称号，撰写的多篇论文在国家、省、市、区论文评选中获奖，并参与《幼儿小衔接家园互动手册教师用书》的编写；主持了多项省、市级课题，均已结题。担任西湖区幼教教研员期间，带领幼教代表队获得南昌市第九届"园丁杯"一等奖，多次承担省、市、区级公开课和讲座。

27年前，李昌燕在为考师范和还是卫校而犹豫时，她的班主任江老师笑着说："你呀，性格活泼，笑起来很甜，小孩子肯定很喜欢你，当然是考师范了，最好是幼儿师范。"转眼间，她已在学前教育这个领域工作了24年。这24年间，她从一名普通的幼儿教师成长为一名园长，还担任过西湖区幼教教研员一职。无论在教学一线还是在管理岗位上，她都能忠于初心，在岗位上孜孜不倦地耕耘着。"乘着歌声的翅膀，让生命踏歌而行"，这是对她的深爱工作的真实写照。

一、学习——提升小我

1999年，她从南昌幼儿师范学校毕业后，被分配到了南昌市抚河幼儿园工作，成为一名幼儿教师。同年11月，园长就让她参加市级教学竞赛，在尝试一番后，她选择了放弃，并对自己产生了怀疑：为什么连个教学竞赛都不能完成呢？是不是不适合做幼儿教师？后来通过与园领导及资深老教师沟通，她思考了很多，逐渐认识到：任何时候，成功的过程不是一蹴而就的，唯一的途径就是充实自我，提升自我，完善自我。工作以来，作为幼儿教师的她，始终坚持终身学习的观念，刻苦钻研修炼内功。

她坚持学历提升，用6年时间拿到了大专和本科文凭，同时在业余时间不断阅读相关专业书籍，并查找相关案例来解决自己遇到的类似问题，积极扩充"内存"，不断审视和修正自己。她坚持每天反思和记录，虽然每天记录的都是一些琐事或是自己的小小想法，但一次次的小记录让她的教学反思能力有所提升，为后期的案例、论文撰写奠定了基础。她相信水滴石穿的力量，相信只要坚持就有意想不到的收获。孩子们的一张张笑脸、一个个身影，都化成了她不断进取的永恒动力，以师者的尊重与宽容，倾听孩子的声音，品味与孩子们一起成长的点点滴滴。

付出必有回报。2000年11月，她便代表幼儿园参加南昌市幼儿教师数学教学竞赛，荣获一等奖；2001年12月，在南昌市幼儿园语言教学活动竞赛中，获二等奖；2006年12月，在南昌市幼儿园实施新《纲要》社会领域教学活动评选中，执教的《我行我秀》获优质课奖；2011年1月，在南昌市幼儿园第一届"园丁杯"教学竞赛中，获健康领域二等奖。

二、规划——发现真我

20多年来，她的角色不断地转变：班主任、年级组长、副园长、区幼教教研员、园长。无论在哪个岗位，她都是以党员的高标准严格要求自己，有规划、有目标，工作认真负责、吃苦肯干，高质量地完成每一项工作。

在2015年9月，她借调到西湖区教育科学研究所担任教研员，在幼儿园工作十几年，一下子跨越到了区级层面，工作性质、内容是完全不同的，心潮澎湃的同时，又带着些许的压力。作为引领全区学前教育发展的职能部门，她不由得担心自己能否做好这份工作。但教科所领导对她的信任与指导，让她在心怀感恩的同时，也暗暗下定决心，工作要全力以赴，不辜负他们对她的期许。4年的教研员工作不仅开阔了她的视野，提高了她的站位，更为她个人素养的修炼提供了很好的平台。

每一次的角色转变都带给她不同的压力，而每一次的压力都化为动力促使她不断成长。2019年8月，因组织需要，她服从领导安排，从区教科所回西湖幼儿园负责西湖幼儿园云天路分园的开园筹备工作。分园筹备期间，她以极强的责任心和高度的使命感，积极投入此项工作之中，每件事都亲力亲为，严格把关，事无巨细。为了幼儿园的顺利开园，李昌燕不记得在工地上度过了多少个暑期的白天夜晚，只要施工方一个电话，无论何时何地，她总是第一时间赶赴现场解决问题。云天路分园于2020年9月正式开园，解决了周边居民小孩入园难的问题。2023年10月，另一所分园云海路分园也开班办学了，随之而来的是繁忙与压力的倍增。但是因为有了责任感，有了思考的力度，有了同事间的支持，原本平淡的工作闪耀着光芒与魅力。

工作中，她凝聚团队力量，合理规划，从园情出发，带领团队研发"野趣童年"课程，将劳动教育与常态教学有机融合，以本地资源为载体，基于联动主题体验、生活游戏体验、多彩节庆体验、家园社区体验为主要学习方式，让"劳动精神"润泽儿童心灵。

三、引领——成就大我

老师们都说，她有个令人佩服的本领：她基本能叫出全园孩子的名字。其实这并非她刻意为之，无论刮风下雨、严寒酷暑，她坚持每天第一个到园，最后一个离园，在门口用赤诚爱心迎接和送走每一位孩子，孩子们亲切地称呼她为"园长妈妈"。作为园长，她虽然不需要事必躬亲，但必须站在幼儿园发展的高度，为各个条线的工作，尤其是为教师的教学出谋划策，指明方向。在日常工作中，她时刻注意深入第一线，为各条线的管理工作以及教师的教学、科研出点子、提建议、创机会。她深化师德师风教育，重视教师专业发展，以"抓全员，上水平；抓新秀，出骨干；抓骨干，攀高峰"为基本策略，围绕教师的专业研究能力、终身学习能力、课程架构能力、家园沟通能力四个方面，开展"学、研、训、赛"活动，建立健全骨干教师的"选、培、管、用"一体化制度，铸造高素质的教师队伍。

作为一名江西省学科带头人、骨干教师，她绝不止于追求自己的精彩，还要充分发挥示范和辐射作用，帮助年轻教师成长。她遵循"以情感人、以德育人、以理服人"的管理理念，坚信每位教师都有进步的愿望，每个教师都有发展的优势。这一点青年教师范老师感慨最深，范老师毕业于江西师范大学学前教育系，是园里的高才生，但因性格内向，羞于表达，一直没有信心。璞玉再好，也需要精心雕琢。李昌燕手把手地教她说课、上课，帮助她树立信心，引导她把扎实的理论知识运用到教学实践中，鼓励她参加各级各类比赛。2021年，范老师获得了区教学竞赛三等奖、区骨干教师等荣誉，并多次承担公开展示活动。在年末的述职大会上，范老师眼含热泪怀着激动的心情表达了感谢之情。在李昌燕的带领下，幼儿园目前有市级骨干教师2名，区级学科带头人5名，区级骨干教师4名，获得学科荣誉称号的教师比例在全区幼儿园中名列前茅。

回顾过去的20余年，她勤勤恳恳做事，不断在成长中蜕变，用心、用情做细做实幼儿教育，为园所的发展发光发热，为可爱的孩子们保驾护航，得到了大家的认可和肯定。在享受阳光瑰丽和芬芳的同时，她也承载着一份份沉甸甸的期许和嘱托。作为园长，在今后的工作中，她会继续努力，怀着对教育事业的热情和对祖国花朵的喜爱，为爱而生，因爱而美，执着、坚韧与乐观，踏歌而行，成就别人的同时提升自己，用自己的行动诠释什么是"最有担当的西湖教育人"。

寄语：工作20余年，我从未后悔过我的职业选择，我始终认为幼儿园是世界上最有爱的地方，孩子们是世界上最美好的存在！但这份美好，需要所有人共同的呵护。所以，学弟学妹们，如果选择了教师这个职业，希望你们坚定信念，从零开始，常怀空杯心态，虚心向身边的前辈请教学习，日常工作中脚踏实地，心怀教育热忱，践行新时代教师使命担当！

只要上路　总会遇到庆典

校友简介：熊丽乔，女，1981年11月生，语文特级教师，副高级职称。现任教于广州市越秀区东风东路小学。1998年毕业于南昌第二师范音乐专业。

获得各级各类荣誉、奖项200多个，包括全国小学语文优秀教师、江西省特级教师、江西省优秀少先队辅导员、广东省优秀指导老师；获得国家、省、市、区级教学竞赛、教师素养大赛最高奖22次。先后成立南昌市熊丽乔名师工作室、广州市熊丽乔名师工作室。担任广州市百千万名师遴选专家、广州大学实践导师、广州市骨干教师实践导师。发表论文20余篇，主持、参与国家、省、市、区级课题研究10项。先进事迹多次被新华网、《广州日报》、《南昌晚报》等媒体宣传报道。

德国作家米切尔·恩德的著名作品《犟龟》中有一句话："只要上路，总会遇到庆典！"熊丽乔觉得自己就像那只犟龟，既没有天资聪颖，也没有优越条件，唯一拥有的是一股"咬定青山不放松"的倔劲儿。熊丽乔二十五年如一日，坚定目标，不断努力！

熊丽乔很幸运，在成长路上，遇到了隆重的庆典！

一、立志——忽如一夜春风来

1998年，音乐专业毕业的熊丽乔被分配在一所小学教语文。从来没有学过语文教学技能就走上讲台，看着语文书中的"a、o、e"，她一头雾水，两眼迷茫。面对一群天真可爱的孩子，内心的焦虑不言而喻。父亲看透了她的心思，对她说："别担心，没有谁天生就是好老师。只要你肯努力，一定会越教越好。"听了父亲的话,她开始调整心态,慢慢走进陌生的语文教学。

2002年,熊丽乔有幸在南宁听了全国小学语文教学竞赛,这是国内权威的教学竞赛,每个省派一位层层选拔出来的顶尖选手参加,堪称小语界的"奥运会"。这里的语文课精妙绝伦,为她打开了全新的世界,真是"忽如一夜春风来,千树万树梨花开"。

从南宁回到南昌,熊丽乔的内心久久不能平静。她不断思考为什么他们能够设计出那么精彩的教学环节?为什么他们能够行云流水般驾驭课堂?要怎样才能像他们那样优秀?

倔强的熊丽乔,不知道哪来的勇气和决心,给自己定了一个遥远的目标:要代表江西省参加全国赛。她不知道自己能否实现这个梦想,但她知道,只要不断努力,就离目标越来越近。

二、拼搏——千磨万击还坚劲

实现梦想的道路是漫长而坎坷的。"先天不足"的熊丽乔,只能靠后天努力,不怕挫折勇于拼搏。

（一）多法并进,厚积薄发

1.多听课,勤思考

初出茅庐,她不知道怎样才能把课上好,就每天端着板凳去师父的教室里听课,一边听一边想,师父这样设计有什么好处?回到自己班,她学着师父的样子上课,再反思效果如何。

除此之外,她还处处寻找优质课来听。例如教参后面有配套的示范课光盘,那是人教社精心挑选的优秀课例,不论是教学设计水平,还是老师自身水平,都非常高。示范课后还有教研员的教材分析和课例点评,理论联系实际,特别适合青年教师学习。

就这样，每日学，每日思，水滴石穿。

2.广阅读，厚积累

音乐专业毕业的熊丽乔，只擅长钢琴和小提琴，语文知识捉襟见肘。常言道：要给学生一杯水，老师必须有一桶水。而她，水资源匮乏。

她相信，勤能补拙，于是开始海量阅读。除了读她自己喜欢的书，还每天大声朗诵成语词典。那么厚的一本词典，逐字逐句地朗读，整整读了两个月，这极大提升了她的语感。

另外，她还读了很多专业书籍，比如小语名师支玉恒老师、于永正老师的著作，反复读，划重点，做笔记，不断思考与实践。

书，让她看到了更加广阔的世界，意义非凡。

（二）勇于挑战，深刻反思

总有老师怕上公开课，心中装满各种担忧。她算是一个特例，她喜欢挑战公开课，并享受那"千淘万漉虽辛苦，吹尽狂沙始到金"的成就感。

1.区公开课——临危受命

有一次，东湖区教研室徐主任要听一节语文课，学校原本安排的那位教师不想上。因为徐主任是出了名的专业强、要求高，评课精准客观，不留情面。学校领导问熊丽乔是否愿意接受这个紧急任务。教龄才3年的她，初生牛犊不怕虎，果断答应。那是她第一次上区公开课。公开课上得怎么样，不记得了，只记得徐主任提了很多意见和建议，她记录了满满两页。评完课，徐主任走过来握着她的手说了四个字：值得培养。

那些宝贵的意见和建议让她迅速准确地找到了自己的课堂有哪些问题，对她后续的专业发展有着重要作用。那"值得培养"四个字，更是给予了她莫大的鼓舞，让她这个非语文专业的语文老师有了自信。

2.市"园丁杯"——做好自己

2003年，徐主任推荐熊丽乔参加南昌市"园丁杯"语文教学竞赛，这可是市权威的教学竞赛啊！22岁的她连区级语文教学竞赛都没参加过，只参加过区级劳动学科教学竞赛，拿了第一名。无根基，无经验，无资历，妥妥的"三无产品"。大家都不看好她，她也不看好自己。

市赛前夕，巨大的心理压力让她手脚发抖，心跳加速，忍不住大哭了一场。幸亏恩师李莹一直陪伴她，鼓励她："区里能选你去，说明你有你的独特之处，努力去做，就有希望。就算拿不到奖也没关系，自己进步了就是收获。"说得对，她不是最优秀的，但她有自己独特的风采。哭完之后，又是一条好汉，昂首挺胸上赛场。很幸运，她拿到了一等奖。

直到今天，熊丽乔依然忘不了2003年的市"园丁杯"竞赛，因为是它让她懂得，做不了最优秀的，就做最好的自己。

3.省赛选拔——深刻反思

熊丽乔数不清自己上了多少节公开课，就这么一路比赛，一路成长，同事戏称她为"比赛专业户"。

经过层层选拔，她有幸代表南昌市参加江西省小学语文教学竞赛，如果能拿第一名，就可以代表江西省参加全国小学语文教学竞赛。她离梦想只有一步之遥，必须全力以赴。

信心满满的她，在赛场上表现不错，憧憬着美好的结果。但是，现实是残酷的，山外有山，人外有人，她只拿了全省第三名，和梦想擦肩而过，心情跌落谷底。

痛定思痛，她深刻反思自己的课，看似繁花似锦、热闹非凡，实则积淀不足，缺少生长。她从自身找问题，不断探索新方法。

（三）夯实根基，柳暗花明

虽然一直没有机会参加全国赛，但熊丽乔没有停止努力，刻苦钻研每一类教材，脚踏实地上好每一节课。

1.创编字谜法

低年级识字量大,学生易错易忘。她反复探索,创编了快乐字谜教学法,引导学生展开想象,发散思维,编出生动有趣的字谜,巧记生字,爱上汉字。真正做到"乐中学,学中乐"。

2.开创诗词社

高年级孩子积淀丰厚,语言能力强,她就开创诗词社,引导他们读诗词、写诗词,点燃思维的火花。她还把学生创作的300多首诗词汇编成《百词园》,印刷成册,鼓励他们把中华诗词文化发扬光大。

3.搭建云平台

她充分利用业余时间创建了班级博客和美篇,不论是教学活动还是教育心得,都图文并茂地记录在云端。多年来,撰写班级日志1000多篇,受到学生家长的高度赞扬。

在漫漫教学路上,熊丽乔从未停下前进的脚步,对教材的把握更加深刻精准,对课堂的调控更加如鱼得水。

机会只给有准备的人。果然,机会来了!2012年,她代表江西省参加华东六省一市教学竞赛,获得一等奖。2014年,她被推荐再次参加全省选拔赛,执教了难度巨大的口语交际课《有趣的动物、植物》,获得第一名,并取得了代表江西省参加全国小学语文教学竞赛的资格。

12年来,她坚定目标,不断努力,终于等到了这个实现梦想的机会。

三、圆梦——映日荷花别样红

2014年10月30日,熊丽乔作为江西省唯一代表参加全国小学语文教师教学竞赛,来自全国的32位优秀教师登台赛课,各展风采。她超常发挥,最终荣获第一名的好成绩,同时还获得"最佳教学手段运用奖"。她最终没有辜负省教研员徐承芸老师,市教研员胡助金老师、王瑞源老师,区教研员王露老师的厚爱和付出。

赛场上，浙江著名特级教师王雷英校长在点评环节多次赞扬："江西的课令人耳目一新！"北京的知名教研专家吴琳老师赞叹："江西的课要勇夺口语交际之冠了！"

听着这些评价，熊丽乔想起了12年前第一次听全国大赛课的情景。她的梦想实现了。她很幸运，在成长路上，遇到了隆重的庆典！

寄语：青年是"人生之王，人生之春，人生之华"。要以青春之我来创造青春的国家、青春的民族、青春的教育。青年教师心中要有一盏理想信念的明灯，这盏明灯会永远照耀着前行之路。

茉莉花开

校友简介：袁莉华，女，1979年4月生，中共党员。现任江苏省苏州市工业园区星洲小学校级研训员、语文教师，为苏州工业园区第六批名师工作坊主持人。1996年毕业于南昌师范学校普师专业。

被评为江西省特级教师、江西省小学语文学科带头人、江西省语言文字先进个人等。指导青年教师赛课获省级奖项15个、市级奖项13个，曾获全国第三届小学语文教师素养大赛特等奖、2022基础教育精品课部级优质课、江西省2021年"基础教育精品课"一等奖、江西省防疫期间线上教学优质课一等奖、南昌市"园丁杯"教学竞赛一等奖。教科研成果获江西省教育科学优秀成果奖二等奖、南昌市教学成果二等奖、南昌市教育科研优秀成果一等奖。多篇论文在核心期刊发表，并被人大复印报刊资料转载。应邀主编参编地方教材及教辅近10部，有市级名师工作室1个。

1996年，袁莉华从南昌师范学校毕业，被分配到江西冶建子弟学校，从此，17岁的她走上了小学教育教学之路。

一、教中摸索学习

虽无艳态惊群目，幸有清香压九秋。

——江奎《茉莉》

进校后，袁莉华方知学校靠收学生的费用勉强支撑着。也正因此，招收的不仅仅是冶建公司的职工子弟，更多的是周围村民的孩子。这些孩子的教育基础几乎为零，家长忙于生计无力关心孩子的学习。

为了培养孩子们对语文的兴趣，她认真钻研教材，常常是晚上在家中琢磨课，并结合自己喜欢画画、朗诵的爱好，教学时相机进行板画、泛读。课间孩子们总爱围着她，她就给他们"讲书"，把她小时候喜欢读的书一本本以讲故事的形式讲给他们听。渐渐地，她教的班的学生都特别喜欢语文，语文成绩也总是名列前茅。她开始意识到，教学中激发学生的学习兴趣，教会学生学习的方法，往往能事半功倍。

这种感受在她开始教两个班的语文后更强烈了。因学校严重缺老师，2003年开始她教了整整8年两个班的语文，还担任其中一个班的班主任。常常是，在这个班上完课后，她会反思哪个教学环节出了问题，应该怎么在另一个班调整；在那个班上课时，发现这样讲似乎学生学习的效果好，就又回到这个班查漏补缺。这8年里，两个班的语文教学使她收获了双倍的教学经验，她也成为学校的小学语文把关老师。

二、赛中磨炼成长

宝剑锋从磨砺出，梅花香自苦寒来。

——《警世贤文·勤奋篇》

2008年，学校派她参加区课堂教学竞赛，抽到的课题是《地震中的父与子》，上课时间是上午第四节课，此时学生已呈疲倦之态。她没有急着上课，讲起不久前看到的一个汶川地震中的真实小故事。在她的讲述中，躁动的教室慢慢静下来了，学生、评委都在静静地听。之后的教学环节，她让学生回到课堂、回到文本，语言、文字渐入滋味，思维、情感渐入佳境，学生的眼睛里开始放着光！那次比赛她得了一等奖。

下课后，评委中的一位年轻女老师叫住了她，让她留下了姓名、电话。后来她才知道，这位年轻老师是当时南昌市教研室的小学语文教研员王玲湘老师，后来成了她的推荐人，把她推荐给了区教研室。

好风凭借力，好苗靠土壤。之后南昌市大大小小的听评课活动、专题教研沙龙她都有幸参与。那一段时间，她就像一株笋芽儿，贪婪地吮吸着春天的甘露，迅速地成长。

不久，区古诗文教学竞赛中，她的一堂《渔歌子》获得了第一名的好成绩。这节课作为优秀课例多次参与市教研室的送教下乡活动，王玲湘老师评价她的这堂课"淡如茉莉，悠悠中散发芬芳；绵如溪涧，潺潺中流出诗情"。

之后，她又取得了南昌市古诗文教学竞赛一等奖、南昌市第六届"园丁杯"课堂教学竞赛二等奖及笔试一等奖的好成绩，还代表南昌市参加了江西省的小语素养赛选拔并成功胜出，去往南京参加全国第三届小学语文教师素养大赛。素养赛从朗读、粉笔字、才艺表演、课堂教学和知识素养问答五个环节全面考查语文老师的综合素养。赛前，得到省小语教研员徐承芸老师，市小语室胡助金主任、王玲湘老师以及昌南学校对她的悉心指导和鼎力支持，她刻苦备赛，每天练习朗读、粉笔字，阅读大量书籍。比赛当天，经过五轮的比拼，她成功举起了特等奖的奖杯！

这是江西省首次在全国小学语文素养赛中取得特等奖，她也收获了许多荣誉："南昌市优秀教师""南昌市优秀共产党员"。紧接着，在全国的一些小语教学观摩活动上，她应邀展示观摩课。与此同时，她也从未放松班级工作，获"全市中小学幼儿园网上家庭宣传教育工作优秀班主任"光荣称号。

"宝剑锋从磨砺出，梅花香自苦寒来"，她开始散发自己独有的芬芳。

三、学中积淀拔节

千淘万漉虽辛苦，吹尽狂沙始到金。

——刘禹锡《浪淘沙》

后来，通过人才引进，她来到东湖区，来到南昌市名校豫章小学（现为豫章小学教育集团），全新的环境，广阔的平台，不间断的各级教研活动，更兼豫章有诸多优秀的老师，她感觉每天都学到不少新东西。

她抓住一切机会学习，不仅向身边的同行学，还向学生学。在这里，她担任五（5）班的语文教学工作和班主任。这个班的学生家境优越，见多识广，却少了一份沉静与恒心，语文成绩当时排在年级倒数第一。为了提高孩子们的语文成绩，她分析学生现状，教给学生学习方法，有针对性地"对症下药"。她注重和学生的交流，理解、尊重他们，很快赢得了学生的信任和喜爱。在距离毕业考试仅一年多的时间里，学生的进步十分喜人，不少学生的文章获得各级奖项，并在报纸杂志上发表。

她与学生在教和学中共同成长。学生爱把他们阅读的大量儿童文学书籍与她分享，她读过的，一起交流看法；没读过的，学生就把书塞到她的怀里给她布置任务要她读完。就这样，她在教学的同时，阅读了大量儿童文学书籍，还阅读了不少教学杂志和专业书籍，对教学有了更进一步的认识和思考。很快，她又取得了新的战绩——在东湖区教研中心王露老师的指导下，她在南昌市第七届"园丁杯"教学竞赛中荣获课堂教学一等奖和笔试一等奖，被授予"南昌市教学能手"荣誉称号。

此后，在校内，她与豫章的老师们一起教研；在区内，她有幸跟随东湖区教师发展中心小学语文教研员王露老师学习，与东湖区一群热爱教学的老师们一起研读专业理论书籍，研究儿童经典阅读，每一次研讨都收获满满……她将这些收获诉诸文字，论文收录于《小学语文教与学》，还成为《小学教学》的封面人物。

四、研中分享共行

一花独放不是春，百花齐放春满园。

————《古今贤文》

就这样，她孜孜不倦地追求，行走在小语之路上。2017 年，她交流至东湖区教师发展中心工作，担任小学语文、书法教研员，一路上有了许多志同道合的伙伴相伴。她成立了自己的名师工作室，不少老师加入进来。她与大家一起教研，一起分享，助推前行。近年来，她指导青年教师赛课获省级奖项 15 个、市级奖项 13 个，名师工作室获评市级优秀名师工作室。

她积极开展课题研究，主持的省级课题被评为省级重点课题。教育科研成果获江西省教育科学优秀成果奖二等奖、南昌市教学成果二等奖、南昌市教育科研优秀成果一等奖。多篇论文在核心期刊发表，并被人大复印报刊资料转载。

此外，她被聘为国培专家，应邀担任了江西省教育督导评估专家、南昌师范学院校外兼职教授专家库专家、江西省中小学教育信息技术研究课题评审专家等，参加省市基础教育质量监测、语文学科监测工具研发及市级试卷命制，还多次参与省市教研室组织的送教下乡，得到一致好评。

努力总有收获。2018 年，她被评为江西省小学语文特级教师。在努力生长中，她这株小小的，稚嫩的茉莉，根扎得更深了，枝叶更繁茂了，尽管开出的花儿并不艳丽，依旧素洁、纯白……她也不再独自芬芳，因为在小语之路上，她有了更大的生长园子，有了相携前行的同伴，有了凝聚奋发的团队。

2023 年 8 月，她来到了苏州，带着教与研的积淀重返讲台。课堂上，她和孩子们一起徜徉在语文的世界；课堂外，她引领孩子们走进经典。在孩子们的笑脸里，在稚嫩且充满童真童趣的笔墨中，她收获了儿童成长的幸福。2023年11月，她通过园区教育局的选拔，成为苏州工业园区第六批名师工作坊的主持人，和来自园区13所学校的小伙伴一起追寻教育教学的真谛。

寄语：希望学弟学妹们在深爱的小语之路上，努力汲取阳光、雨露，蓬勃向上生长，如茉莉花一样素洁、清纯，坚守人师的自我追求，向阳生长，生根发芽。

心怀梦想　逐梦教坛

校友简介：肖莹，女，1974年11月生，中共党员，中小学高级教师。现任南昌市滕王阁保育院党支部书记、院长。1995年毕业于南昌师范学校小教专业大专班。

荣获江西省论文评选一等奖、南昌市"园丁杯"教学竞赛一等奖、东湖区"骏马杯"教学竞赛一等奖，被授予全省教育系统优秀信息员、江西省百姓学习之星、南昌市优秀党务工作者、南昌市优秀校长、南昌市最美科技工作者、全市优秀共青团干部、全市老干部工作先进个人、全区优秀共产党员、东湖区优秀教师等荣誉称号，为南昌市第十二次党代表。

肖莹，一位在教育道路上不断逐梦的教师，她的一生是对教育事业无限热爱和执着追求的生动体现。出生于知识分子家庭的她，从小受到父母的言传身教，立志成为一名优秀的教师。她的成长历程，是一段不断学习、不断进步、不断超越自我的旅程，更是一段用知识和爱心点亮学生心灵的旅程。她的故事，激励着我们每一个人，无论面对怎样的困难和挑战，都要坚持梦想，勇往直前。

一、人生的第一粒扣子

肖莹出生在一个知识分子家庭，父亲是一位忠厚老实的老党员，当过老师、校长，后来在组织部、党校工作直到退休，一辈子本分做人、踏实做事。母亲是一位教师，母亲出生后其生母去世，不得已跟着年长她十几岁的哥哥姐姐过起颠沛流离的生活，17岁时从城市下放到赣西北一个偏远的农村成为一名知青，在那个小山村，母亲凭着自己的努力，从一名知青到取得大学学历的大学生，从在村小代课到任教小学、初中，再成为高中语文把关老师，并被评为全国优秀教师，一路走来，付出了常人难以想象的努力。母亲的勤奋努力，得到了学校、家长、学生的认可。但因为家庭出身问题，始终未能加入党组织，这成了母亲的一块心病，但母亲始终没有放弃信仰和追求，一次又一次递交入党申请书，坚持不懈地向党组织靠拢，终于在年过四旬时成为一名光荣的中共党员。母亲的成长经历告诉她，只要愿意努力、愿意坚持，梦想就会实现！在她成长的道路上，父母的言传身教为她系好了人生的第一粒扣子！

二、明确人生的方向

1990 年，她初中毕业，面临着是读高中还是读师范学校当一名老师的选择。其实没有太多的犹豫她就做出了自己的选择，一方面有来自当教师的父母对她的影响，另一方面是从小就生活在校园里，觉得自己生来就应该是一名教师。就这样，她走进了南昌师范学校的大门。

她非常感谢在南昌师范遇到的好老师们。三年普师学习生涯，班主任林志雄老师教给她的不仅有扎实的专业知识，还有为人师表的职业素养，让她受益终身。1993 年，她从南昌师范毕业，恰好这一年南昌师范与江西教育学院联合办学，招收了首届小学教育专业大专班，她很幸运地成为其中一员，班主任赖叔文老师让她学会了始终秉持严谨、细致的态度。因为是学校办学历史上的首个大专班，所以学校对她们班的 35 位同学高看一眼厚爱三分，特别是时任校党委书记的蔡定吉对她们这些学生的学习倍加关心，两年的大学生活，政治上的锤炼、学业上的打磨，使她思想逐步成熟，积极主动地向党组织靠拢，在大二时加入了中国共产党，从此在政治上和职业上都为自己明确了方向。刚毕业的前 3 年，蔡书记每年都邀请几位学生党员回校开座谈会，汇报工作情况，为了不辜负母校的培养，也为了让自己进步得更快，她在工作上不敢有丝毫懈怠，努力把各项工作做到最好，这也为她今后的成长奠定了扎实的基础。

三、在杏坛逐梦理想

1995年8月，她被分配到右营街小学任教，正式踏入东湖教育这个大家庭。在右营街小学工作的7年中，她不断提升自己的专业水平，主动参加各级各类竞赛，先后在区"骏马杯"、市"园丁杯"教学竞赛中获一等奖，在全国、省、市的教学竞赛、论文评比中多次获奖，并多次承担公开课任务。同时，她担任班主任工作，以满腔的热情投入班级教学和教育管理工作中，赢得了学生的喜欢和家长的赞赏，也感受到了身为教师的满满幸福感。1998年2月，她被提拔为副教导主任，在兼顾语文教学的同时，有条不紊地做好分管的各项工作，辛苦并快乐着。

2002年，她调任东湖区教育局工作，在这个更大的平台里，她的视野更加开阔，接触到了更多优秀的人，也得到了更多的锻炼。办公室是综合工作部门，是上传下达的枢纽，是协调各方的平台，也是对外服务的窗口。作为办公室主任，她认真做好每一项工作，得到了上级领导、区属学校以及机关干部的一致好评。同时她还兼任局团委书记，组织了许多丰富多彩的活动，在全系统青年中凝聚人心，营造良好氛围。

2014年，她担任南昌市滕王阁保育院党支部书记。对于她而言，重新回到校园，选择走进学前教育领域，意味着一切清零、从头开始。作为党支部书记，她和年轻的新老师一起谈人生、谈理想、谈信念，沉下心来认真学习，像海绵一样不断汲取新知识，她一场不落地参加各种培训、讲座、教研，一本一本地学习各种专业书籍，珍惜每一次外出学习的机会，用心向身边的优秀园长、教师请教，在做好党建工作的同时，也努力从一个"幼教小白"成长为专家型管理者。

2018年,她开始担任滕王阁保育院党支部书记、院长。滕王阁保育院是一所成立于2013年的新园,毗邻瑰伟绝特的千古名楼滕王阁,是明清时期滕王阁旧址,具有得天独厚的地域文化优势,有抚河北路、谌家坊、康馨苑三个院区。

秉持"玩中学习,做中成长"办学理念,她深挖内涵,带领全体教师深耕"生动教育",通过挖掘"滕王阁文化"和"幼儿日常科学启蒙教育"两大特色,创设独特的院所精神文化,全面提升办院质量,形成了特色鲜明的办学风格。她潜心教育,带头开展课题研究,主持了三项省级课题,参与了多项省级课题研究,撰写的文章多次在《江西教育》等教育期刊发表,论文在省、市评比中多次获一等奖。她推进课程建设,主持开发的"小博士"课程、"生动教育"课程分别获全省"出彩课程"一等奖、二等奖。她引领教师成长,以"风帆团队""青蓝工程"为抓手,构建教师发展共同体,指导教师不断提升专业水平,在各级各类竞赛中获奖,帮助教师逐渐形成各自的教育风格,培养了一批优秀教师。

作为江西省示范幼儿园,滕王阁保育院先后被授予全国校园足球特色幼儿园、全国校园大课间啦啦操推广实施单位、首批全省学前教育质量提升实验园、首批江西省标准化幼儿园,荣获全国啦啦操联赛冠军、江西省语言文字规范化示范校、江西省终身学习品牌项目、江西省青少年啦啦操锦标赛冠军、南昌市五一巾帼标兵岗、南昌市三八红旗集体、南昌市五四红旗团支部、南昌市优秀职工俱乐部、南昌市红色基因传承示范校、东湖区先进基层党组织、东湖区平安校园等荣誉称号,是江西师范大学、南昌师范学院、豫章师范学院、江西科技师范大学等高校国培计划实践和学生实习基地。滕王阁保育院充分发挥示范辐射引领作用,赢得了良好的社会声誉。

"关山初度尘未洗，策马扬鞭再奋蹄"。行走在教育路上，她始终怀揣热情，初心不改，逐梦不止！

寄语：大学生活是人生最美好的时光，你如何对待它，它将在今后的日子里如何回馈你。奋斗的青春最美丽！学会自立自强，学会见微知著，用大学的沉淀、积累赢得未来更好的发展。这里是你们梦想启航的地方，愿你们奋力前行！

三次"超越"　躬耕教坛育新苗

校友简介：熊小萍，女，1970年11月生，中共党员，中学高级职称。现任南昌县第四幼儿园党支部书记、园长。1989年毕业于南昌第二师范学校普师专业。

被教育部、中国残疾人联合会办公厅、交通银行股份有限公司授予"交通银行特教园丁奖"称号，荣获南昌市"优秀教师"、南昌县"优秀教师""师德风范党员之星""优秀教育工作者"等称号。在第十六届全国万校小学生作文竞赛中荣获指导奖，指导作品《心灵深处的回味》荣获一等奖。撰写的论文《教学叙事重建教师思维》被江西省教育学会特殊教育专业委员会评为一等奖，论文《初中语文情感教学及用途》在山西省期刊《新课程》刊登，论文《浅谈聋校教学质量的提高》在第四届全国万校小学教师论文竞赛中荣获一等奖。

从教34年以来，熊小萍先后从事了小学教育、特殊教育、幼儿教育，针对不同类型、不同对象、不同年龄阶段的学生进行教育，都取得了不俗的成绩。这三种完全不同领域的教育对于她而言，是三次超越。

一、初出茅庐挑大梁

她1989年7月毕业于南昌第二师范学校，被分配到富山乡雄溪村小学带小学毕业班。她通过认真备课、制作教具激发学生学习兴趣、给学困生补课等一系列方式，把对学生的关爱、对教育事业的热爱都融入工作之中，所带班级的学习成绩突飞猛进，全乡统考成绩由倒数几名排到全乡第一名。她主动参加全县小学数学教学竞赛，荣获第一名，很快就成为全县小学数学教学骨干教师、学科带头人，短短几年时间声名鹊起。

二、特殊教育显担当

当小学老师当得风生水起之时，1994年南昌县成立了特殊教育学校，她积极服从上级的安排，进入全新的特殊教育领域。刚入校，很多人都疑惑，为什么得心应手的普通小学老师不当，而去教难有存在感、成就感的特殊需求儿童。她打心底认为党和国家的需要就是使命，残疾儿童同样享有受教育的权利。她从基层老师、班主任做起，逐渐成长为教导主任，直至成为特殊教育学校校长。不论在什么岗位上，对学生的爱始终如一。在她的努力下，南昌县特殊教育学校荣获"人民群众满意学校"称号，从一所默默无闻的特殊学校发展成国家、省、市、县重点观摩学习的特殊学校。接待了全国特殊教育工作代表、江西省特教年会、南昌县校长培训班等来校观摩。她在工作中凝练的系列做法也形成了论文在全国、省级期刊登载。

三、幼教之路放光芒

2014年，在南昌县特殊教育学校已担任校长11年的她，毅然服从县教育局轮岗安排，单枪匹马筹建南昌县第四幼儿园，成为幼儿教育中的一员。本着"一切为了孩子"的宗旨，她义无反顾地走上了艰苦创业的开拓之路。

1.用心实现幼教梦想

机会总是留给有准备的人。建园初期，她仅凭上级建园批文，一切从零开始，单枪匹马，不分昼夜，短短几个月的时间就完成了设备添置、绿化美化、师资配备、经费落实、后期装修等一系列的工作，为孩子们的健康成长创设了一个优美、舒适、安全的教育环境。

为了幼儿园的孩子，为了大家，她忘了自己的小家，记不清多少次到深夜才拖着疲惫的身躯回家。为了工作，她加班无数却从没拿过一分加班费，就连节假日也很少休息，对此她没有半点怨言。"火车跑得快，全靠车头带"，在她的感染下，老师们深受感动和鼓舞，和她一起并肩作战，使幼儿园各项工作迅速走向正轨，在安全管理、保育保教、素质教育等方面取得了突出成绩，获得了领导、专家及家长的一致好评。

2.积极探索创新管理

"工作不应该仅仅是为了生存，应该享受拼搏奋进的过程。"因此她从来不怕艰辛，不怕困难，敢于创新，勇于创新。

在新的岗位上，面对不同的环境，她认真钻研，讲究方法，善于管理，积累了丰富实用的工作经验，制定了"一个目标，两个重点，三个提升"的总体工作思路。一个目标：打造一所质量保证、社会信任、上级肯定、教师舒心、家长放心、幼儿开心的具有一定特色的一流幼儿园。两个重点：保育保教和安全工作。这是核心和重点，事关幼儿园的发展和稳定。三个提升：提升校园文化的品位，提升教师队伍的整体素质，提升保教质量。

她坚持树立"以幼儿健康成长为本"的理念，精心安排幼儿日常活动，针对不同年龄段儿童的身心发展特点和不同季节特点，科学合理地安排好幼儿在园一日活动的作息时间，做到动静交替，并以游戏为主，引导幼儿在玩中学，在学中玩，寓教于乐。她将常规制度融入保教工作中，注重幼儿一日活动各环节的具体内容和要求，将一日活动各环节的具体操作要求打印张贴到各班级，随时进行监督及评价，并纳入月评和学期总评。她还同老师们一道根据幼儿生长发育规律、年龄特点来创新教育方法和内容，创新了以幼儿曳步舞、幼儿速叠杯、幼儿跳圈为主的三大特色课程，并在江西主流网站大江网发布。

学习重要,行为养成也不能落下。她要求每位老师对幼儿的进餐、如厕、盥洗，以及坐、行、读、画姿势都要规范。为使幼儿具有良好的生活学习习惯，懂得互助且有礼貌，她倡议开展"习惯培养十分钟"活动，也就是在幼儿离园前安排十分钟的时间，围绕幼儿的生活习惯、行为习惯等内容举行班级活动，促使幼儿生活习惯的培养常态化。

3.坚持学习不断提高

无论是政治学习，还是业务学习，她坚持先学一步，多学一些，深学一点，在她携带的提包里，有一个笔记本，会随时记下工作感悟或是别人好的做法和经验，时刻要求自己多学习多提高。

她不断探索、实践，树立了幼儿"在成长中快乐探索，在探索中快乐成长"的教育理念，提升了幼儿园的校园文化——"形成幼儿园和教职工的真善美的三个世界，即求真的知识世界，向善的人际世界，美好的心灵世界"。为了更好地提高自身素养和管理水平，她参加了南昌市第十一期幼儿园园长任职资格培训、"江西省国培计划（2014）——新建幼儿园园长短期集中培训项目"培训、"沪浙名园特色课程"学习、全国幼儿园骨干园长高级研修班等学习培训。

自2016年9月开园至今，短短几年时间，南昌县第四幼儿园被评为南昌县示范幼儿园、南昌县文明校园、南昌县文明单位、南昌县托幼机构卫生保健先进单位、南昌市示范幼儿园、江西省标准化幼儿园、江西幼教年度"百佳园所"，南昌县第四幼儿园也发展成为南昌县第四幼教集团，名下有14所挂靠园、4所分园。她个人荣获江西幼教年度魅力园长、年度"最美教师"、南昌市优秀校长。在创建全国文明城市工作中，她被授予"先进个人"荣誉称号。论文《开展生活化教学做好幼儿数学启蒙教育》在《教学与研究》上发表。

"人生百年，立于幼学"，身为一名党员，她深知自己身上的重担，不断要求自己戒骄戒躁，持之以恒地努力工作，开拓出一片快乐、健康、和谐的幼教天地，用爱心托起明天的太阳。

寄语: 感恩母校,感恩老师!望学弟学妹们,踔厉奋发,笃行不息,以春草破土的拼劲,春苗扎根的钻劲,共同开创母校更加美好的未来!

遇见·美好

校友简介：张洪，男，1983年2月生，中共党员，中小学高级教师。现任南昌市青新小学教育集团党总支副书记、校长，兼任南昌市青新小学教育集团青新校区党支部书记、执行校长。2000年毕业于南昌师范学校普师专业。

被评为南昌市教育系统后勤与产业管理工作"优秀校长"、南昌市群众体育工作先进个人、青山湖区优秀党务工作者、优秀教育工作者等。在省、市、区各级各类教育教学竞赛中取得优异成绩。撰写教育教学论文30余篇。

一、遇见梦想——最美青春情定教育

你看过电影《当幸福来敲门》吗？

"You got a dream, you gotta protect it...If you want something, go get it."

如果你有梦想的话，就要去捍卫它……如果你有理想的话，就要去努力实现。

一个人的成长，与外部影响有关，但是最为关键的，还是要靠自我的内驱力。机会，永远留给有准备的人。

——最初的梦想

2000年8月，张洪从南昌师范学校普师专业毕业，怀揣着对教育的希望和梦想，他被分配到南昌市青新小学任教。这是他工作的第一站，也承载了他的教育梦想最初的模样。当他翻开从教生涯的第一本教材，一枚种子在教育这片沃土上静悄悄地扎了根。

那时的他，年轻好学，有幸得到众多优秀同事的指导，很快完成了从学生到老师的过渡，他的教学风格就是在这段时间里初步形成的。初上讲台的那段时间里，白天听课、晚上备课成为他的工作常态。夜深人静的时候，正是他思维活跃之际，"重点是什么，难点在哪里，课堂情景怎样预设，如何让孩子爱上数学，如何提高孩子们的综合应用能力"，一个问题一个问题地琢磨，甚至把对学生说的每一句话都写入教案，反复推敲每一个字。那个年代，没有现在这样便利的互联网条件，为了拓宽知识视野、提升教学水平，他就像一块巨大的海绵，在各种教学参考杂志里吸收养分，仔细研读教学文章，每次备课他都会翻阅大量资料，考虑哪些知识能为他的数学课堂增辉添彩。现在回想起来，这个想做好老师的最初梦想，成了他的最大动力。

那几年教学生涯里，他形成了独特的课堂风格，也形成了影响他终身的教育理念：教育就是要让每个孩子都成为最好的自己。他在青新小学一干就是十年，脏活累活从不推，苦活重活先上，从老师到教学骨干，到大队辅导员，到教导处副主任，再到办公室主任，基本上学校的每个岗位都留下了他的身影。用心做业务，用心做好每一件事，有目标地成长，真的会让每个人变得不再平凡，机会总是留给有准备和肯努力的人，那些看起来毫不费力的成功，轻描淡写的幸运，背后都有着万全的准备和百般的努力。

二、遇见成长——向上生长坚守梦想

一个人的命运，藏在他的选择里。

你读过莫言的《红高粱》吗？

书中，女主角九儿的一生充满波折。但当她可以自己拿主意后，她靠着选择的机会，活出了自己的精彩……看似不经意的转变，一次次地改变了九儿艰苦的一生。

人这一生，幸与不幸，全在自身。等待永远换不来转机，只有坚定选择，勇敢去做，才能打破壁垒，不断向上。

——向上生长

2010年10月，他带着组织和领导的信任，到湖坊镇李巷小学任校长。一下从中层干部到一个村小主持工作，他深感责任重大。

刚去李巷小学的那段日子里，为了更好地适应新的工作岗位，熟悉工作环境，他基本上以校为家，没有固定的下班时间，没有双休日，整日泡在学校。作为年轻校长，他只有处处以身作则，身先士卒，才能赢得老师们的认可。一方面，他带头上课，带头听课评课，带头参加各项活动，带着班子慰问老教师，陪着青年教师去参赛……另一方面，定措施调动老师的积极性，找途径培养年轻教师，想点子挖掘办学特色……每天的生活满满的，忙碌而又充实。

功夫不负有心人，三年下来，学校被评为综治先进单位、校园文化建设先进单位，获区综合考评一等奖，学校少先队被评为江西省优秀少先队中队。一所只有二十几名老师的村小得到了从未获得过的荣誉。

2013年8月，他通过公推优选，竞聘到南昌市铁路二小任副校长。从一所农村小学到一所城区学校，舞台更大了，责任和担子也更重了。

2015年，铁路二小要异地重建新校，身为分管校建的副校长，他丝毫不敢怠慢。不懂校建相关的内容怎么办？那就买书、查资料。通过学习，他硬生生地从一个建筑门外汉到略懂一二的"内行人"。他从项目立项到规划设计，从协调关系到施工建设，全程跟踪，不放过一个小细节。2017年3月，学校接到上级通知要在一个月内搬进新校，为确保师生平稳、安全地过渡到新校，保证新校正常的教学秩序，他带领着团队一遍一遍地巡视校园，调试设备，反复推敲演练，查漏补缺。一个月后，学校顺利搬迁至新校上课，秩序井然。

2017年2月，他调任至南昌市万科城小学，担任党支部书记。万科城小学是两所村小撤并组成的一所新校，面对空无一物的教学大楼和校园内泥泞的道路，怎么办？干！

暑假两个月，他都奋战在新校建设一线。终于在8月底，不负领导重托，完成了所有准备工作，保证了新校的正常开学。规模办学，给万科城小学带来了发展机遇，但困难也是显而易见的：人员众多，来自不同学校、不同环境、接受不同管理的多名师生急需统一步调，局面急需稳定。

作为党支部书记，他迅速组织新的班子成员和教师代表，对原两所学校的规章制度认真分析、比较，出台了一系列管理规定，建立了"层级组织管理系统"，制定了"目标、责任、评价"三位一体的学校发展目标管理体系，用制度来规范学校发展……

在短短几年的时间里，学校获得了全国青少年足球特色校、全国青少年篮球特色校、江西省创建文明校园先进单位、南昌市文明校园、南昌市科普教育示范基地、青山湖区"三风"活动示范点位建设评比一等奖、青山湖区教体系统先进党支部、青山湖区"新锐杯"教学竞赛团体总分一等奖等荣誉。

星光不负赶路人，在事业上输出的同时，他在自身成长中学会了内化，并渐渐具有了自我沉淀的能力，慢慢地学会转移给他人，逐渐向引领者的角色转变。

三、遇见美好——点亮梦想守望未来

你听过Beyond乐队的《海阔天空》吗？

"多少次迎着冷眼与嘲笑，从没有放弃过心中的理想。"

是的，怀揣梦想，自由驰骋，这样的人生才有意义。

在追求教育梦想的路上，他们永远年轻，永远热泪盈眶。

——守望未来

如果说生命是一条长河，那么奋斗就是这长河里的一朵朵浪花，因为有了浪花与岩石的碰撞，河流才会越挫越勇。

2022年8月，他又回到了青春和梦想开始的地方——青新小学。这一次归来，他对它，却是熟悉又陌生。它已从一所学校华丽变身为一个教育集团。

这一年，校园新建、改建工程已竣工，政府为学校投入了大量的资金，用于新建校区、整体改建、设施设备更新、信息技术应用和校园文化建设。青新，从一校一部变为一校两址，完成了它30余年来最大的一次历史性转变。

他在自己的办公室里坐着，静静地想：青新小学已经步入高速发展阶段，未来如何才能让它展现出更强大的生命力？什么样的办学理念，才能支撑这所学校师生们共同的价值追求？

翻看青新历史，回首青新小学光荣的办学历程，从20世纪80年代建校到20世纪90年代的"环境教育"，从2000年的"绿色人文"到2010年的"生命教育"，眼前闪过这些再朴素不过的词，他好像从青新的办学历史中感悟到了什么。

当一切以孩子的成长和发展为出发点，回归教育本质时，一所学校有了统一的价值取向，就有了凝聚力。这就是学校文化，这就是学校特色。于是他和老师们确立了"新生态教育"办学理念，提出了"让每个生命自由呼吸"的办学口号，形成了独具一格的"养气"文化。

在青新，他以人为本，营造了闪烁着人文精神的物质文化；情理兼顾，建设了充满人文气息的制度文化；价值引领，构建了充满人文素养的"养气"文化。现如今，"养气"文化已成为学校全面育人的辐射源，素质教育的能量库，学生成长的教科书；"养气"文化已成为青新小学教育集团一张靓丽的名片，体现在学校的各项工作中，展现在全体青新人的精神风貌上。

他深知，在教师专业成长的道路上，一个人或许走得较快，但一群人一定走得更远，而最终所能达到的高度，必定取决于这个团队的同心所向、执着坚守。

这一年，"让每个生命自由呼吸"的"新生态教育"理念在青新植根、发芽。他带着团队着手打造与学校"养气"文化相契合的一系列养气课程，构筑养气课堂，晨诵、午读、暮省、共读、共写……阅读充实了流逝的岁月，也丰盈了学生们的人生。他更加坚信诗和远方，在有梦的岁月里，向着明亮的那方，守望每一颗种子的成长。

在23年的教育生涯里，关于教育，他有了一些自己的感悟与体会。教育是关乎人发展的事业，而人的发展是一个漫长的过程。它需要持之以恒，稳中求进；它理应远离作秀，抵达朴素；它必须拒绝浮躁，回归本真。既然选择了教育这条路，就应该满怀赤诚与真心，尽全力带给孩子幸福和成长。

寄语：大道至简，愿朋友们一路遇见美丽的风景，成就美好的未来！

徜徉在数学教学的海洋里

校友简介：张珂，男，1982年生，民进会员，学科带头人，骨干教师，特级教师。现任教于宁波滨海新城实验学校。1999年毕业于南昌师范学校普师专业。

被评为首批教学能手、国培省级专家组成员、睿师育人研究院特聘专家。参加中央教科所、中国教育学会、中国教育技术协会、北师大课程研究中心、江西省教育厅、南昌市教育局等单位组织的优质课竞赛15次；参加国家、省、市级教学技能竞赛、论文案例评比获奖百余次；积极投身课题研究，主持参与国家、省、市级课题，多项已结题并被评为优秀实验老师。

数学教学是一片充满智慧与挑战的海洋。张珂，一位自幼立志成为教师的追梦人，不仅将儿时的梦想转化为现实，更在数学教育领域不断探索和创新。他的故事，是对教师职业的深刻理解和不懈追求的生动体现，也是对教育事业无限热爱和奉献的真实写照。通过他的教学实践和个人成长，我们可以看到一位教师如何影响学生，如何在教育的道路上不断前行，实现自我超越。

一、儿时的梦想

打开尘封的记忆，儿时的他，最为崇拜的就是那个站在三尺讲台上滔滔不绝地讲述着天南地北奇闻轶事的人；最耳熟能详的一首歌便是《长大后他就成了你》；记得最牢的一句话就是教师是人类灵魂的工程师。他的母亲是一名人民教师，也许是受母亲的影响，打小起便对用粉笔耕耘、用语言播种、用汗水浇灌、用心血滋润的教师这个职业情有独钟。稚嫩的他立志将来也要站上这个神圣的舞台，面对一双双求知的眼睛，用心呵护，用情浇灌，牵着一只只小手自由自在地飞……

中考前夕，他毅然在志愿书上写下了南昌师范学校。师范学习的3年时间里，他一时也不敢怠慢，一刻也不敢停歇。琴棋书画、三笔字、播音主持、报社社团、试教实习……让他对教师这一职业有了新的认识，也让他更加坚定从教信念。

二、学习中积累

1999年，作为优秀毕业生的他，被分配到南昌师范附属实验小学，他的教师生涯正式开始。现在回想起来，正是这个平台给他带来了一次次机遇和挑战，也正是当时的巨大压力，才迫使他不断修炼内功，不断大步前行。

1. 特级师父领进门

根据学校安排，每一位新老师会配备一名师父，他的师父是彭华珍老师，彭老师是共和国的同龄人，是江西省第三批特级教师，是他步入教学百花园的领路人。

在师父的热忱关心和谆谆教导下，他慢慢学会了如何驾驭课堂，让课堂更扎实；学会了如何解读教材，做到胸有成竹；学会了如何科学批阅作业，做到快速高效；学会了如何沟通家校，形成教育合力……

2. 扎根课堂求发展

课堂是师生共有的精神家园，课堂是师生情感共鸣的桥梁，课堂是师生创造与发展的空间。为了能更好地驾驭课堂，提高效率，当时的他制订了数学教学五步走计划：第一步，读教材，不借助任何教学参考书，自己读教材，做到整体把握，写下思路和困惑；第二步，读教参，领会教参的意图，对教材做好深入理解，完成教学设计和教案；第三步，课堂实践，重点关注课堂的实施和生成；第四步，再次实践，在第一次课堂实践的基础上，进行微调，重新加工与整合；第五步，反思提升，写下反思和感受，以及新的认识和点滴体会等。

3.优秀同事暖人心

附小的教师不仅业务能力强，而且特别关心同事，这使得他在这个大家庭中更有归属感和幸福感。蔡梅江校长无微不至的询问，百忙中抽空的教诲，让他体会到领导的关心和关注；曾华涛老师关心年轻人的成长，多次走进他的课堂，从细微处帮扶，从理念上教导，让他感受到特级教师和年长者的高水准和高境界；教导处陈承伟主任每一次听课后的悉心点评和精彩分析，让他不断领会数学教学的魅力和乐趣；知心大姐王玲湘在业务上的引领；暖心大哥哥邹敏在工作上的提醒……无数的工作前辈和兄弟姐妹们在生活上的帮助，让他快速获得专业成长……

三、快乐孩子王

走近儿童，首先就意味着一种宽容、一种理解和欣赏。作为老师的他，每次接新班都会有一个别开生面的开场白，然后让孩子们各写一封给张老师的信，记得有孩子写道："张老师是一个幽默的、经验丰富的老师。""外表斯文而清瘦的他，笑容可掬，神采奕奕，一副眼镜，更显示出了他的干练和睿智。""张老师，希望你能把我们带到毕业。"有家长写道："今天第一天孩子回家就说换了一个他喜欢的、很幽默帅气的男老师。""对张老师早有耳闻，孩子们非常喜欢他，这足以说明他是一个有着个人魅力的老师。"在家长、学生的期待中，他力求做到最好，关注学生的成长，关心学生的学习，他愿意做这样一名快乐孩子王。

他所教的学生有近百人在各类竞赛中获奖：有的取得《小学生数学报》竞赛等级奖，有的获得南昌市数学实践活动一等奖，有的学生撰写数学日记获奖，有的学生在读书竞赛活动中夺魁……

四、竞赛促成长

成长是雨后天空的一道彩虹，是破土而出的一身泥尘，是振翅高飞的些许胆怯。一路上的点点滴滴，如同沙滩上的脚印，不断地告诉他"你在成长"。一次次的教学竞赛锤炼了他的意志，强大了他的内心，更点燃了他的热情……

1.初出茅庐的他

2003年5月，作为学校青年教师，他第一次参加课堂教学大赛，并获一等奖。然后才工作4年的他又被推荐参加南昌市"园丁杯"教学大比武竞赛。

他清楚地记得省特级教师郭爱香校长为他打气鼓劲，亲自挂帅，组建做课团队，陪他全程赛课，让他倍感领导的关心，倍感组织的温暖；他清楚地记得当时学校由两位特级教师和三位带头人组成的智囊团为他做课，助他构思，帮他设计，让他底气十足；他清楚地记得自己信心满满地站在赛场上，把握预设，关注生成，立足课堂，最终取得了一等奖的成绩……

2.在磨课中成长

特级教师黄爱华曾说："磨课磨人。"如果在你的教学中已经经历过"磨课"，那你就是幸运的一个，因为你已经拥有了一笔宝贵的财富。张珂回想起自己的经历，深有感触，他20多年的教学与磨课结下了不解之缘。

细细数来，20年间他先后15次参加中央教科所、中国教育学会小学教学委员会、中国教育技术协会、全国北师大基础教育课程研究中心、中国教育学会、江西省教育厅、江西省教育学会小学数学研究会等单位组织的国家、省、市级等优质课竞赛，均获一等奖。

在这样的磨砺中，他得到了进步，得到了成长。这个成长来源于领导所给予的机会及磨课教师的帮助。回想这段时间，他的成长和蝶变得益于北京曹裕添教授和省市教研员袁玉霞、周仲武、胡桃根的多次点评和帮助，他们的专业引领让他醍醐灌顶。一路走来，有艰辛，有汗水，但更多的是收获和成长。

3.技能赛的历练

如果说课堂教学竞赛的磨炼让他的课堂更加灵动，那么各类教学竞赛给他带来的就是教学能力和教学水平的全面提升。

20多年来，他积极参加教学课件评比、教师技能竞赛、三字一画竞赛、教育教学论文评比和教学设计、教学案例评优等活动，共计百余次获国家、省、市级奖，如全国新世纪课程研究中心课件一等奖、中国教育学会论文一等奖、教案设计一等奖、全省首届教师专业技能个人全能赛一等奖、全省课改十年论文征集一等奖等。

五、推广和分享

他是教育百花园中的一片绿叶，在学校领导、专家的阳光雨露滋润下，散发春的气息；在众多同事、前辈的修剪、扶植下，阳光成长。他为了不负众望，更要做好绿叶的衬托和服务，为教育百花园的百花齐放尽自己的绵薄之力。

1.论文发表喜

他记得他的第一篇文章正式发表的时候，难以按捺内心的激动，也促使他更积极主动地总结教学成果，形成文字。他在《小学数学教育》《小学教学研究》《江西教育》等教育期刊先后发表10余篇论文，并有8篇原创作品获得人民教育出版社总编室的发表证明。

2.编写教辅乐

他为了更好地分享自己的教学思路和感悟，多次参与教辅材料的编写。

这是一项枯燥而烦琐的工作，但是他一丝不苟地认真对待，先后编写了《小学毕业总复习》《翻转课堂预习本随堂练》《小学数学实验》等7本教材，编写了《小学数学练习册》《小学数学作业本》等30余本练习本，编写了《小学生寒、暑假作业》10余本作业本。

3.国培结缘情

2012年11月，他有幸参加了"国培计划——中小学骨干教师研修项目"，来到东北师范大学小学数学班参加了为期半个月的培训，聆听了课标修订组长史宁中教授、杂志社总编马云鹏等国家级知名学者的讲学，这让他的教育理念得到提升、更新。

4.他是培训者

2013年起，他参加国培计划特岗教师、骨干教师、同课异构送培活动，赴井冈山、抚州、宁都、萍乡、上饶、高安、靖安、宜丰、铜鼓、九江、景德镇、赣州、武宁、新建、安义等地做教学讲座、上观摩课等30余场，和大家分享他的成长和故事，他享受这份艰辛付出给他带来的快乐。

5.分享共进步

分享是果实的奉献，分享是快乐的前提。从教以来，他为各类国家、省、市级的研讨会、观摩会提供数学公开课60余次，如滕王阁之春全国小学数学研讨会、全国高效课堂同课异构名师观摩会、全国和美课堂同课异构、全国北师大系列研讨会、全省学业评价研讨会等，与吴正宪、张齐华、贲友林等教育行家里手一起学习、展示、交流、进步。

六、荣誉中前行

1.成立工作室

2014年，在南昌市教科所的部署下，张珂名师工作室正式成立，各校区和多名外校教师一同加入，他们开始了数学教研的研修和共读。通过研讨会、推进会、推门课、研讨课、汇报课等形式，不定期开展同课异构、沙龙分享等，此前的多版本教学研究也成了他工作室的主攻方向，全体工作室成员继续深入研究。工作室的工作推进和成效也通过了市专家组的验收和肯定。

2.证书与感恩

2015年9月10日，注定是一个不平凡的日子，这不仅是他工作以来度过的第16个教师节，更是他毕生难忘的一个重要日子。这一天，他收到了工作以来最珍贵的礼物，也是他送给自己教师节的祝福。历经一年多的申报、评审、考察、面试，他捧回了省人民政府颁发的特级教师证书。作为最年轻的数学特级教师，他心潮起伏，激动万分。

这是他一直追求的目标，也是对他努力的认可。这是附小平台对他培养和锤炼的成果，也是他的新起点、新方向、新征程。常怀感恩之心，常念有恩之人，他感谢这一路走来给予他帮助的所有人。

3.服务同行者

赠人玫瑰，手有余香。他多次担任青年教师的师父，多次辅导青年教师参赛，做好传帮带工作，认真履行好数学教研组长的责任，走进年轻教师的课堂，积极辅导他们参赛，他们中有多人在省、市级优质课竞赛中获奖。他觉得，参与和帮扶就是一种奉献和价值的体现。

2012年，学校正式成立教育集团，翻开了学校发展史的新一页，作为全国单一法人下学生人数最多的小学，拥有13000多名学子的大附小在不断变革。他得到领导的器重，进入校区教务处工作，主管和负责数学教学。他认真行使使命，牢固服务意识，帮助青年教师成长，为老师们解惑，促老师们成长。他会继续将服务教师这项工作做好做实，不忘初心，一路前行。

4.展示新课堂

教师的真功夫在课堂上，扎根课堂、走进课堂、实践课堂、创新课堂是他痴迷和热衷的事情。有了多次竞赛经历的他，养成了不断深入钻研教材，挑战自我的习惯，也一次次展示自己的数学课堂新变化，也在千课万人大舞台、新经典大讲坛、三江名师展示观摩会、北师大全国研讨会、全国名师同课异构观摩研讨中留下了自己的课堂印记……

5.培训和讲座

除了积极参与各类课堂教学的展示交流，不断挑战自己的数学课堂，他还应邀和江西省教育厅师资处、江西师范大学、江西科技师范大学、南昌师范学院、豫章师院等多所高校合作，受聘为培训讲师团成员；他还积极参加诸如省人社厅、省民进主委会、省教研室、市教育局等单位组织的各类送教活动，累计送教达50余节，开设讲座和公开教学60余场，三年来走遍了20余个县市，和老师们共话数学课程改革，共品数学课堂教学，共享数学给他们带来的快乐。每当他和别人交流他的教学，分享他的课堂，他就无比快乐，在忙碌和充实中享受幸福，体会分享的快乐。

七、敢做敢想新尝试

1.全新的选择

有人说，人生有三个遗憾：不会选择、不坚持选择、不断地选择。而邂逅是一种美丽，邂逅也是一种缘分。为了给关注他的亲朋好友一声问候，为了给自己的离开一个交代，他连夜赶写了一篇美篇《我的未来不是梦》，一天的时间浏览量就过千。他含着泪水看着大家的点赞和回复，他知道他是大家的，他是大家关注的，他更是大家祝福的。

偶然的机遇，他通过特级教师人才引进，来到了基础教育的前沿阵地——浙江省宁波市。有人说，人生当中的每一次遇见都不是偶然。能打动人心的，永远只能是人心，还有信任和真诚。带着彷徨和茫然，他开始了新生活，短短的一个多月，他慢慢适应了新的学校、新的环境，对于一个老师来说，只要有课堂，生命就是鲜活的。他和孩子一起品读数学，和数学组的老师们一同研究数学，坚持教学和教研相结合。新同事们真诚而热情，他从他们身上看到一种对职业的尊重，对孩子的尊重，对家长的尊重，他们都在用服务的态度做教育，无比敬业。

2.路就在脚下

未来，早就在路上等着他了。他要做的不是担心未来的境况是好是坏，而是努力走好脚下的每一步，好让未来的自己不会责怪现在的自己不够努力。未来就在那里，他始终都要去经历的，他带着一颗无惧、坦然的心去迎接属于他的未来，他再次告诫自己：他的未来不是梦！

如今，他已身为人父，更清楚教育的内涵和真谛。他将不断前行，走向一个更为开阔的平原，他的课堂亦将走向一个更开放灵动、更富理智挑战的崭新阶段。他将始终保持一颗年轻的、积极的、向上的心，用现在的努力去实现未来的成功，不断超越自己，践行自己的教学梦，在数学教学的海洋里徜徉。

寄语：亲爱的学弟学妹们，勇敢追梦，勿忘初心。我以亲身经历告诉你们，所有努力都不会白费。珍惜在校时光，广交良友，共同进步。未来路上，鲜花与荆棘同在，请保持善良、坚韧与乐观。只有那些不畏艰难能够沿着陡峭的山路去攀登的人，才有可能到达光辉的顶点。记住，母校永远是你们的港湾，期待你们扬帆远航，创造属于你们自己的辉煌篇章！

创造幸福教育　享受教育幸福

校友简介：陈凤霞，女，1992年9月生，中共党员，中小学一级教师。现任瑞昌市第五幼儿园园长，兼任瑞昌市传统文化促进会副秘书长。

获得县市级"优秀教师""优秀党员""教研先进个人""骨干教师""优秀园丁""优秀指导教师"等荣誉称号。2018年在江西省高校毕业生基层就业典型事迹征集活动中荣获作品一等奖，入选了全国大学生就业典型事迹。2020年被聘为九江学院教育学院学前教育研究所专家。2023年4月，助力瑞昌市第五幼儿园顺利通过了九江市市级示范幼儿园、江西省标准化幼儿园的评估验收，并获得了"江西省第三届学前教育质量提升实验园"。2023年12月，她所在的幼儿园被列为江西省高校与基础教育协同提质实验园，这是瑞昌市唯一一个幼儿园试点园。

说到幼儿园管理很显然最重要的就是保教队伍建设，然而很多人都认为保教队伍建设最重要的就是教师的岗前培训或是教师的专业技能培训，当然这些都是非常重要的。但陈凤霞认为对于一个年轻的团队，一个新生的幼儿园来说，教师的工作状态和职业幸福感才是最重要的。

人们常说要在职业发展中追求职业幸福感，那么什么是职业幸福感呢？它是指主体在从事某一职业时，需要得到满足、潜能得到发挥、力量得以增长所获得的持续快乐体验。何谓幸福？然而，怎样才能让老师们既斗志昂扬又能拥有职业幸福感呢？这绝不是一次两次培训可以做到的，陈凤霞是这样做的。

一、正青春，正能量

人生的苦与乐如同一个硬币的两面，一面是苦，一面是乐。人生是活给自己看的，不必沉浸在他人的言语中，蜷缩于世外的阴影下。幼儿园教师不是一份谁都能做的职业，而且很多人对幼儿园教师的职业特点不是很理解，都觉得幼儿园老师就是保姆。事实上，幼儿园的孩子比小学生难教多了，幼儿教师需要有更加全面的综合素质，知识的传授是次要的，关键是如何系统化并用孩子容易接受的教育方式去激发他们的创造力和探索精神。在面对家长、社会以及幼儿园自身的压力下，很多老师都是得过且过，有的是消极对待，有的是对工作的抱怨。面对这样的情况，作为管理者应当及时反思，是幼儿园的工作确实太多，还是老师的思想状态出现了滑坡。如果是思想出现了滑坡，那就要给老师们灌输正能量了。

陈凤霞是一个年轻的管理者，带领着一群年轻的老师，大家的年龄差不多，相互之间没有代沟，缺乏的只是沟通。平日的工作中，她从未把自己当领导看，与同事之间总以好姐妹相称，可她们总有所戒备，很多掏心窝的话都不会跟她讲。面对她布置的工作也只是表面上不埋怨，背后觉得她要求高。其实，她布置的任务都是必要的，对于她们的专业成长都是非常重要的，只是她们的认识还没上升到这层高度。可是一所幼儿园，只有她一个人这样是远远不够的，她想通过自己的努力改变老师，改变她们的工作态度，让她们变被动为主动。于是她每天坚持在自己的朋友圈分享正能量的文章，每天在幼儿园里都像打了鸡血一样地工作。当她看到越来越多的人在她的朋友圈里给她点赞，当她看到面对一次次的任务，她们都坦然接受并且能够认真完成的时候，她笑了，因为她成功了。正值青春年华，就应该努力拼搏，就应该斗志昂扬。既然青春留不住，莫让年华空虚度。对生活永远充满希望，微笑地面对困境和磨难。

二、赏其优，容其缺

　　当前的学前教育改革极大地改变了人们的教育理念和幼儿的学习方式，也将从根本上改变教师的教学方式。作为幼儿园的行政管理人员，不能总是盯着别人的缺点不放，而是要用一颗包容孩子的心去包容教师，要用一双发现美的眼睛去寻找教师的优点和特长，并将其放大或是经常性地拿出来表扬。人都喜欢听赞美的话，孩子如此，教师亦如此。

　　作为教师，带班的时候应该是最怕领导查班的。而作为领导要注意不能总拉长个脸，不是要有多大的威风去震慑她们，而是要想方设法地让老师们喜欢你去她们班，去和她们班的孩子做游戏。当然，这对管理者的要求就比较严格，它要求每一个管理者对不同年龄段的孩子的年龄特点都非常清楚，而且对幼儿园的各项工作都非常了解，不仅要知其然还要知其所以然。

　　对老师工作中的疏忽，她都能够理解，因为她总在换位思考，也从来不去责备她们，通常都是用婉转的话语提醒她们。她是一个年轻的管理者，更是一个虚心的学习者，她主要从事管理，很多的带班经验她都是跟这里的老师学的。她发现她们有很多独特的一面，每位老师都有独特的人格魅力，都隐藏着许许多多优良的思想品质，这些思想品质一直牵引着她们细心、耐心的工作。面对孩子，她们是那么有爱心；面对家长，她们是那么有耐心；面对同事，她们又是那么热心。古人都说："人非圣贤孰能无过？过而能改，善莫大焉。"有时候她们就像孩子一样，有一颗童心，有孩子一样的天真无邪。也许工作中偶尔会出点小差错，有点小插曲，但这都是非常正常的。应该用看待孩子的眼光去看待每一位老师，对她们要更加用心呵护，因为她们才是真正守护孩子的精灵。

三、聚人心、促发展

幼儿园是以女子为主的教育机构，免不了多点小纠纷、小隔阂什么的。面对老师们的个性、自我，她的观点是尊重个性，鼓励创新。

幼儿园是大家共同的家园。她始终注重营造一个民主、团结、融洽、活跃的工作环境，而创设相互尊重、相互信任、协调和谐的氛围是大家所追求和向往的。老师们倡导工作是工作，生活是生活，工作有节奏，生活有情调，把生活和工作有机融合起来，努力实现理想状态。

一所优秀的幼儿园，少不了一群爱园如家、爱生如子的老师。打造园所文化，凝聚群体智慧，提升教师品位，引领团队进步，一直是她队伍管理与建设的中心工作。幼儿园经常举办各种参观、培训、沙龙、专题研讨等活动提升老师们的专业素养和人文品位，组织爬山等活动愉悦教职工身心。当看到老师们工作时脸上时常显露的笑容时，她的内心是喜悦的，这应该就是幼儿教师的职业幸福感吧。

寄语："感性是理性之母，你只有感动了自己，才能感动别人。"管理有时就是这么简单，没有那么多的条条框框，只要用心做事，就能换来真情。希望所有豫章学子都能倾注自己对幼儿教育的全部热情，保持初心，砥砺前行，在平凡而又不平凡的岗位上发光发热，努力创造幸福教育，享受教育幸福。

坚守担当　潜心幼教

校友简介：陈菊兰，女，1973年8月生，中共党员，中小学高级五级教师，石城县气排球协会副会长，石城县气排球专委委员，国家二级气排球裁判员。现任石城县古樟公立幼儿园园长。1993年毕业于南昌幼儿师范学校特师专业。

被评为全省中小学优秀班主任、赣州市小学骨干教师、石城县首届学科带头人、石城县首届教学名师、县市优秀教学能手、县级优秀教育工作者、莲乡最美园长等称号。指导16名学生获省级一、二等奖项，4篇论文在国家级期刊发表，16篇论文在省级期刊发表或获奖。

"时间从来不语，却回答了所有问题。"陈菊兰从来不怨，却让人见证了教育的真谛。为迎接"国检"，她废寝忘食；学校没有音体美教师，她兼任多科教学，深受学生喜爱；为了提高素质教育质量，她担任小学数学教学，被评为市县学科带头人、骨干教师；为了教育公平，她去创办了全县第一所乡镇公立幼儿园。无论在哪个岗位，她都非常出色，她秉承了师范教育的优良传统。师范生，要一专多能，无论在哪个岗位，都必须出彩。她用行动诠释了"四有"好老师的担当，展现了新时代教育工作者的形象，为教育高质量发展奉献了30年的汗水与心血。

一、坚守担当　甘于奉献

2015年8月，对她来说是人生路上的一个转折点，她欣然地接受了县教育局的安排，去龙岗乡创办第一所乡村公立幼儿园，填补石城县乡村公立幼儿园的空白。当时她的这一举动，令很多人费解。在县城工作20多年，年纪也老大不小，各种荣誉、职称都有了，还去肩担重责，而且是去县边远乡镇，尤其那时在修路，一个单程就要近两个小时。无论从工作的环境，还是从照顾家庭的角度来讲，她都不应该去，但她去了。她为的是不辜负领导对她的栽培和期望，生动体现了母校"无论在哪个岗位，你必须出彩"的教诲。

尽管幼儿园的基建工作琐碎而繁杂，特别是该幼儿园工地老板因各种原因拖延工期，经常停水停电，但丝毫没有影响幼儿园的正常运行。她经常起早贪黑，一边督促基建，一边带领全园教职工全身心投入教学。她制定了幼儿园的管理制度和将它打造成一所"精致、清爽、舒服、有内涵"富含"莲文化"的乡村幼儿园的三年发展规划。

电视台来园采访时，村民们个个兴奋地说："我的孙子自从进入了龙岗公立幼儿园，在老师悉心调教下，注重锻炼，感冒都少了，这个幼儿园的管理水平和深圳的幼儿园没有差别。""自从入了幼儿园，孩子不想爸和妈，吃喝拉撒全包下，快乐成长棒极了。"这就是石城县第一所乡村公立幼儿园的口碑。

二、敬业务实　知行共进

她敬业务实，公而忘私。为了幼儿园的发展，经常忙得像陀螺，心里几乎只有幼儿园。家里还有瘫痪在床7年的85岁高龄的婆婆，加之丈夫也常年扎根乡下，是一所乡村中学的一把手。她亏欠了婆婆，亏欠了父母亲，更亏欠了自己的孩子。不知有多少次母亲含泪对她说："人家都是女儿在家照顾孩子和父母，你呢？只有幼儿园，难道幼儿园比家人还亲还重要吗？"

是的，她确实认为经营幼儿园胜过经营自己的家，她以身作则，努力营造一个温馨的育儿环境。在工作中，保教保育她一马当先，脏活累活带头干。在幼儿园里，她既是园长，又是主任；既是老师，又是老师们的知心大姐；既是教学的指挥棒，又是教学的领头羊，更是老师们的"安慰剂"和开导师。她给自己定了一条规矩：家里没事就留园居住，料理好园务，每天关注一位老师，经常与老师们的家属沟通，使家属们也支持、赞同、认可幼儿园的工作。

建园期间，她始终坚守校园施工现场，不仅脏活累活带头干，而且经常带领家人义务参与。脸晒黑了，手磨破了，人消瘦了，但她心里踏实了。在幼儿园连续加班是常事，有的教师难免会有点怨言，她总是笑着对老师们说："为了孩子，为了我们当初的选择，一切都值。"还记得2019年6月15日，她刚回到家，雷雨大作，她担心园里新建的水池和水沟会被堵，于是又冒雨赶回园里，疏通了两个多小时，导致她严重感冒，但她还是要坚持上班，直至29日幼儿园评估完毕，她才露出了久违的笑脸。

三、逆流争先　扬帆济海

为了使幼儿园形成母爱化、儿科化、幼稚化、微笑化、亲情化的良好氛围，培养"四有"老师和"五优"幼儿。一方面，她积极争取有关教师培训的机会，利用节假日带领教师外出学习，和周边县市的幼儿园结对帮扶，形成教研共同体。另一方面，她积极主动开展家访，为家长宣传幼教保育方面的科学知识和方法，还经常带队家访。半年来，几乎上门走访了所有的幼儿家庭。

每个学期她都会自费为困难幼儿购买些学习用品。特别是古樟公立幼儿园刚建时，铜锣湾小区贫困家庭有68户，她帮助好几个家庭垫付保教费用。家长们赞赏她，社会认可她，孩子们喜欢她。每当听到孩子亲切地叫她"园长妈妈"时，她更感责任重大。

作为一个单位的负责人还要具备一定的沟通能力。她积极与当地政府部门、兄弟单位、周边居民搞好关系，在乡党委、乡政府的大力支持下，一座连通幼儿园与街道入口的桥建造好了。办园伊始，举步维艰，得到了社会爱心人士和兄弟单位的大力帮助。有的向幼儿园捐赠净水设备，有的向幼儿园捐赠立式空调，有的向幼儿园捐赠办公桌椅。在政府的支持和社会的关爱下，幼儿园取得了快速的发展。她是个幸运的人，领导给了她关怀，家人给了她鼓励，朋友给了她帮助，家长给了她支持，社会给了她肯定。她没有辜负领导，没有辜负家长，没有辜负社会。她创办的两所幼儿园先后被评为市级示范幼儿园。

在办好人民满意的教育路上，她和老师们一起"5+2"；在为石城教育高质量发展路上，她和老师们一起"白+黑"；在潜心幼教路上，她和老师们推心置腹，坚守担当。

成绩只能代表过去，拼搏才有出路。确实，她是一个精益求精的人。她谦虚谨慎、不骄不躁，加倍努力地在幼教这块沃土上继续耕耘。在"从无到有，从有到优"的办园历程中，她克服重重困难，不忘初心，潜心幼教。她秉承"开启人生第一把钥匙"的办园宗旨，坚持"以德为先、幼儿为本"的办园理念，实施"游戏化教学、个性化发展、生活化教育、快乐中成长"的办园特色，贯彻"精细化管理、内涵式发展、母爱式保教、家校式共育"的办园方向。让教育充满活力、让教师充满智慧、让游戏点亮童年将是她努力的方向。

寄语：脚踏实地，俯身聆听；躬耕教坛，助孩摘星。让自己充满智慧，让孩子充满活力，让教育充满温度，努力做一个让社会敬仰的人。

守幼教初心　做最美幼师

校友简介：罗根，男，1990年10月生，中共党员，中小学一级教师。现任江西省高安市城南幼儿园副园长，兼任高安市朗诵与语言艺术家协会主席、高安市青年志愿者协会副会长。是江西省朗诵与语言艺术协会会员、宜春市声乐学会会员、共青团宜春市第四次代表大会代表、宜春市文学艺术界联合会第三次代表大会代表。2012年毕业于南昌师范高等专科学校学前教育与特殊教育系学前专业。

被评为江西最美幼师、江西百名优秀幼儿教师、高安好人·敬业奉献好人、高安市优秀志愿者、高安市优秀教师、国培计划（2014）优秀学员、国培计划（2015）优秀辅导员、先进工作者等。

在教育的田野上，总有那么一些身影，他们默默无闻，却以坚定的步伐，在孩子们的心田耕耘。他们是孩子们心中的灯塔，是知识的传递者，更是灵魂的塑造者。今天，我们要讲述的，就是这样一位教师的故事——罗根老师，一个坚守初心，用坚毅和智慧点亮孩子们未来的人。

一、坚毅：宝剑锋从磨砺出

他自幼丧父，母亲改嫁，由年迈体弱的祖父母抚养长大。因为家境贫寒、生活窘迫，直到8岁才开始上学，并向政府申请了贫困补助。缺失了学龄前教育的他更加明白，有着快乐的童年是多么幸福的一件事。

正是因为童年没有一个良好的教育环境，心怀遗憾的他毫不犹豫地选择了男生稀缺的幼教专业。当时身边的亲朋好友对他的选择大都是反对与不解的，认为男幼师没有发展前途，劝他放弃。很长一段时间里，他都不敢跟家人说自己学的是幼教专业，只说是师范专业，将来毕业当老师。面对种种质疑，他选择了用实际行动向所有人证明自己的选择，他的执着最终也赢得了家人的理解与支持。

上大学后，为了减轻家庭负担，他勤工俭学，并每年都以优异的成绩获得一等助学金。为了提高自己的专业水平，他每天利用课余时间去图书馆看书或去琴房练琴、练歌，常常错过饭点。"宝剑锋从磨砺出，梅花香自苦寒来"，一次次认真乃至苛刻的打磨，终于成就了现在勤奋踏实、虚心坚毅、积极进取且功底扎实的罗根老师。

二、善学：为有源头活水来

2013年8月，23岁的他通过全省招聘考试，并以面试第一的好成绩进入高安市城南幼儿园任教，是高安市唯一的男幼儿教师。如今已是他工作的第11个年头。

在这条道路上，他也曾经想过退却。幼儿园的事情繁杂琐碎，和他一同毕业的另一个男同学已经转为小学教师，家长的质疑扑面而来："真不明白为什么幼儿园会安排男老师教小朋友，孩子就应该在母爱般的呵护下长大"……这一切都让他感到迷茫，最终，他还是坚持下来了，用能力让更多的家长认识到，相比女性老师而言，男老师能带给孩子更多的阳刚之气，让孩子更加独立，更加自信。

值得一提的是，爱人与自己同行，是一名乡镇中心幼儿园的老师，无论是在工作上还是生活中，哪怕遇到风雨和坎坷，两人都是携手同行，互相鼓舞，相互激励，相互支持。

一个老师要适应社会的发展，要想取得更大的成绩，就要不断学习专业知识，提高教学能力。为此，他一直坚持参加国家、省、市、县等各级各类教育培训，在专家的影响和熏陶下，罗根充分利用业余时间潜心学习幼教理论，研究教育教学规律和管理方法，积累了大量的知识经验，储备了能力，在各级各类网站及微信公众号上发表教育新闻数十篇。参加国家、省、市教师专业素养大赛多次获得一、二等奖。他还经常受邀担任市级主题演讲比赛、经典诵读比赛、红色文化案例评选活动等专家评委。

三、乐教：幼教过程难题多

罗根在十来年的教育教学中成为全能幼师：有趣的故事、精美的手工、好听的儿歌、美妙的琴声，他信手拈来；生活上，他拖地打扫、扎辫子、剪指甲、量体温……已经是刀剪织缝样样精通，琴棋书画无所不能。

不论是面对什么家庭背景的孩子，罗根一直努力做好每个孩子的启蒙教育。有个别孩子因为父母离异，缺乏母爱或是父母的陪伴，性格有些问题。对于这类孩子，他会与家长多沟通交流，及时了解孩子的日常行为习惯，给孩子更多的鼓励和关心。他的付出让家长和学生都记在心中。

谈起孩子们的教育，他由衷地希望能够让更多的孩子得到良好的学龄前教育。作为幼教老师，他始终以此为目标，并不断提升教学水平。

以梦为马，不负韶华。他的勤恳、踏实、负责，领导都看在眼里，记在心头。2021年9月，组织上经过考察后，任命他担任高安市城南幼儿园副园长。这既是组织对他的充分信任，也是组织对他的考验，他要用优异成绩回报组织的认可。

四、热心：直缘多艺用心劳

在工作之余，他有很多的兴趣爱好，朗诵、演讲、唱歌，并且都取得了不错的成绩，如获江西省幼儿园教师专业能力展示活动讲故事比赛第一名、宜春市中小学幼儿园教师演讲比赛第一名……不仅如此，他还鼓励学生多方面发展，培养他们的兴趣爱好，将来走上社会有一技之长，在就业方面也有优势。生活中，他经常是看到谁有困难都会主动搭把手，从来都是不求回报、不辞辛劳、不厌其烦。

他还是一个热心社会公益活动的人，积极参加高安市青年志愿者协会、高安公益大联盟等爱心平台举办的志愿活动。他参加社会活动最大的收获就是结识了更多的朋友，扩大了人际圈，提升了自我，也得到了快乐。

饮水思源，不忘母校培育之恩。作为一名豫章师范学院的师范生，虽离开母校已经十来年，但大学三年的校园生活仍然历历在目，记忆犹新。这些年，他心里一直记挂着母校的发展，也一直关注着母校的动态。母校，见证了他的青春岁月；同样，母校在他心中也永远是个特殊的存在。

寄语：时光不负追梦人。我们总会长大，会试着成熟，会学着放弃，甚至会包容一切。青衿之志，履践致远。回头看，轻舟已过万重山；向前看，前路漫漫亦灿灿；看现在，少年奔赴向未来。人生就像一只储蓄罐，你投入的每一分勤奋，都会在未来的某天，回馈于你。而我们要做的，便是每日多努力一点点，进步一点点。因为越勤奋，越幸运！

铆足三股劲儿　答好人生卷

校友简介：朱家香，女，1987年1月生，中共党员，中小学一级教师。现任南康区特殊教育学校副校长。2010年毕业于南昌师范高等专科学校特教专业。

被评为赣州市"最美教师"、南康区"优秀班主任"、南康区"十佳少先队辅导员"、南康区小学语文"骨干教师"、南康区信息化"骨干教师"、南康区第二批小学语文名师班优秀学员等。在赣州市少先队辅导员说课大赛中获特等奖，在南康区听评课比赛、教坛新星展示等多项活动中荣获一等奖，指导学生老师多次获国家、省、市级等奖项。

独登圣地三尺台，
挥洒所学八斗才。
道尽人间天下事，
缕缕春风扑面来。

入职14年以来，从一名"教坛萌新"成长为独当一面的业务骨干、学校管理层，时间在朱家香的身上深深镌刻下成长的烙印，这份成长的力量来源于她身上的三股劲儿——锲而不舍的韧劲儿、踏实肯干的拼劲儿、守正创新的恒劲儿。

"青春是把双刃剑，一个人的青春可以平庸无奇，也可以放出美丽的火花；可以因虚度而懊悔，也可以用结结实实的步子，走到辉煌壮丽的成年。"这是她作为一名教师的格言。正是在这条格言的指引下，她铆足了三股劲儿，答好她的人生卷，一路走来，身后留下的是一串串坚实的脚印，写满了勤奋、谦逊、严谨、求实……

一、锲而不舍的韧劲儿，充电路上感动人

"问渠那得清如许，为有源头活水来。"参加工作14年来，她以强烈的事业心和高度的责任感赢得了同事和家长的赞许。在这14年的时间里，她把满腔的热血献给了挚爱的学生，把勤劳和智慧融入这小小的三尺讲台，使这块沃土上的花儿茁壮成长，竞相绽放。她始终以工作为重，潜心教育，通过各种途径，努力提升业务水平，加强知识储备量。她始终把教育当成最伟大的事业，把教师当成最伟大的职业。多年的教育情结在她心中落地生根，开花结果。在工作中，她一直以张桂梅等全国优秀教师为榜样，认真落实立德树人根本任务，把每个学生都当成自己的孩子。在学生眼里，她是母亲一般的形象。她坚持教书与育人相统一，言传与身教相统一，主动俯下身子与学生沟通，总是用慈母般宽容关爱的话语与学生沟通，帮他们纠正错误，燃起学习动力。学生生病了，老师领着看；成绩下滑了，老师来谈心；成绩提升了，老师给奖励。正是这样的品德和高尚的精神境界，让学生在她的关爱中养成了优良的道德品质，所带班级成绩名列前茅。用她的话来说："她要用有限的生命、有限的力量为孩子们多做点事。"朴实无华的言语下，蕴含着她对学生最深沉的爱。每每面对一些家长的礼物、红包，她总是毫不动摇，保持立场，毅然决然推辞掉，每次都是诙谐地说道："孩子好好学习，养成好品质就是给她的最大礼物。"她也从不比阔气、讲排场，是身边同事艰苦奋斗的榜样模范，从不为社会上不良思潮所浸染，时刻保持对纪律规矩的敬畏，她的廉洁形象，让同事称赞，让家长放心，让学生满意，展现了一个教师廉洁奉献的优良作风。

二、踏实肯干的拼劲儿，一花独放不是春

"宝剑锋从磨砺出，梅花香自苦寒来。"课堂教学是一门艺术！实践是

砥，人以此磨炼方能进步。朱家香还记得那年刚到南康区实验小学，学校领导就安排她在开放周上一堂语文公开课，由于教学经验尚浅，时间很紧，她设计好思路后，学校领导来听课了，结果课的效果很一般。课后她伤心了，但是伤心过后是激情与拼搏。那一夜她彻夜未眠，写了改，改了写，找资料直至天明。过后，学校领导特意找来了教科所的主任来给她磨课，一遍又一遍指导她。再次上公开课时，当她以独特的教学思路、新颖的教学方法讲课时，校长欣慰地笑着说："干工作就得有这样一股拼劲儿。"就这样，她在艰辛与甘甜中感受到成长的疼痛与畅快。

新课程改革对一个小学语文老师的自身素质提出了更高的要求。为了提高自身素质，锤炼自身的教学基本功，她在业余时间学习电脑操作、课件制作等。在教学工作中，她更是精心设计每一堂课，力求节节有新招，课课有新意，她所教过的每一个班级，成绩都名列前茅，这些与她所播撒的汗水是成正比的。2014年任班主任时，班上的一位女孩因为父母离异，无法给予她更多的关爱，孩子患抑郁症，只能由外公外婆带着。一天，孩子突然说道："老师，我怕……"听到这样的话，她急忙亲切回复："宝贝，怎么啦？"结果孩子抱着她号啕大哭起来，听着孩子的哭声，她同样泪如雨下，仿若戳到了内心的痛点，了解到孩子缺少母爱，她就每天想方设法地和孩子聊天，分享快乐，让孩子有话都对自己倾诉，经过半年的努力，孩子也逐渐开朗了起来。也许朱家香就是这样一个能让学生永远信赖的人，不用做什么特别的事情，就能让学生视她为家人。

三、守正创新的恒劲儿，教育路上永向前

"路漫漫其修远兮，吾将上下而求索。"跨区上班的她，每天早上六点起床，只为了能带领孩子们一起早读。数不清有多少个休息日，她在为学生批改作业。14年来，教学实践使她懂得了心的含义，情的内涵，爱的结构。

她在担负着与其他老师相同的教学任务的同时，还要管理班级，工作时间长、教学任务重、非教育教学性事务干扰大。她任班主任期间，始终心怀强烈的事业心和高度的责任感，本着对学校负责，对孩子负责的态度，经常加班加点，通宵达旦，早自习比学生来得还早，自习下课后还组织辅导学生，深入寝室检查等，每天早出晚归。面对高强度的工作，她也从没叫一声苦，喊一声累，面对身边人的担心关心，她总是打趣一笑说："累点好啊，睡眠质量好。"朴实的话语中，蕴含着她对教师职业最虔诚的爱。一朝爱岗不难，难就难在十年如一日地爱岗；一朝敬业不难，难就难在十年如一日地敬业。她深深感慨道："教学的每一个日子都记忆犹新，一次又一次地讲解课程，剖析思想，当看到学生成绩上升，觉得一切辛苦的付出都是值得的。"

痴心一片终不悔，只为桃李竞相开。她把爱融于教育事业，把爱播撒给学生。岁月如流，人生无悔，一路艰辛一路歌。转眼间，她从事教育工作已经14载。"不忘初心，方得始终"，在教育大道上，她始终朝着心中最初的梦想砥砺前行，不负韶华！

寄语：亲爱的学弟学妹们，人生旅途漫长而又美好，愿你们在前方的路上，始终保持一颗追求卓越的心。从此刻起，你们要拥有自己的梦想，追寻自己的人生价值。珍惜每一次机会，抓住每一次挑战，铆足三股劲儿，锻炼自己，成就自己。未来或许充满了未知，但请相信，自己永远是最好的答案。

坚定理想信念　坚持实干担当

校友简介：罗建刚，男，1988年10月生，现任江西省吉安市第三中学资助中心主任、采购办主任、理科支部纪检委员。2011年毕业于南昌师范高等专科学校体育系体教专业。

2020年被评为"国家级考试优秀工作人员"，2020年荣获国家级优质课一等奖，2021年荣获国家级课件一等奖，在国家级刊物上发表论文2篇，主持2项国家级独立课题研究，并且获得优秀论文、课题一等奖。

一、感恩母校培育，胸怀未来梦想

2008年，罗建刚走到了人生的第一个十字路口。一个从农村出来的孩子做出了重要的决定：报考师范，将来当个老师。那时，南昌师范高等专科学校体育系体教专业具有学费低、社会实践多、专业实力不俗等优势，是个不错的选择。于是，带着心中的梦想独自踏上前往南昌的求学之路。"学高为师，身正为范"，他深知将来当老师的话，要想给别人一杯水，自己不但要有一桶水，而且要有源源不断的活水。所以在大学期间，他不断学习和思考，积极参与社会实践。他深知要紧跟时代步伐，与时俱进，在大专毕业后，函授了本科学历，提升了个人的学历与专业水平。他通过各种途径不断更新观念，提升业务能力和水平。

树高千丈不忘根，常念母校培养恩。每每谈起母校，他的心里都会不由得燃起自豪与感激之情，一叠已经泛黄的证书，留存着那段美好的校园青春时光，每一张荣誉奖状都承载着母校对他的精心栽培。正是母校老师的精心培育，让他明白了如何做人，如何工作，更重要的是坚定了当好一名教师的信念。

二、目标犹如灯塔，时刻记挂于心

谈到所从事的工作，他有着深刻的认识：教师是一个良心职业，教学是一个良心活。"爱岗敬业、教书育人"，这是社会对教师职业道德最基本的要求，但教师工作很难量化，教得好不好，用心不用心，难以评判。作为教师，他认为既要对得起自己，又要对得起学生。凭良心教书育人，尽心尽责做好分内工作，时时处处想着学生，心里始终装着学生。

10多年以来，罗建刚一直严格要求自己尽心、尽力、尽责做好每一件事情。他仍记得第一次上课的时候，虽做好了充分准备，但依旧手忙脚乱，课堂节奏也比计划的快了很多。而他现在的课堂，不用看时间就能够准确地把控授课进度。唯有不断总结、不断磨砺、不断创新，才能够站稳讲台。为了提高自身的教学本领，他积极参加了各类教学技能培训，进行了课程建设和教研教改项目建设，尝试了各种新的教育教学方法，并多次获得省、市、区荣誉，现在已经成为吉州区骨干教师。但他意识到自己离教学名师还有差距，也更加理解教学之路无尽头，必须一直在路上不懈探索。

三、坚定理想信念，坚持实干担当

一代人有一代人的使命，一代人有一代人的担当。罗建刚政治素质过硬，拥护党的领导，具有很强的党性观念和政治理论水平；认真钻研，求真务实，作风严谨，工作成绩突出，是深得认可和信赖的好教师。在对待学生方面，他一直坚持以学生的根本利益为先，贡献自己、造就他人是他的教育初心，爱岗敬业、无私奉献、廉洁从教是他的职业操守。

作为青年教师，他始终牢记青年教师的使命担当是为党育人、为国育才。他认为既然选择了教师这份职业，就一定要风雨兼程，要无怨无悔。在吉安三中这样一个包容、学习的平台，他总是不忘向优秀的老师学习，站稳属于自己的讲台。人民教师无上光荣，他非常珍惜这份光荣，爱惜这份职业，为此他严格要求自己，不断完善自己，珍惜来之不易的岗位，做好自己的事，赢得业内同人的尊重。为了成长，他发挥内驱力，勤奋学习，乐于研究，借助学校师徒结对的平台，虚心向师父请教。在单位，他凡事讲规矩，爱岗敬业，做事严谨、细致，脚踏实地，埋头苦干，做到了干一行，爱一行，钻一行。作为一名老师，他深知课堂才是主阵地，所以他一直在思考如何管理好自己的课堂，密切关注学生学习，通过课堂教学改革提升教育质量，减轻学生课业负担。

对同事友善、热情，始终以宽容的心态对待每个同事，总能以服务意识做好各项工作。作为学校资助中心主任，他工作勤勤恳恳，任劳任怨；作为一名共产党员，他始终以优秀党员的标准要求自己，处处发挥党员先锋模范作用，恪尽职守，无私奉献，以身作则，用自己的言行诠释了共产党员的先进性。

四、扎根平凡岗位，淬炼精彩人生

学校有大量的留守学生，他们的父母常年在外务工，缺少父母的监管照料。其中不少学生行为变得散漫起来，有的开始迷恋网络游戏，甚至打群架，没有心思学习。针对这类学生，罗建刚积极主动参与帮扶工作。他会针对性地对他们进行思想教育，积极引导他们。为了更好地了解留守学生的情况，他经常和他们的家长电话交流，和学生的祖父母、外祖父母交流、谈心，让远在千里之外的家长对自己的孩子放心，让他们时刻了解自己孩子在学校的动向。

2016年12月的一天，他在学校大门口值班，那天天气不好，下雪，地面结冰，有一个李姓学生骑电动车因车速过快，不慎摔倒在地，当场昏迷。他见状立即拨打120，跟随医务人员护送李同学到医院抢救，一直陪护在边上，直到该学生的爷爷到医院后才离去。2016年，单位组织到河南洛阳参观学习期间，学校一名女老师突然晕倒在地上，不省人事，罗建刚积极主动协助学校领导将该教师送往医院做检查，陪护该教师做各种检查。检查后，医院下达病危通知书，医院要求学校陪护照料，等待家属过来处理后面的事。他主动作为，全程参与，协助该教师家属处理后面的事。2018年5月的一天，正值下班时间，他看见一伙社会闲杂人员进入校园，他及时和保卫处联系，杜绝一起校园安全事件。作为党员干部，他总能在平凡的岗位上耐心、细心、用心地工作。2022年9月，吉安市吉州区突发新冠疫情，他是坚守一线的防护员。疫情就是命令，防控就是责任。担当就是使命，岗位就是战场。学校要求全天候24小时轮班制值守，他便挺身在前，积极主动请缨到最危险的地方值守，哪里需要就去哪里。在做好自己岗位值班工作之余，连续26天为27个值守点的174名教师送去一日三餐。他自己家里小孩没人照顾，说起这些，他总是说，只要能为阻断疫情做出一点贡献，再苦再累也是值得的。

  从大学求学到参加工作，他就是这样勤勤恳恳、踏踏实实、兢兢业业。他说正是这样平凡的岗位才铸就了现在的他。他说要感谢学校给予的平台与资源，让他能在一个舒适祥和的环境中心无旁骛地追求他的理想，施展他的拳脚；他说感谢那些为他传道授业解惑的老师和那些在生活与就业上给予他巨大帮助的辅导员们，他们是他专业上的引路人，更是未来路上的指明灯；他说感谢那些曾经并肩奋斗过的兄弟姊妹们，谢谢他们的支持与陪伴。他希望母校滋兰树蕙、永续华章，希望每一位老师身体健康、工作顺利。

寄语：在未来的教育道路上，师弟师妹们将面临许多挑战和机遇，希望大家做到以下几点：

1. 保持热情和好奇心。教育是一项充满激情和好奇心的工作。请始终保持对知识和学生的热爱，不断追求新知，激发学生的学习兴趣。

2. 勇于创新和尝试。教育方法和技巧在不断发展和变革，作为一名教师，你们需要勇于尝试新的教学方法，以适应不断变化的教育环境。

3. 关注学生的个体差异。每个学生都是独一无二，他们有着不同的兴趣、能力和需求。请关注学生的个体差异，因材施教，帮助他们发现自身的潜能。

4. 建立良好的师生关系。尊重和关爱学生是建立良好师生关系的基础。请用心倾听学生的声音，关注他们的需求，与他们建立真诚的信任和友谊。

5. 不断提升自己。作为一名教师，你们需要不断学习和成长。请珍惜每一个学习的机会，提升自己的专业素养，为学生提供更优质的教育。

6. 保持耐心和毅力。教育是一个长期的过程，需要耐心和毅力。请相信，只要你们坚持不懈，终会看到学生的成长和进步。

7. 保持乐观和积极的心态。教育工作中难免会遇到挫折和困难，但请保持乐观和积极的心态，相信自己有能力克服一切困难，为学生创造一个美好的学习环境。

他的教育创业故事

校友简介：潘国强，男，1976年3月生。现任广东明世教育集团有限公司董事长、广东民生在线教育科技有限公司创始人兼CEO，为全国新继教生态圈创始人。1994年毕业于南昌师范学校普师专业。

获得中国农工民主党广州市委员会精准帮扶突出贡献奖，被评为网易教育2018年度教育行业影响力人物、2018年度广州电大系统优秀校长等。

一、一颗不安分的心为理想勇闯广州

潘国强出生在江西南昌新建的一个普通农村家庭，自幼在农村长大。在那个物资贫乏的年代，农村的生活十分艰苦，能供得起孩子上学的家庭凤毛麟角。在老一辈父母的心中，始终相信教育可以改变命运，靠着全家人省吃俭用和家里微薄的积蓄，父母排除万难供他上学读书。1991年，不负家里的期望，他以优异的成绩考入南昌师范学校。

1994年毕业后，他被分配到老家的小学，走上三尺讲台成为一名人民教师。

1995年，不想止步于此的他选择继续深造。1997年本科毕业后，他再次回到老家的大塘中学，兢兢业业任教4年。

和很多创业者一样，不折腾不人生。在老家任教几年后，不顾家里的反对，他毅然辞掉稳定的工作，决定去广州折腾一番。其实理由很简单，就是想多赚钱，让家人过上更好的生活。于是，2001年，他怀揣着拼搏的理想，只身前往广州，寻找新的工作机会。

二、创业实现价值，逆境历练成长

即使是2001年的广州，消费水平也比老家高出很多。口袋里揣着紧巴巴的生活费，他第一次深刻感受到要在此安身立命如此艰难。繁华的城市夜景来不及细看，他就马不停蹄地投入找工作的人海里。几经周折，他顺利进入国家开放大学的区属体系院校任教，开启了他在开放大学体系内工作的10年。

在开放大学任职的10年时间里，他接触过很多成年学子，知道他们对学历继续教育的需求，也跟着学校学会了诸多办学管理的经验。他认识到，与普通全日制高校相比，开放大学是给全民提供一个学历教育的两次、三次乃至N次的学习机会，是终身学习、终身发展的需要。

他平时晚上和周末去其他学校兼职上课，业余时间还干起家教，其间多次尝试创业，但是没有一个有结果的项目。

都说不打没有准备的仗，在经过对成人继续教育市场的深度调研后，在沉淀10年之际，他再一次放弃稳定的工作，成为教育创业者，开始探索新的教育模式。他用10余年攒下的钱收购了一所培训学校，租了一间办公室，创办了蓝星教育，顶着广州近40℃的高温，在地铁口、学校门口发招生传单，就这样开启了成人继续教育办学创业之路。

从2010年到2013年，靠着不断摸索和做有价值的教育服务的理念，他们的教学和服务逐渐得到学生认可，很多学生会介绍他们的朋友过来学习，慢慢地招生人数越来越多，师资队伍也逐渐壮大，他们在广州成立多个校区。短短3年时间，创业初具规模。

2014年，初尝甜头的他，带着一点狂妄自大的想法，为自己的创业之路做加法，投身青少年教育市场，大动作投建青少年宫。不承想，顶着"青少年"名头的青少年宫，有一天也会步入"中年危机"。由于功能定位不统一，社会对青少年宫的认同度逐渐降低，其公共服务能力也有所下降，这致使青少年宫面临师资和生源的双重打击，不到两年，这项业务就以倒闭告终。

屋漏偏逢连夜雨，2015年，随着互联网的快速兴起，传统招生模式逐渐被淘汰，他们的生源出现了断崖式下滑，创业的主线成人继续教育办学之路也越来越难走。"不改变传统的模式必将被时代淘汰"，在他脑海中不停浮现这种声音，是时候认真复盘总结失败经验，思考如何破局了。

三、拥抱趋势，积极变革，向上而生

既然传统的招生模式行不通，那就拥抱趋势，踏上在线教育的探索之路。他马上引进了专业的在线教育平台研发与运营团队，在互联网快速发展的风口下随波逐流，成为广东省较早吃到螃蟹的人。

都说天道酬勤，当一个人全力以赴投入一件事情，老天爷也一定会给他回报。所以他也想对创业者们说："面对逆境是越来越糟，还是破局变好，取决于你的努力，以及面对大方向的选择，这基本决定了一个人一生的沉浮。"

2015年之后，公司在"互联网+教育"的模式下，快速扩张全国市场，在广东省内、省外多个地区成立了30多家分公司和校区，组建广东明世教育集团，开始以集团化模式运作。到2019年，集团累计服务学生数百万，员工人数也达2000多人，他们成为华南地区成人继续教育办学龙头企业。

四、不破不立，开启C2B转型之路

2019年，对他来说是特殊的一年。他带领明世教育集团，与香港上市公司民生教育集团签署战略合作协议，孵化升级品牌民生在线教育，并筹备启动上市计划。

然而，2020年看着很多教育机构倒闭，他不得不摒弃掉原来To C的业务，转而进军To B赛道。有人可能会觉得，这个时候能维持企业生存都艰难，转型升级太冒险。但他觉得，不敢冒险，才是人生最大的冒险。

进入To B赛道又相当于再次创业，但人一旦用心投入去做一件事情，就会发现很多事情都能做好。靠着原来资源的积累和团队的鏖战，在疫情中他们逆"市"而上，突破重重困难。在2021年6月28日这天，公司迎来重组上市的高光时刻，民生在线教育战略转型之路顺利完成。

当下，民生在线教育是一家专注职业教育领域的科技服务的朝阳企业，以S2B2C的商业模式为基础，借助科技力量推进教育创新，通过"平台赋能+内容输出+服务支持"为政府打造数字化教育生态产业园和数字化就业平台，为高等院校和教育机构提供数智化在线办学一站式教育解决方案。

目前，民生在线教育已拓展了5000家教育机构资源、400家院校资源，拥有5000+教师资源和100万+课程、习题量，产品生态覆盖整个成人教育市场。

五、构建产业协同生态，助力万家机构成长

他的创业之路还未停下。

2023年，他再次带领团队与全国十省TOP教育机构及创始人联合发起成立了非营利性公益行业交流平台、全国公益性组织——新继教生态圈。积极响应党的二十大报告中提出的三教（职业教育、高等教育、继续教育）的协同和三融（职普融通、产教融合、科教融汇），积极推动全国继续教育行业的交流与合作，形成跨省合作与资源互补，促进教育、科技和文化事业的发展。他坚信，一个企业的力量是有限的，但大家联合起来的力量是无穷的。

同年10月，新继教生态圈教育企业与院校会员已成功突破18000家！

2024年，他将打造继续教育行业生态平台，发展万名教育合伙人与千家教育企业联合众创新模式。

他还是那句话，不折腾不人生！

他想用他的经历告诉所有的创业者，创业从来都没有容易二字，光靠热情不能得偿所愿，唯有坚持和创新才能如愿以偿。

寄语：亲爱的师弟师妹们，

作为你们的学长，我想给你们留下一些话。

首先，希望你们能够珍惜在校的时光。这段时光是你们人生中最重要的时光之一，这里不仅有你们的青春岁月，还有你们的成长和收获。所以，请好好珍惜这段时间，尽可能地学习和成长。

其次，希望你们能够保持积极乐观的心态。无论你们在生活或学习中遇到什么困难和挫折，都不要放弃，要保持乐观和积极的心态，相信自己能够克服困难。同时，也要学会感恩和珍惜身边的人和事，因为这些将成为你们人生中宝贵的财富。

再次，希望你们能够勇于尝试和冒险。无论你们未来的路在哪里，都需要勇气和决心去尝试新的事物和迎接挑战。所以，不要害怕失败或犯错，要勇于尝试和冒险，找到最适合自己的方向和道路。

最后，希望你们能够坚持自己的梦想和信念。每个人都要有自己的梦想，这是你们前进的动力和目标。

所以，请坚定信念，朝着梦想出发，不断地追求自己的目标，迎接人生的挑战。

守得青衿不拔之志　催得一树梦想花开

校友简介：魏志强，男，1978年1月生，中共党员，中学高级教师。现任江西省南昌县莲塘三中党委书记、校长。1996年毕业于南昌第二师范学校普师专业。

荣获南昌市第三批优秀青年骨干教师、南昌市优秀教师、南昌市师德标兵称号，获得南昌市"园丁杯"教学比赛二等奖。

当流年飞转，秋色已褪去之时，那个稚嫩少年却依然在岁月的流转中跋涉前行。在记忆的沙滩上，印刻着旧日深深浅浅的足迹，凹凸有致，像余晖下闪烁的贝壳，点缀着这片时光海岸，也镶嵌在魏志强27载杏坛生涯背景墙上。

魏志强成长在农村，祖祖辈辈淳厚朴实的品性，像深海里水母美丽的触角，在少年的心里不断伸缩。父母亲无数次耕读筑梦、读书改命的叮咛，如春日里的和风细雨，如夜阑时的海涛声声，在青年的耳际回响。母亲那农村妇女琐碎的叮咛和身上浑然天成的质朴，无处不寄予着平凡而博大的母爱。最难忘怀的是母亲在"双抢"日子里，在他大汗淋漓时，那散发着泥土气息般朴实的教育："孩子，是读书舒服还是干农活舒服？要好好读书哦！"

1993年，15岁的魏志强初中毕业，顺利考入南昌第二师范学校。这个在当时并不被看好的选择，对于出身农村普通家庭的他来说，却是一片可以逃避面朝黄土背朝天生活的新天地。这一切是如此来之不易。父母靠栽种水稻和花生的微薄收入，供养三个孩子在城里读书。能进县城学习，又是命运给他的恩赐。记得每次揣着浸透着汗渍的皱褶纸币到教室座位上时，静静凝视着窗外的余晖，或看着昆虫在枝叶上翕张的羽翼，他眼前总是晃动着母亲锄地种田、缝衣补破的身影。母爱，像一朵积蓄满能量等待开放的花蕊，让他在幽暗难明的时刻，仿佛能闻到清纯的土地气息，此刻的他懂得了坤厚载物、含弘光大。无数个困顿难挨的夜晚，母亲仿佛静静地站在那，给予他温暖的母爱、无声的鼓励——青衿当有不屈之心。

只是职业生涯的路还很长，那朵含苞待放的花蕊没有在阳光雨露下一路生花。1996年，18岁的魏志强被分配到南昌县武阳中心小学，后借调到武阳中学。因为那稚嫩的脸庞和时尚的小分头，初见时保安误认为他是学生。那时镇上还没有路灯，通往校门口的路是一条满是煤屑且泥泞不堪的道路。从那刻起，他就踩着脚下的泥泞，灵魂在这里暂时栖息，思想在这里暗暗滋生，梦想在这里慢慢延展。在万籁俱寂的黑夜，这个在梦想前方惘然若失的年轻人，在灵魂深处暗藏的却是不屈的挣扎，这是来自农民血脉里始于平凡却不甘于平凡的躁动。

梦想的种子，开始在这片沃土上生根发芽。魏志强深知修身在勤，治学在严，修己立身已成为他人生中的主旋律。他不断地汲取知识的雨露，不断恪守着父母的教诲，明白不要在步履匆忙的人际中迷失自我，不要在浮躁的世俗中偏离了本真。唯有坦诚寻回真实而纯粹的自我，才能在前行的路上没有一丝一毫的悔痛。1999年，他第一次参加南昌县第二届"园丁杯"南昌赛区比赛，获得第一名的佳绩。作为南昌县代表，参加南昌市区决赛。那段时间里，几个同事不辞辛劳陪他到南昌电子市场找素材，为他指导设计幻灯片。在小学教书的表妹，还手工做了供课堂教学表演的头饰。针线之间，凝眸之处，倾注了她无限的亲情期待。一个青涩的农村娃，踏进省城学校参加比赛，懵懵懂懂地完成比赛，最终摘得第二届南昌市"园丁杯"二等奖。赛后县教育局语文教研员告诉他，获得了南昌市二等奖实属非常不错的成绩。梦想的花,在辛勤汗水浇灌中,含苞待放。

坚持就像大地上永不停止绽放的花蕊,在残冬旧岁后,终于迎来春暖花开后的笑靥。但是成长的路并非一帆风顺,胜利的凯歌并不总是人生的主旋律。1999年,在第一次全县送教下乡的全县公开课上,他紧张得瑟瑟发抖的手,让板书都"笔走龙蛇""龙飞凤舞",甚至是"大水冲走龙王庙"——自个儿都不认识了。他这时才开始懂得,人生路上,成功不会悄然而至,困难却总是如影随形;也开始懂得咀嚼困难,懂得品味失败,人生才会历久弥坚。没有咀嚼困难的人生,又是多么的寡然无味。

只有踏上梦想的征途,才能拥有崇高的灵魂。梦想的花并不总是在每个季节绽放的,只有在得天独厚的季节和气候里,才会随着阳光雨露尽情绽放。2002年,莲塘二中本着"高中做大,初中做强"的理念,开办寄宿班,向南昌县公开招聘语文、数学、外语教师各两名。他凭借公开课第一名的成绩成功入围,成为莲塘二中的正式一员,实现了人生的第一次飞跃——乡下人进城。他踏着梦想的足迹,继续由专科到本科再到研究生的深造,并在几年的淬炼和锻造后,成为莲塘二中的一位中层管理者。

不甘贫穷且扎根农村的土壤,母爱阳光般的照亮,使他经过无数个日夜汗水的浇灌,终于催得那一树梦想花开。2022年,南昌县开展全县校级干部竞争上岗工作,很幸运魏志强符合条件。先进行面试,第一次参加结构化面试,倒数第二个出场。当推开面试的教室门时,望着Z字形的座台上坐满了黑压压的评委,中间坐着一个身材高大的领导。"啊!县委书记!"魏志强蒙了。会场寂静无声,气氛仿佛凝固了一样。望着评委们凝视的目光,他端坐在小课桌前,如坐针毡。那刻,母亲那坚毅的目光,父辈祖辈的质朴淳厚,岁月前尘中他每个坚实的脚印,筑起了他心里强大的堤坝,让他胸有惊雷而面如平湖,最终从容应对。走出考场的那一刻,他获得了评委们的一致赞许。通过面试、笔试、考察等环节,2022年2月15日,魏志强被任命为南昌县莲塘第三中学党委书记、校长。他从一个中层干部升级为县高级中学的一把手,完成了从农村小学教师到县城高中校长的逆袭。那刻,他看到梦想的那一树花,终于在这个季节,绚烂地绽放了。

志强,即有不屈之心,所谓"志不强者智不达,言不信者行不果"。这也许就是父母给予他的简单而无声的爱,教他在人生的漫途中,毅然前行。父母告诉他:"人生无须刺眼的光辉,但要心存明亮;无须察言观色,但要遵从质朴的本心;无须高调的声张,但要有洗刷偏激的从容。"

从一个乡村教师到县城中学校长的人生历程,是从经历那刻起就扎根于梦想并驰而不息的历程;是虽命如蝼蚁,却立下鸿鹄的浩远志向;是虽身处逆境,却永怀不屈的顽强。即将踏向三尺讲台的青年学子,当心怀梦想,勇毅前行,肩鸿任巨才能踏歌而行,沐光而行才会芳华灼灼。

寄语:

忠诚于教师的职业,能于乐学善教中知不足。

穷究于专业的知识,能于钻研中知其所以然。

涵养明德精业的风范,能于进德修业中坚守初心。

甘于身处三尺讲台,能于淡泊中成就事业抱负。

怀有坦荡宽阔的胸襟,能于世俗中守正本心。

善于融入时代的洪流,能于人生俯仰中无愧于心。

乐于安守教师天命,能于顺从本性中自得其乐。

生以啜芳华　行而沐春光

校友简介：熊亚琴，女，1982年1月生，中共党员，中小学一级教师。现任南昌市铁路第二幼儿园园长。2001年毕业于南昌师范学校幼儿教育专业幼师班。

在南昌市优质课竞赛、南昌市"园丁杯"教学竞赛中多次荣获一等奖；参与多册书籍编写；负责的多项省、市级集体课题及个人课题顺利结题；多篇文章发表在《都市家教》《教育界》等刊物上；撰写的论文、教学设计、教学反思等，有40余篇分别荣获国家、省、市、区一等奖；获得江西省骨干教师、江西省家庭教育工作先进个人等几十项荣誉称号；多次承担"国培计划"授课工作，并在西湖区幼儿园片区教研等活动中进行专题讲座。

22年的栉风沐雨，磨去青春的棱角，洗去青春的铅华，经历过掌声、鲜花和赞美，也体验过磨难、犹豫和彷徨，但熊亚琴依然默默而又坚定地行走在幼教的道路上，用生以啜芳华，行而沐春光的姿态向美而行。幼儿教育让她收获了阳光的心态、持续的成长、能力的提升，也让她在最温暖的场景里生发了一个个可享、可讲、可听的故事。

一、最初的选择，开启幼师之旅

她对幼教梦的追寻可追溯到她的童年生活，她的童年是在一个美丽的小山村里度过的。在那里，清晨能听见鸟儿的鸣唱，夜晚能听见蛐蛐和青蛙的合奏；在那里，白天能看到芳草萋萋，夜晚能欣赏繁星点点。正是在那片土地上，她感受到了大自然的美妙，体会到了生活的丰富多彩。当年报考时，她下意识地选择了幼教，梦想以一颗不泯的童心与孩子们共同感悟生活的美好。1998年，带着青春的激情和对未来的美好憧憬，她走进了南昌师范学校，与幼教结下了不解之缘。

犹然记得2001年丁香花飘落的季节，她的人生即将拉开最美的帷幕。当她还沉浸在对教师这份职业美好的期许中时，现实却不经意撞上理想的腰，她未能如愿以偿回到家乡成为一名体制内教师，当时的她沮丧极了。她背上行囊重新出发成为一名公办园的编外聘用教师。为了成为更好的自己，她向前辈学，哪里有名师讲坛，哪里就有她；她向书本学，各种核心学术期刊，她甘之如饴。一步一个脚印深耕成长，工作的第三年，她便代表幼儿园参加了南昌市优质课教学竞赛，荣获一等奖。2004年，她以优异的成绩通过西湖区教师公开招聘进入西湖教育，成为一名西湖幼教人。

二、最美的遇见，踏上成长之路

北宋著名词人晏殊有名句："昨夜西风凋碧树，独上高楼，望尽天涯路。"她把这句词理解为，做事要有宁静致远的心态和高瞻远瞩的目光以及对目标的坚定追寻。

做一线老师时，她把上好课，做孩子们喜欢的老师作为成长追求和目标。为了组织好一节教学活动反复试教、推敲十几次。在稳扎稳打中不断提升自身的专业能力和水平，荣获南昌市优质课一等奖，南昌市第一届"园丁杯"教学竞赛健康领域一等奖，第六届全国幼儿园信息技术应用作品评选课例赛项二等奖，走进童心世界——全国幼儿园优秀教育活动二等奖，第十九届江西省中小学、幼儿园教师优秀教学资源评比二等奖……星光不负赶路人，她通过两次公开竞聘在众多候选人中脱颖而出，先后担任保教主任、副园长。

做业务园长时，她把引领教师共同成长作为目标。为促进教师专业化成长，开展了多种形式教师培训。一是认真开展"五个一"专业技能培训活动；二是以"专业引领，同伴互助和自我反思"的研训一体化培养模式，为教师提供各种学习与交流的机会，并通过聘请专家讲课和定期培训，有效地提高了教师理论素养及业务技能；三是以市级课题为载体开展研究，达到以研促教，促进教师专业素质及文化素养的提升；四是注重青年教师的培养，通过创新教研等方式促教师专业化成长，给她们机会打拼磨炼，给她们问题深入研究，给她们舞台大胆展示。在她的指导和引领下，教师专业成长迅速，取得不错成绩：多名教师荣获江西省中小学、幼儿园老师优秀教学资源展示活动一、二等奖，多名教师荣获江西省红色文化教育案例征集评选一、二等奖，多名教师荣获江西省红色文化课程教学竞赛一等奖，多名教师荣获全省幼儿教师游戏案例评选一、二等奖，多名教师荣获南昌市学科带头人、西湖区骨干教师等荣誉称号。

在业务上输出的同时，她在专业成长中学会了内化，并渐渐具有了沉淀自身的能力，也铸就了"静水深流，闻喧享静"的从容与智慧。2023年，她被任命为幼儿园园长。

三、最真的追求，结出丰硕成果

她高度重视自身专业成长，在各个岗位上都没有放松过学习，通过自考先后取得大专及本科文凭，并取得国家二级心理咨询师证书。

她努力钻研业务，学科教学得到同行公认，多次进行专家授课及讲座，如在江西师范大学承训的"国培计划（2019）"非学前教育专业幼儿教师补偿项目培训班中授课，分别在南昌市学前教育网络教研活动及西湖区幼儿园教师岗前培训活动中进行专题讲座。

工作中她乐研善思，负责的多项省、市级集体课题顺利结题，如江西省教育学会幼儿教育专业委员会"十三五"规划课题"幼儿绘画教学中技能与创造力协同发展的策略研究"等集体课题，"区域活动中教师指导策略的实践研究"等多项市级个人课题也先后结题。参与编写《幼小衔接家园互动手册教师用书》。她勤于笔耕，多篇论文发表刊登在《都市家教》《教育界》《人文之友》等刊物上。

"生如夏花，岁月如歌"，这是她对幸福人生最美好的描述，也是她幼教生涯幸福感和获得感的真情流露。路在远方，她在路上，她愿继续用点滴真实的片段，勾勒教育最本真的模样，在教育的沃土上用心汲取养分，用力向上生长，用情筑造梦想。

寄语：时代各有不同，青春一脉相承。人生的路，每一步都算数，每一个时代有每一个时代的际遇，每一代人有每一代人的使命。学弟学妹们，加油吧，不负韶华，努力成为最好的自己，靠近光，追随光，成为光。

勇毅前行不坠青云之志　奋楫远航当有凌云之气

校友简介：赵剑，男，1977 年 3 月生，中共党员，中小学高级教师，云帆初中语文名师工作室主持人，教育部新时代中小学教师领军人物。现为南昌市育新学校九龙湖新城分校党办主任。1995 年毕业于南昌第二师范普师班，1997 年毕业于南昌师范教育专业大专班。

被评为教育部中小学新时代领军教师、江西省第三批优秀骨干教师，荣获南昌市第三批中小学优秀青年骨干教师、南昌市优秀德育工作者、南昌市第六批初中语文学科带头人、进贤县优秀教育工作者、进贤县师德标兵、进贤县首届名师、进贤县首届感动校园优秀青年教师等称号。

从教 27 年，赵剑不甘现状，坚强不屈屡攀高峰；钻研教材，笃志前行痴心教研；任劳任怨，默默无闻无私奉献。

一、一颗不屈心，不断前进攀登跨越人生阶梯

世界上从来没有唾手可得的成功，经历风雨才能看见人生的彩虹，都是在磕磕碰碰中成长起来的。

家庭的变故，让赵剑在初一便懂得将来还是要靠自己的，成绩也一直保持在全校前列。霉豆腐、辣萝卜是抽屉里的常备，是生活的主菜，同学间互相交流各家的腌制手艺是最快乐的事，唯一好点的是周三晚上和周六晚上可以回家带点豆腐和菜园子里的蔬菜，那时并不觉得苦。求学路上遇到了一批批关心他的老师，如初一初二的班主任徐立群老师，那时他没有及时交学费，也先把书本发给他；英语老师徐淑芳，给每个同学送了一张

明信片，他现在还记得上面的那句名言"创业容易守业难"，正是这句话，让他在取得一个又一个的进步后始终保持着平淡的心情。在老师们的关心下，即使在有一百多位同学的拥挤教室里坐倒数第二排，即使那时鼻窦炎、咳嗽老引起头痛，他依然没有改变前进的信心。困难的接踵而来，让内心变得更加坚韧，世界上还有什么可怕的呢？

皇天不负有心人，中考他以575的高分获得全县中师第一、全县总分第一的好成绩。那时，他是懵懵懂懂的，人生的选择更多是在大人身上。当时正是中专师范最盛行的时候，可以直接分配工作，读书还有伙食补贴。当时只有大姐出嫁了，大哥结婚了，还有两个哥哥没有结婚，家里已经一贫如洗了，还有外债，他就顺理成章地读了师范。进了南昌二师后，学习文化不是主业了，培养各种基本功成了生活的主调。对于从小没有各种爱好的他来说，是很不利的，普通话不标准，书法不好，也不会画画，更不会表演。但师范的确集中了当时最优秀的一批初中生，都是来自各校、各乡、各县的名列前茅的同学。在二师，他遇到了诸多良师，班主任、科任老师对他都很关照，他也担任了团委的组织部部长、学生会学习部副部长，最后有幸成为党员发展对象。毕业那年，得知自己不能优分在县城工作，在老师的建议下，他觉得读当时刚创办的五年制大专班是更好的选择。尤记得当时和家人认真讨论，一致不同意他继续读书，但母亲拗不过他，塞了一张皱巴巴的50元纸币给他，让他先参加考试再说。最后，他又以第二名的成绩进入了南师大专班，还担任了学生自律委员会第三任会长，也荣幸地成为一名共产党员。

毕业后，他还是被分回到了云桥乡赵家小学，似乎读大专没有任何作用。在乡村，除了上课，娱乐就是打打拖拉机，晒晒太阳，最害怕的就是乡下的路，都是黄泥巴路。当时他经常爬到小学旁边的高山上，仰望天空，远眺前方，对人生产生了迷茫，就这样一辈子？幸运的是，因为大专的学历、工作经历和党员身份，第二年他就被调到云桥中学，进入团支部做全校的学生工作。2014年，又进入进贤六中工作，担任政教主任。到了2016年，红谷滩发布人才引进政策，开通绿色通道，在慎重考虑了两年后，终于在2018年选择来到了江西省南昌市红谷滩育新学校九龙湖新城分校，从班主任到教研组长，到红谷滩区初中语文中心组成员，再到现在的党办主任，开始了一段新的旅程。

二、一颗敬业心，不断探索创新成就教改先锋

自1997年参加工作以来，他在教学上能认真钻研，虚心请教，积极反思，努力探索。

一方面，不断积累语文教学经验，既观看名师视频、名师讲座，参加课改比赛，多次代表县级语文学科选送到南昌市比赛，荣获省、市奖项，又积极进行教学科研，撰写的论文、教学设计、课件多次荣获全国、省、市一、二等奖，有关作品在《南昌日报》《文化时代》刊载。

另一方面，在语文教学上尝试创新，所教班级名列年级前茅，年度考核经常为优秀，被学生称为神奇的老师。他坚持发挥名师引领示范作用，担任《当代中学生报》人文主题栏目主编，赴县、区上语文示范课，指导青年教师在红谷滩区第十二届"红谷杯"教学竞赛决赛中荣获三等奖，指导20多位学生在国家级、省级征文比赛中多次荣获奖项。

正是因为他的勤奋肯干，才能在各方面脱颖而出，成为学校年轻教师之中的先锋，荣获县级名师，市级中小学优秀青年骨干教师、学科带头人，省级骨干教师，教育部中小学新时代领军教师等荣誉称号。此外，他还多次荣获全国优秀辅导奖。

三、一颗赤诚心，任劳任怨无私无悔誓当工作"小黄牛"

毕业于南昌师范，成长于云桥中学，发展于南昌市育新学校九龙湖新城分校，无论人在哪里，他始终有着一份虔诚的赤子之心，让他做好每一项工作，做到了分内的事尽责干，分外的事尽力干。

从1998年进入云桥中学再到进贤六中，他被学校先后任命为学生会主席、团支部书记、政教处主任、支部宣传委员，无论是行政上的活动策划、档案管理、材料整理、设备调试，还是各类文体活动、文明班级评选，他都一一参与，为学校学生工作、文体建设贡献了自己的力量，在每一次教师大会上被历任校长称为"小黄牛"。

到了南昌市育新学校九龙湖新城分校，作为一所2017年新创的学校，党建工作一片空白，受校长委托，他带领干事把党建工作立起来，培养党员干部，建立"三会一课"，成立党支部，成立党总支，创建党建品牌，申办党建示范校园、勤廉校园示范点。之后他又担任第一任语文教研组长，成立了全区的初中语文名师工作室，在全校做教师专业成长之路讲座，把新老师带起来，把教学常规抓起来。可以说，无论在哪所学校，他都是学校中层干部中工作最细致的、最勤奋的。他沉得下去，静得下心，想得周密，深受全校领导老师的认可。任劳任怨、无私无悔是他精神最好的写照，他是当之无愧的"小黄牛"。

四、一颗炽热心，做学生的知心人、引路人

从教生涯中，他一直热爱班主任工作，做到早读课常去看一看，课间操常去遛一遛，晚自习前常去查一查，放学的时候，有时去周边网吧看看，有时陪学生回家与家长聊聊。周末的时候，还会打电话给个别同学家里问问情况。比如父亲病逝、母亲改嫁的小鹏同学，仅靠70多岁蹒跚的奶奶

种田收入和微薄的低保供姐弟俩读书，他在班级发起自愿捐款，向学校争取困难补助，向企业争取企业扶助，就这样，在同学、学校、社会一点一滴的帮助下，小鹏完成了学业。顽皮的小刚同学，当时初一升初二，很多老师都挺为难的，他接了下来，把他带在身边，常聊天，给他压担子，鼓励他从劳动委员做到副班长，发现他的闪光点，在这个过程中师生建立了深厚友谊，小刚也不再叛逆了，后来还考上了南昌理工学院。也就是在一点一滴的关爱中，他感动了一批批学生，大家称他为最贴心的朋友。

从农村走出来不容易，也更理解孩子们和现在年轻人的不易与艰辛，但唯有勇毅前行，奋楫远航，才能不负人生路。

寄语：人生因拼搏而多彩，生命因奋斗而绚丽。人的一生，不取决于出发点，也不在于制高点，而在于为这个世界点染了多少绿意。做一个纯粹的语文人，崇善塑美，不忘初心，陪伴树苗的成长，见证鲜花的绽放，就是人生最美丽的风景。

人生最好的贵人　努力向上的自己

校友简介：程翔，女，1984年6月生，声乐专业高级教师。现为北京市经济管理学校声乐老师。2001年毕业于南昌师范学校音乐班。

2021年6月30日，发布献礼建党百年原创歌曲《徽章》，被《中国日报》官网等诸多主流平台转载。2023年12月18日，演唱的庆祝改革开放45周年歌曲《中国时刻》MV在央视频等各大平台播出。

1998年9月，程翔进入南昌师范音乐班学习，后分别在江西师范大学和中国音乐学院完成本科和硕士学业，研究生毕业后留京一直从事教育工作至今。她在音乐教育、声乐教学、声乐作品演唱等方面孜孜不倦，可以说做到了学有所成、学以致用。

她在南昌师范音乐班时的班主任是赵家麟老师，她跟随赵老师学习声乐，跟随敖福生老师学习钢琴，在校期间还担任班级文艺委员。在老师们的精心教授下，她每日白天上课，晚自习在琴房练习两小时左右，既养成了良好的学习习惯，也打下了坚实的基础。学校安排三年级下学期实习，她不想去实习，利用实习时间参加了艺术类专业课考试，而且均拿到了所报考大学发放的专业课录取通知书，这点大大增强了她想参加高考的信心。于是她找了一所离家近的高中，进入高三文科班学习文化课（当时艺考都属文科），准备参加7月份的高考，时间仅剩4个月左右。

有句话叫"理想很丰满，现实很骨感"，她本想着去高三学习高中的知识，没想到高三学生早已学完所有内容，高考前的学期就是一轮又一轮的复习。在中专的知识储备远远不够，很多高中课程中专没有，有的课程教材也不一样，高三上课时看到别的同学都在认真听课复习备考，而她坐在教室里，根本听不懂老师讲什么。就这样时间一天天过去，离高考时间越来越近了，她想着不能这样下去，于是开始找老师补习英语、历史、政治三门课，因为剩下的课程补也来不及了。需要学的内容实在太多，老师要抓紧进度，每一堂课的知识量相当满。就这样，白天在班里上课，晚上回家复习，每日循环往复。日子过得飞快，离高考的日子越近，补课学得越多，她越觉得缺少的知识更多。哪怕每天如饥似渴学习，还是有很多题不会做、不会答，有的甚至还没有见过。同班的同学们进入了最后查漏补缺的收尾阶段，而她依然拿着课本在啃。

高考如约而至，每一场考完都有一种虚脱的感觉，不知道和南昌炎热的天气有没有关系。同学们都在讨论今年的高考题哪一科容易哪一科难，她却一点心思都没有，由于经验不足，估分也不靠谱。终于等到分数出来了，比录取分数线高20多分，她长舒一口气，功夫不负有心人，迎来了新的开始。

2001年9月，在南昌师范音乐班的同学们迈入工作岗位的同时，17岁的她进入江西师范大学音乐学院开始了新的人生旅程。因为有之前的专业基础，她的专业成绩在年级排名靠前，开学初期就选了声乐、钢琴双专业，这意味着声乐需要达到声乐专业的演唱要求，钢琴也要达到钢琴专业的要求，双重压力之下她开启了4年的双专业学习生涯。声乐专业跟随刘燕平教授学习，钢琴专业分别跟随黄红辉和方行伊两位教授学习。大学时间不短不长，她延续了在南昌师范的学习习惯，依旧每日白天上课，晚上泡在琴房楼里几小时，确保每周两门一对一专业课的学习质量。她原以为她就是认真学习的代表，后来发现班里好多同学中午不休息，在琴房练琴，晚上依旧在琴房刻苦练习，真是不怕别人比你好，就怕比你好的人还比你努力。平时日常学习还算能应付下来，每学期期末专业考试是最难的时候，需要完成专业课和文化课多门考试，而她有两门专业课，就在声乐考场和钢琴考场来回穿梭，保质保量完成考试。她自然不想给老师们丢脸，每次考试都认真对待，专业水平保持前几名，4年本科每年都拿到了校内专业奖学金，最后以专业第一的成绩大学毕业，并在师大音乐学院的演奏厅完成了第一场个人独唱音乐会，给大学生涯画上了完美的句号。

大学临毕业看到同学们纷纷应聘到不同的工作岗位要各奔东西时，她开始思考，和4年前一样还是不想工作，觉得好像没有学够就毕业了。大学班主任和她说，按她的成绩是可以保送研究生的，参加一个保送考试就可以了。她又开始思考，结论是想继续学习，但是想换个环境。作为一名音乐生，没有进过艺术类高等音乐学府的大门一直是她的遗憾。于是她放弃了保研的路，只身来到北京，开始备考中国音乐学院音乐教育系声乐方向的硕士研究生。初生牛犊不怕虎，也不知道是哪来的勇气和信心，第一次离开父母、离开江西这片土地，开始踏上未知的征途。这回备考依然只有半年时间，需要同步完成专业课、专业基础课、文化课等几门课程的准备工作，同时还得自己安排食宿，生活能力一般的她只能把生活简单化，留出大量时间和精力来学习备考。第一年的考试结果是专业课考了第一，英语单科成绩低于分数线，总分超分数线30多分也不行，初次考研以失败告终。因为成绩与自己的预期不符，于是决定再战一年。第二年，她调整报考方向，报考中国音乐学院声乐歌剧系，重新开始规划每一门课程，因为总分有分数线，每科也有分数线，哪一个不过都不行。第二年备考辛苦自不必说，好在最后如愿以偿，进入梦想中的学校，开启了研究生的学习生涯。

2007年9月，她正式入学中国音乐学院，师从著名男中音歌唱家、声乐教育家马金泉教授，学习声乐。虽然学校不大，但是在校园里能看到同学们来往谈笑风生，在琴房楼里能听到同学们永不停歇的练琴声，在教学楼里能感受到老师们严谨的教学风格和同学们的思想碰撞，就连食堂门口的布告栏上也贴着满满一墙各种音乐会的海报，她想，这可能就是她来这里的原因吧。研一的专业课上，导师给她一对一上课的内容不仅限于唱，而是让她先思考毕业论文的研究方向，因为个人的研究方向关系到研究生毕业论文和学习期间两场音乐会的演唱曲目，是需要方向一致的。这时她才真正意识到什么是研究生，读研3年的目的是什么。这是她之前从未思考过的问题。那一届，导师只带她一个研究生，她感受到从未有过的压力，或许还有一些动力。在老师的耐心指导下，她一直在做调整，包括声音、思路和状态，硕士3年期间，她在中国音乐学院演奏厅顺利完成了两场个人独唱音乐会。这3年，导师对她的影响不仅仅是个人演唱能力和艺术修养的提升，还有严谨认真的教学态度的形成。导师就是一盏明灯，直到现在依旧照亮着她前行。

2010年毕业至今，她先后应聘到北京市建华实验学校、北京市经济管理学校工作，在校期间充分发挥专业特长，组织开展师生文化活动，同时也带领学生参与市级表演类活动和比赛，均获得好成绩。工作之余，她依然在专业道路上坚持不懈，积累不同类型的演唱曲目，探索不同歌曲的演绎方法，保持教学和表演状态。在演唱原创歌曲的过程中，她学会了从实践中才能体会到的细节处理技巧，这给她今后的演唱带来了更多启发和思考。

关于成长，知名主播董宇辉说过："无论在什么时候，充实自我，永不止学，才是人生正道。再多财富都有消亡的危机，但头脑里的内涵，骨子里的底蕴，永远不会背叛你。"对于她来说，小时候的她是个有点笨、反应有点慢，但是坚持做事不轻言放弃的孩子。回想她一路走来，每次都是因为她想上学、想上更好的学校而改变了人生轨迹。古人说"王侯将相、宁有种乎"，我们当然不能好高骛远，但也绝不能妄自菲薄，敢于设立一些需要踮踮脚才有可能达到的小目标，当这些小目标一个个实现了，我们回头再看时会发现，命运从来都掌握在自己手中。

寄语：人生最好的贵人，是努力向上的自己，与学弟学妹们共勉。

厚积薄发　追光而行

校友简介：黄星，男，1998年2月生，共青团员，中小学二级教师。现任豫章师范学院附属小学副校长。2018年毕业于豫章师范学院信息系现代教育技术专业。

被评为区师德先进个人、信息化应用骨干教师、优秀电教工作者、优秀宣传员、优秀裁判长等。获全国中国力量战"疫"短视频盛典三等奖、第十一届全国教育技术论文活动江西赛区一等奖，连续三年指导数名学生在十九届、二十届、二十一届江西省学生信息素养提升实践活动创意编程中荣获一、二、三等奖，在江西省停课不停学中获突出贡献优秀奖，在2022年全国智慧示范区智慧优秀案例征集中荣获学校优秀实践案例。

大学毕业后，黄星幸运地考入豫章师范学院附属小学，成为一名荣耀的人民教师。怀揣着对计算机专业的热爱，他成了一名信息科技教师。在上学期间，他努力学习，成绩始终名列前茅。然而，当正式走上工作岗位的时候，他陷入了迷茫和困惑之中。作为一名刚毕业的大学生，他觉得他什么都不懂，课堂秩序混乱，每天都在思考如何管理好一年级的学生，如何做好工作。这种工作状态与他在大学期间的优异表现形成了鲜明对比，每天都在自我怀疑和自我否定的内耗中度过。他很庆幸他遇到的每位领导，他们都非常耐心地教他方法，帮助他找到问题的关键所在。他们不仅在工作中给予指导和支持，还关心他的成长和发展。他们的指导和支持让他逐渐找到了工作的方向和重点，也让他更加自信地面对工作中的挑战。

通过反思工作经历，他认为新手型教师在工作中可能会遇到类似的问题。从以下三个方面入手可以解决大多数的难题。

一、思想上打上强心针

没有经验并不可怕，可怕的是思想观念没有转变。作为一名教育工作者，光有满腔热血远远不足以支撑课堂，需要从思想上要认识到学生需要什么，认识到学生的年龄特点，不能过分地对学生提出超出自身能力外的要求。在教学过程中，教师常会存在一种本位思想，觉得什么都是想当然，应该要怎么样。这种思想往往就是教学效果不理想的根源。

刚走上讲台他，也走入了想当然的陷阱之中，每天依靠嗓子嘶吼，下班后就是身心疲惫，想各种方法改变现状。直到他的领导走进了他的课堂，严肃认真地指出了他的错误，传授他教学的方法。不然他还会在错误中越走越远。在学校有一个传统，每周抽出一点时间，全体教师坐在一起研读最新的教育方针和党的重要思想，用党的理论武装大脑。因为教师不光是传授知识，还要教学生如何为人，教师是为党育人、为国育才的。教师要时刻给自己的思想充电充能，思想站位要高，这样才能更加深刻地理解立德树人根本任务。

二、态度上端正好位置

人们常说，态度往往决定一切。确实很多时候态度真的很重要，不管是工作上还是与人相处上。始终抱有一颗学习的心，不能被一时的成功冲昏头脑，同时要拥有一颗敢于向前的心。有一次他参加南昌市的论文比赛，荣获了三等奖，其他同事大多数是一、二等奖。他获奖了很开心但是又不甘心，不甘心止步三等奖，觉得自己不该如此，往后论文类获三等奖的次数有所减少。还有一次参加南昌市教学比赛，获得了二等奖第一，也不甘心了好久，只差一步就是一等奖了。他想正是有着这样积极向上的态度才能不断给自己动力，向优秀的人看齐，向好的人学习。敢于承认自己的不足之处，大胆地欣赏和赞扬别人的优秀。成功也只是一时的，不能一直躺在功劳簿上过日子。时间还长，不进则退，就会被别人超越，要有危机意识，秉持终身学习的观念。

三、行动上练好真功夫

没有谁可以随随便便成功，成功背后有不为人知的血和泪。有了前面思想上的武装和态度上的端正，剩下的就交给努力二字了。因为所任专业的特殊性，网上很多教学资源与教材不符合，没有主学科的资源多、资源优，他只能参考相类似的教学视频。他比较注意教学视频中教师口语的表达和环节的设计连接，因为他认为上课时避免口语化与教学过程流畅地衔接是最能体现教师水平的地方了。在一堂课中，教师表达时用了过多重复的话或者是表达不清晰的话，会缩短课堂教学有效的时间，这就需要教师不断地提升个人的业务水平。努力不一定立马可以出成绩，但总会在某次机会中爆发出来。每个人的潜力都是无限大的，关键在于怎么去做——始终坚持不断学习和提升自己的专业知识和技能。他利用课余时间阅读大量的教育类书籍和文献，了解最新的教育理念和教学方法；参加各种培训和研讨会，与同行们交流经验，分享心得。这些活动不仅拓宽了他的视野，也让他在实践中不断反思教学和总结经验。只有在工作中不断学习和积累经验，端正态度并付诸实践，才能不断提高教学水平。他相信只要坚持不懈地努力，就一定能够成为一名优秀的教师，为学生的成长和发展做出积极的贡献。

回顾过往，廉洁修身，心有所向。把岗位当作拼搏奋进的舞台，在一次次挑战中积蓄力量，让脚下迈过的土壤遍地开花，不忘初心、牢记使命。为了一次又一次的比赛，他见证过凌晨三点的学校，见证过初升的太阳，挑战过一天工作22个小时。在此期间，他更多的是成就别人、照亮别人，帮助别人录课、磨课、剪辑、制作，做幕后英雄。同事的获奖也有他的一份功劳，只是没有证书的证明。他无私奉献陪同事加班，忘却个人得失，他觉得在帮助别人的过程中，自己也会有所收获。在一遍遍录课的过程中，他学习到了其他老师的优秀，帮助自己反思教学。有时过分追求得与失，反而会影响状态。只要心中秉持着一个信念，任何事情都是在为以后储备力量，为一朵花蕾的绽放提供养分。当你觉得这条路难走时，那这条路一定是上坡路。你一直不往前走，怎么看得到远方的风景。

每个孩子都是独一无二的，每个孩子都有着自己的闪光点，它们等待我们教师去探索与发现。教师应该在业务学习上不断突破自己，始终秉持"从不会到会，从会到好"的原则去做每一项工作，默默坚守在每一个需要自己的岗位上，不计较个人得失；尊重每一位学生，给予学生充分关爱和帮助，激发学生的学习兴趣，引导学生成长；精心教好书、育好人，把爱心献给学生，把诚心送给家长，把信心留给自己，在教育之路上执着前行。以德立身，以德立学，以德施教，以德育德，做学生爱戴的好老师。

寄语：追光的人，终会光芒万丈，最终变成光，成为光，自己发光，而不是反射别人的光。

念念不忘　必有回响

校友简介: 钱志坚,男,1978年9月生,民革党员,中国美术家协会会员,中国工笔画学会会员,南昌县美术协会主席。现任职于南昌县博物馆。1997年毕业于南昌第二师范学校普师专业。

《山光集翠遥疑逼》《幽岳胜境》等多幅作品参加2011年中国百家金陵画展、首届南京国际美术展、第二届全国工笔山水画作品展、第三届全国工笔山水画展、首届现代工笔画大展、第三届齐白石全国中国画作品展、中华情美术作品展、和谐燕赵·红色太行山水画作品展、锦绣中原全国中国画作品展、八荒通神全国中国画作品展、2012全国中国画作品展等作品展,并被收藏。

世界上一切美好事情的发生总是那么缓慢而又悄无声息,太阳一点点升起,花儿一朵朵开放,参天大树慢慢长成,果实缓缓成熟……自然界所有事物的形成都是慢慢来的。所以无论我们做什么都别太着急,只要定好目标,做好眼前的事,终有一天我们会发现,我们想要的,已经来了。

钱志坚出生于农村,父亲是一名乡村医生,母亲是一位民办教师。他们每天忙于工作,对于他常常无暇顾及,常让他一个人独坐家中。孩提时,他便不同于同龄人的追逐打闹、欢蹦乱跳,而是很安静,喜欢一些奇奇怪怪的图像,总是静静地盯着它们发呆。天上的云朵、地上的泥土、水中的涟漪、墙上的斑驳、楼板上的木纹,但凡形成了肌理和图案的事物都是他眼中的神奇。小时候住的房子是木混结构,每当他躺在床上,眼睛就盯着楼板上的各种木纹,那些木纹有时像只鸡,有时像条狗,有时又像个老人……木纹没变,变的是他天马行空的想象。

记得读小学一年级时，语文课本上有一幅北京天安门城楼图，那是多少人神往的地方，大家都忍不住要拿出纸笔来画一画，他也不例外。在父亲的指导下，他完成了他生平的第一幅画，老师和同学们赞许的目光让他至今难忘……

初中英语课，别的同学都沉浸在老师的讲授中，对英语迟钝的他常常不由自主地对着书上的插图画起来。每当他脑中浮现出当时自认为画得最得意的作品——初三英语课本上的《国王与画家》插图——时，嘴角便不觉上扬。

师范二年级，学校来了十几位江西师范大学的艺术实习生，教他们音乐舞蹈绘画。师大艺术生青春靓丽、热情洋溢，瞬间给他们枯燥乏味的校园生活带来了生趣。同学们个个跃跃欲试，兴致盎然。当得知教他们班国画的王燕老师正好是江西师大国画班的班长时，一缕春风拂过他的心田。

王老师教他们画竹子，他的作业每每受老师青睐，总拿上讲台给同学们做示范讲解，外表波澜不惊的他内心早已波涛汹涌，一股力量在他的身体里暗暗升起……一次，坐在他旁边的一位女同学的画作画得非常好，王老师硬说是他画的，他听后心中诧异，并夹杂着一丝小小的得意。

王老师实习快结束时，有一幅山石示范图没有画完，她竟交代他把它画完，并在班上教同学们如何画。她虽然极少在班上直接表扬他画画的天赋，却用一个一个的行动给了他莫大的鼓舞，让他能在这条路上一直走着……

毕业成家后，因工作繁忙，孩子出生，爱人身体抱恙，加之自己也生了一场大病精力不济，拿起画笔的时间就变少了。对于画画的热情也曾一度降至冰点，甚至不及和伙伴们打无聊的麻将。其实这只是表象，他的内心对于画画始终有一丝牵挂，时隐时现，念念不忘。脑海中经常浮现关于画画的各种美好，暂且不说画作本身带来的愉悦、成就感，不说身边同事朋友欣赏的眼神，光收古玩的人多次来他家，花不菲的价格买下挂在他家客厅他那落满灰尘的旧作《老虎图》，便让他暗喜许久……是啊，他怎么能够放弃这般美好的事情？于是，他又重拾画笔，拿出历代名家作品集，顾不上身体的羸弱不适，一张张地临，一幅幅地摹，累了便半躺在桌椅间休息一会儿再接着画……

画画，让他忘记了时间，忘记了疲惫，让那一个又一个漫长无聊的假日变得明艳充实，意义非凡。那种美妙的感觉是和同伴打麻将远不能比的，不禁悔恨起当初在牌桌上的蹉跎来。

他沉浸在独自画画的乐趣中。一日，好友胡中良来他家做客，看了他的画，在赞赏之余，提出了一些意见和建议，好友说他不能一个人在家闭门造车，光临摹一些古画，还应该了解当代中国画的一些新鲜的理念和方法，建议他订一份《中国书画报》，那里面有很多当代著名画家的作品，从中能看到他们的思想和技法。他说，那上面还有各级赛事通知，他也可以试着投稿、参赛。

于是，他兴致勃勃地去邮局订了一年的《中国书画报》。正如胡中良所说，那上面汇集了全国各路名家大作，让他大开眼界，如获至宝。每一张报纸他都反复欣赏，揣摩多遍。不久，他便试着创作作品参加各级各类比赛。刚开始时，投出的作品大多石沉大海，杳无音信。他的内心虽然有点失落，但并无太大的波澜，因为他画画本就是源于热爱，并无太多其他的目的。他一如既往地继续画画，继续投稿，沉浸在自己的热爱中。

终于，投入大海的石头溅起了一朵朵美丽的浪花，他投出去的作品有回应了，先是入选，接着获优秀奖、等级奖……从省级到国家级，浪花越来越大，他的心潮也随之澎湃。

他还记得第一次和妻去北京领奖的情景，那是2009年隆冬，他的作品《雨过云起翠色深》在第二届全国工笔山水画作品展中获奖，奖金一万元——那是一笔数目不小的奖金，差不多是他当时一年的工资。他和妻怀着无比激动的心情，踏上了开往帝都的列车，心里念着："北京，天安门，我来了！"那可是他梦启航的地方。

展览和颁奖都设在中国军事博物馆，当他走进展览馆，看见自己那幅局促而又有些乌黑混沌的作品和来自全国各地山水国画大师们气势磅礴、氤氲飘逸、令人震撼的佳作挂在一起时，既骄傲又惭愧，感觉脚下的路还很长很长……

这次北京之旅，对他触动很大，他也学到很多。搞艺术创作的人，还是要多走出去，看看外面的天空，呼吸不一样的空气，而不是关在屋子里自我陶醉、孤芳自赏。回到家中，他拿起画笔，继续耕耘，不敢懈怠。此时他的心中比之前多了一份期待：不能只做一个热爱画画的爱好者，还要成为一个有所作为的画家！

所谓"一分耕耘，一分收获"，"念念不忘，必有回响"。接下来，各种奖项如雪花般纷至沓来。

2012年的一天，他在画画的间隙，翻看那叠厚厚的获奖证书，无意中发现，他打算用未来十年达成的目标——加入中国美术家协会——竟马上就可以实现了，因为他获得的奖项已经满足加入中国美协的资格条件了。当年他便申请加入中国美术家协会。

2015年，因特殊人才引进，他离开了教师队伍，来到了南昌县美术馆，专心搞美术创作。

独木不成林，百花方为春。为了让更多热爱国画的人有一个学习提升的平台，他开设了国画公益班，到现在已有八九年了，许多学员已学有所成，在省内外美术界崭露头角。

前路漫漫，道阻且长，行则将至！吾辈当踔厉奋发，笃行致远，且行且歌！

寄语：希望各位学弟学妹们，在往后的人生道路上，无论面临多少困难和挑战，都要坚韧不拔，勇往直前。愿你们都能心怀梦想，脚踏实地，不断前行。在未来的日子里，愿各位在各自的领域里取得更加辉煌的成就！

始终如一　为基础教育发展鼓与呼

校友简介：殷小凤，女，1977年7月生，中小学高级教师。现任冈上镇中心小学党支部书记、校长。1995年毕业于南昌第二师范学校普师专业。

被评为江西省百名优秀辅导员，荣获江西省二级心理咨询师、江西省心理健康指导师、江西省家庭教育指导师、江西省教育学会社区教育专业委员会特聘讲师资格。在参与的省教研室组织的"不忘初心、牢记使命"赴乡村执教示范课与听评研磨课中均获好评，指导老师参加省小学数学课堂教学竞赛活动获一等奖，指导多名学生参加省级比赛均获一等奖。主持省基地办重点课题并结题，多篇论文在国家级、省级教育类中文期刊上发表。

殷小凤感觉自己是如此幸运，生在这样幸福的和平年代，长在这样幸福的美好年代，且成为有坚定教育梦想的教育人。

乡村教育的滋养，让她立下了做教育人的誓言。长大后，为了让少年梦想幸福启航，她走上三尺讲台，开开心心地当起了"孩子王"，成为如自己老师般的好老师，通过修炼让生命得以丰盈。深耕数年，走上行政管理岗位，她又开始思考学生的成人成才之路，教师的专业发展之路，学校的品质提升之路，通过锤炼让心灵得以滋养。如今成为一校之长的她，秉持全面、和谐、可持续的教育质量观，开始探索"为谁培养人，如何培养人，培养什么人"的课题，不仅关注"学习性质量"，更要关注"发展性质量"和"生命性质量"，通过传扬将教育的美好点亮，真正感悟教育的真谛。

一、修炼，让生命丰盈——结缘教育

教育是一项培养人的事业，是一项通过培养人，与人类的崇高精神对话，让人类不断走向崇高与美好的事业。

诚然，殷小凤是教育这项美好事业的受益者。出生于乡村的她，打小就跟父母一起过上了面朝黄土背朝天的生活。虽然拮据而艰辛，但童年的金色阳光给一切不易披上了一层灿烂的光彩。尤其是就读小学后，对殷小凤人生影响最为重要的人——小学启蒙老师喻老师走进了她的生活。喻老师的敬业爱生给她留下了极其深刻的印象，每天喻老师都会早早地来到学校，与学生谈心，指导学生早读，轮流让班干部带读。小小的殷小凤天天盼着自己轮值，做老师的小助手是殷小凤小学时最引以为豪的事。课堂上老师特别注重学生的课堂表现，经常提问，让学生扮演书中角色，这让殷小凤从小养成了认真听讲的好习惯；课后老师时常会邀请学生去家里玩，与学生一起拉家常、聊学习、谈理想……能和老师同桌吃饭是殷小凤觉得最为幸福的一件事。

步入初中，乡村孩子辍学的较多，殷小凤的初中班主任黄老师会一个个去学生家，一一了解辍学原因，是学习有压力的免费为学生补课，是家庭经济有困难的则拿出工资为学生垫付学费，是家长要孩子过早进入社会赚钱养家的则好好地跟家长分析利弊……老师们用爱心诉说的一个个美丽故事，用责任描绘的一幅幅美好蓝图，用心搭建的一座座"理想之桥"，让殷小凤心甘情愿地做了"俘虏"，她也要成为一名教育人！她要在不断地吸纳与修炼中获得新生，让她的生命因教育而丰盈，因教育而精彩！

二、深耕，让心灵滋养——践行教育

值得庆幸的是，殷小凤如愿以偿地实现了成为教育人的梦想。于是她又开始思索，怎样才能成为一名"学为人师、行为世范"的好老师。

（一）初入职场　潜心钻研

走上讲台的第一学期，殷小凤自费订阅教育类杂志，借阅校图书室书籍，虚心向前辈请教。她的第一个工作单位是县直的一所名校，专家时常会来校听评课，年轻好学的她总会主动跟组内老师说："请把宝贵的上课锻炼机会留给我！"当时组内有一位特别优秀的资深老师俞老师，殷小凤主动拜她为师，常常以徒弟的身份进教室听她的随堂课，认真做好记录，及时请教，每天写课后反思。俞老师有两个非常好的班级管理习惯：一是她总要在下班前去教室、包干区巡视一番后才安心回家；二是下班回家后对于重点关注学生她总是第一时间与家长取得沟通，确保家校共育，协同育人。这两件事在殷小凤当班主任的每一天都照做不误，乐此不疲。多年后学生们的话语总在殷小凤耳边萦绕："老师，要不是遇见您这样负责任的好老师，我可真就误入歧途了！""老师，当时的我就是爸妈的筹码，谢谢您如家人般的关心与爱护！"……她渐渐懂得了教师肩上所担负的神圣使命和那份沉甸甸的责任。

（二）蝶变成长　弦歌不辍

教育已成为殷小凤生命中不可分割的一部分，她坚持把自己的生命与智慧，同教室、课程、师生紧紧地联系在一起。

1.育人为本　德育为先

2001年，学校实施中层竞聘，她竞选为少先队大队总辅导员，于是队员的习惯养成便成了当时殷小凤最重要的事。"新世纪我能行"活动在学校如火如荼地开展，旨在通过组织丰富多彩的德育实践活动，让队员们在学校做一名明礼诚信的好学生，在家庭做一名孝敬长辈的好孩子，在社会做一名遵守秩序的好公民。由于收效甚好，团县委组织在校召开了现场展示会。此后，学校德育主题活动以"每月一主题"的形式常态化开展，如节俭、守规、环保、公益、勤劳、审美、健身、友善、好学、感恩、自信、自省，它既是对孩子们一串串生活足迹的综合梳理，也是对孩童一段段生命旅程的整体观照，更是对儿童人格的一次次用心建构。

2.五育融合　体艺齐驱

在中层干部的位置上锻炼数年后，殷小凤走上了校级干部这一重要的岗位。当时学校教师老龄化、多项工作停滞不前的现状，与打造新时代高质量教师队伍形成巨大反差。作为业务校长，她每学期带头上一节公开课，亲自参加省教研室组织的执教示范课活动，带头参与市级学科带头人的评选，让骨干教师与年轻老师组成磨课团队，以研促教，以教兴校，在学校形成一种比学赶超的良好氛围。

学校一年一届的读书节、体育节、艺术节在她的全力推动下每年如期开展，学生核心素养得到提高，他们在这里遇见美好、发现美好、成为美好。

3.优质均衡　引领发展

2022年，通过校级干部竞聘，殷小凤走上了乡镇学校书记校长的位置，肩负起了一方百姓子女教育的重任。面对校舍简陋、硬件差、教师专业水平明显不高的乡镇学校，她觉得大有可为，并坚信学校发展一定要从"唤醒人"开始。

殷小凤先是依托集团办校将之前所在校的优秀师资引入，请集团优秀老师就阅读工程、兴趣社团等工作做经验分享，经过多次学习、研讨、交流，学校如期开展了读书节、社团成果展示活动。

面对学校教师专业水平不高的现状，殷小凤把省、市、县专家请进来，送学送教送研，组织课例研讨活动，指导年轻老师参加省级课堂竞赛并获一等奖。同时带领老师走出去，加入名师工作室，与老师们一起立项省级课题并结题，切实提高教师的专业水平。

教育是一份理想，更是一份行动。深耕教育沃土，凝聚干事热情，共赴幸福之旅！

三、传扬，将美好点亮——感悟教育

有一种信念叫情怀，有一种唤醒叫梦想，有一种坚守叫照亮。

阅读工程的推进让成千上万的孩子爱上了阅读，让成千上万的孩子有了阅读记录、班级书柜、读写绘本等最喜爱的亲密伙伴。

兴趣社团的开设满足了不同学生的个性化需要，让学生们的潜能得到发现与发挥，才华得到施展，生命得到绽放。

助力教师专业化成长，科研兴教，科研兴校，省级优课在乡镇学校落地，省级课题在乡镇学校生根，骨干教师在乡镇学校得到成长……

回顾近30年的教育生涯，殷小凤欣慰、自豪、无悔。她将继续开启幸福追梦之旅，通过传扬将美好点亮，不忘初心，始终如一，为基础教育发展鼓与呼。

寄语：出名师、育英才、成伟业，是时代赋予我们教育的神圣使命。时代呼唤好老师，老师是中国梦的奠基者，是教育过程中最重要、最关键、最基础的力量。作为学姐，很高兴你们加入教师行列，成为这个光荣而重要的职业中的一员，希望你们怀揣着对教育的热爱与生命的激情，以坚定的信念、合作的态度，扎根于课堂教学，致力于专业成长，成就一番教育事业。

学弟学妹们，教育是一种发现——它让我们发现美好，遇见更好的教育，遇见更好的自己。教育是一种唤醒——它是一棵树摇动另一棵树，一朵云推动另一朵云，一颗心灵唤醒另一颗心灵。教育是一种成全——它让我们彼此温暖，彼此激励，彼此照亮，彼此成就！请你们用心丰富新时代教育理念的内涵，用行动追寻新时代教育人的幸福，用激情演绎新时代教育的魅力，用真情书写幸福人生！

丹心献特教 潜心育弱苗

校友简介：喻柳青，男，1973年4月生，中共党员，教育硕士，中学高级教师。现任职于广东省佛山市顺德区启智学校。1993年毕业于南昌市幼儿师范学校江西省首届特师班。

被评为"南昌市优秀教师"、佛山市顺德区优秀班主任、佛山市顺德区教书育人优秀教师、顺德区优秀班主任、南昌市优秀教师、佛山市首届名班主任培养对象、广东省优秀教师（南粤优秀教师）等。

一分耕耘，一分收获。喻柳青30年的从教经历让他意识到，要成为一名优秀的特殊教育工作者就必须立足于特教岗位，做到爱岗敬业，不断学习，全面发展，甘于奉献。

一、树立"丹心献特教"的理想信念是干好特教工作的前提

1989年9月，他刚进入南昌市幼儿师范学校读特师班时，特殊教育老师还是冷门职业，很少有人愿意去从事这项工作，其一是因为特殊教育不像普通教育那样，可以做到桃李满天下，让教师具有成就感。其二是因为特教工作者每天都要面对残疾学生，除了要从事日常教育教学工作，还要管理残疾学生的吃喝拉撒，甚至帮学生处理身上的屎尿。其三，安全责任重、心理压力大和社会成就感低也是大众不愿从事这项工作的重要原因。他出生在教师之家，父亲是一位颇有社会影响力的老教师。1993年7月，他特师毕业了，当父亲问他愿不愿意去普校工作时，他毅然拒绝了父亲的好意，服从分配去南昌市启音学校工作，当时家人都想不通他的选择。正

是因为他热爱特教事业,在工作中兢兢业业,1997年9月他被南昌市教育局和南昌市人事局授予"南昌市优秀教师"荣誉称号。1999年8月,他调入广东省顺德区启智学校工作。2000年6月,顺德区的区委副书记来学校视察,当书记看完学校节目表演(他负责手语翻译),悄悄将他拉到旁边问他愿不愿意调入顺德区公安局工作(顺德区公安局需要一个专业手语翻译)?面对突如其来的机遇,他有点茫然,但是他还是选择了特教工作。在他看来,特教老师虽然没有公务员光鲜,但只要坚定信念,立足特教岗位,甘于奉献,就一定能干出成绩。

二、勤学苦练是提升自身综合素养的有效办法

特师毕业参加工作之后,他深深感受到了提升学历的重要性和紧迫性。1994年9月,他就开始进修大专学历,1997年9月,又继续进修本科学历,1999年12月,他拿到了本科毕业证。调来顺德区启智学校工作后,他发现学历越来越重要,学校里211、985高校毕业的老师越来越多。2006年5月,他积极响应学校的号召参加在职人员研究生考试,由于英语只接受过初中教育,加之身体状况欠佳,先后两次落榜。2008年5月,他第三次参加了在职人员研究生考试,被湖北大学录取。经过3年的苦学,他于2011年12月获得教育硕士学位,他撰写的硕士学位论文《听障学生网络成瘾的原因及对策》获得湖北大学优秀硕士学位论文。记得刚分配到南昌市启音学校执教的时候,他手语技能还比较差。为了能和听障学生顺畅沟通,提升教育教学水平,他天天和学生待在一起学习手语。此外,他还经常向老教师请教手语。调来顺德区启智学校工作后,他发现南昌的手势和顺德的手势是不同的。对此,他又恶补佛山地区的手语,从而促进了教育教学效率。来顺德工作不久,他就经常承担顺德区大型助残活动的手语翻译工作,并在顺德一直开展公益手语讲座。为了使自己的手语更专业,他参加了广东

省残联组织的特殊教育工作者手语培训与手语考级,并以优异的成绩获得了"手语翻译员"资格证书。由于手语技能精湛,他一直是顺德大型助残活动的手语翻译,是佛山市电视台顺德分台手语节目主持人。2018年8月,他在中央电视台春晚厅举办的"寻找最美教师"活动中担任现场手语翻译,并在现场教授演艺明星关晓彤手语。

三、爱岗敬业、专业育人是做好工作的关键

教师是一个平凡、琐碎的职业,特殊教育更是如此。对于特教老师而言,他们工资不高,也没有显赫的社会职业地位,每天都需要面对残疾学生开展教育教学工作,为此社会上有许多人不愿意干这一行。但对于他而言,由于出生在教师家庭,从小就有从事教育工作的理想,因此特师毕业后成了一位特殊教育工作者。在他看来要干好特殊教育工作,首先要有爱岗敬业的精神,只有热爱特教岗位,才能为特教事业潜心育人。正是因为他具备这种思想,所以才能全身心地投入特殊教育工作中。但对特殊教育工作者而言,光具备爱岗敬业的精神还是不行的,因为特殊教育工作中有许多难题。这就需要特教工作者本着锲而不舍的精神,用专业的理论和方法去解决。记得1999年9月,他是顺德区启智学校聋部高班的班主任,该班有一位邓同学,在读幼儿园时就养成了爱拿别人东西的坏习惯,邓同学来启智学校后,这种坏习惯还是不改,令他非常头痛。针对邓同学的不良行为,他最初采用批评教育的方法,学生"左耳进,右耳出",取不到效果。一招不行,他马上换一招,紧密联系家长共同教育。可是,这一招也不管用。两招不行,他再出一招,采用奖惩结合教育法。但好景不长,后来邓同学软硬都不吃,也收不到实效。在他彷徨之际,顺德启智学校课程指导老师王志超教授伸出了援手,他向他传授了一种专业的行为矫正方法——"不断打扰法"中的"弹皮筋"法。此后,每堂课后,他都会把邓同学叫到办

公室，将一根橡皮筋套在他手腕上，问他这一天从起床后做了什么，当听到他拿了别人东西时他就会拉开橡皮筋弹他一下，然后继续让他讲下去。一年过去了，在专业方法的矫正下，邓同学总算改掉了这一坏习惯。这件事让他深深地领悟到，拥有专业知识才是教育好特殊学生的关键。过去快24年了，每当邓同学在外面碰到他，都会做个"弹皮筋"的手势，他便会笑起来，而邓同学笑得更加开心。

四、全面发展，成为学校的骨干教师是前进的方向

从参加工作的第一天起，他就力求能够全面发展，成为学校的骨干教师。

1. 成为教学能手。在教学上，他刻苦学习教学理论，钻研教学方法，做到因材施教，讲究教学的实效。他的公开课多次获评学校"优秀公开课"，课堂录像课也在全国特殊教育录像课比赛中获奖。

2. 成为带班能手。他从事特教工作30年，担任了20年的班主任。在带班工作中，他讲究爱心与专业相结合，形成了一套独特的带班方法，成效显著。他基本功扎实，是顺德区优秀班主任讲师团成员，他参加佛山市班主任基本功比赛得二等奖。2006年，他被佛山市确定为"首届名班主任"培养对象。

3. 成为教育科研能手。由于出生在教师家庭，他读特师时就知道教育科研对工作的重要性。他通过学历进修和继续教育，不断提升这方面的能力。经过努力，他已经非常善于教育科研工作，主持过省、市、区课题并顺利结题。其中，他主持的省级课题"利用代币制解决聋生复式课堂中难题中的研究"2021年3月正式结题（审批单位：广东省关心下一代教育委员会、广东省教师继续教育学会），他还参与了两个省级课题的研究，这两个课题也顺利结题。他热衷于结合教育教学工作撰写论文。1994年10月，他的第一篇教学论文《浅谈聋生课堂数学语言能力的培养》刊载在《江西

教育》杂志发表。此后又有17篇教育教学论文在《德育报》《小学德育》《特殊教育研究》等全国、省、市的教育报刊发表。其中，2013年9月，他撰写的论文《代币制在聋校复式教学中的运用》在《中小学生德育》上发表。

五、干事业就要干一行，爱一行，精一行

"党员是块砖，哪里需要哪里搬"，党员都应具备"砖头精神"，到组织最需要的地方去。他于1999年9月在顺德区启智学校启聪部教授听力障碍学生。听力障碍学生虽然听说能力有缺陷，但他们智力正常，有考上大学的可能性。在他的带领下，在学校启聪部老师的共同努力下，顺德启智学校先后有15名学生考上高中，之后又考取大学。从2008年开始，顺德启智学校听力障碍学生生源锐减，只能以"复式教学"模式开展教学工作。2019年9月，由于学校听力障碍学生太少，人数不够组成一个班级，学校与上级部门沟通后，将剩下的听力障碍学生转接到佛山市启聪学校就读。随后，学校将他调入启智部从事教育教学工作。在他看来教育听力障碍学生和教育智力障碍学生没有好坏之分，只要党组织需要，他就会尽力干好。在新岗位的工作中，他加大了学习的力度，在实践中不断探索。经过短短三年时间，他的教育教学能力就获得了同行的认同。特别是在《生活语文》学科的教学中，他积极钻研教法，公开课受到听课领导和老师的一致好评。在转岗到启智部工作三年的时间里，由于他工作成绩突出，被评为"顺德区优秀班主任"和顺德区启智学校"卓越教师"。

寄语：从教育部等部门《"十四五"特殊教育发展提升行动计划》可以看出，特殊教育事业越来越受国家的重视，发展的前景也越来越好。作为立志从教的特师生，应该坚定特教信念，练好本领，在未来的特教岗位上谱写出壮丽的诗篇。

为爱而歌

校友简介：周海滨，男，1977年12月生，中共党员。现任南昌市新建区第一小学副校长。1995年毕业于南昌师范学校音乐专业。

被评为南昌市校园艺术节优秀指导教师、南昌市支持少先队好校长、南昌市法治教育先进个人、南昌市教师"诚信之星"、南昌市"十佳少先队辅导员"等。获得奖项有江西省教师基本功比赛二等奖、南昌市教师基本功比赛全能一等奖、南昌市年度教师提名奖、南昌市党务技能大赛一等奖、南昌市关心下一代工作突出贡献奖、南昌市"和谐创业"歌手大赛通俗组一等奖、南昌市教育系统教师合唱比赛教师甲组一等奖、南昌市教育系统庆祝建党100周年教师乙组二等奖。优质课竞赛和教育论文多次获省、市、县表彰。

1995年南师毕业时，周海滨的父亲问他：你是想当一名乡镇干部，还是当老师？他不假思索地选择了后者。因为南师这片沃土，早已把"教育"两个字烙在了他的心间。

非常幸运，周海滨成为新建一小的一名音乐教师。那时的一小，条件并不好，常常是晴天一身灰，雨天一脚泥。但是，老师们的兢兢业业、乐在其中，让他肃然起敬。在老师们的熏陶和感染下，他整理好心绪，开始了教师生涯。他努力让音乐融入课堂，融入孩子们的生活，在欢歌笑语中，为孩子们播下美的种子，栽下爱的幼苗。

时光荏苒，转眼间周海滨已从当年的大男孩变成了如今的中年大叔。这期间，有不少人问过他同一个问题：你那么活跃，又有唱歌的特长，为何不换个环境发展一下自己？他淡淡一笑，既然当初与教师结下了缘，就一切随缘吧！其实啊，在他的心中另有一个想法：做个老师，特别是当个音乐老师，挺好的！当他看到孩子们在他的带领下，一点点打开艺术的大门，一步步走进音乐的殿堂时，他内心特有成就感和幸福感。

记得有一年，学校合唱团参加全县春节文艺晚会。有一个叫陈文韬的同学，特别喜欢音乐。但是，临到演出前，他突然跟周海滨说不想参加表演了。周海滨立刻意识到孩子肯定有难以开口的原因。经过多方打听了解到，原来是家庭困难，家长没给他买合唱服。孩子很自卑，无奈选择了退出。周海滨立即用自己微薄的工资，帮他买了一套合唱服。演出结束，陈文韬抱着他哭了。2007年教师节，周海滨接到了陈文韬打来的电话，说他考入了西安音乐学院。陈文韬说，如果不是老师的关爱和帮助，也许他就告别了心爱的音乐，也就不可能有现在的自己。周海滨没想到，自己的一点点付出，却能为一个孩子圆梦。这，就是师爱的力量吧。从此，周海滨的内心多了一份责任和情怀：不能仅仅停留在教孩子音乐知识上，更应该成为音乐的使者，为爱歌唱！

2020年暑假，周海滨用一个月的时间，录制了"我爱祖国、同唱国歌"校园红歌演唱视频。视频在央视网播出后，得到广泛的好评。这年春节，新冠疫情突如其来，周海滨的爱人是一名疾控人员，她第一时间向单位请战，奔赴新建区溪霞三号（怪石岭）留观点。而他也没有停歇，在后方一边操持家务，一边创作以抗疫为主题的歌曲。他的作品《好邻居，好亲戚》在校园师生中传唱，他也庆幸自己能为抗疫尽一份绵薄之力。

自参加工作以来，周海滨忠诚党的教育事业，热爱学生，奉献在先，先后担任学校音乐老师、音乐教研组组长、学校大队部总辅导员。2007年，由于工作成绩突出，得到上级领导及同事们的充分信任，组织上任命周海滨担任一小副校长。此后，他在工作和管理上，兢兢业业，一丝不苟，任劳任怨，吃苦在前，将自己的全部精力和热情投入学校的各项工作中，从不计较个人得失。与同事和睦相处，时时处处从严要求自己，能够维护大局，注重团结，以诚待人，真正体现了人民教师良好的工作作风和道德风范。在他的努力工作下，学校获得"全国少工委小干部培训示范学校""江西省基层少先队先进集体""南昌市红领巾示范学校""南昌市德育工作先进单位""南昌市儿童工作先进集体""新建区关工委工作先进单位""新建区平安校园"等多项荣誉。

周海滨个人也非常热爱文化事业，积极参加社区和新建艺术团等文化宣传工作，定期或不定期组织广大文艺爱好者参加省、市、县文艺比赛演出等活动。2006年，他带队在井冈山参加首届中国红歌会比赛，进入半决赛。2006年8月，经过专家层层筛选，所带队伍参加了南昌晚报社在江西省艺术剧院举办的金秋助学慈善义演。2011年，在国家大剧院带队参赛，演唱曲目《小平小道》《请茶歌》，获演唱和指挥金奖。2014年，他参与了全县党的群众路线教育实践活动三句半的表演，下到乡镇演出十几场，中央媒体和省、市、县多家媒体都做了专题报道。2016年，带队在齐齐哈尔参加"永远的辉煌"全国中老年合唱比赛，演唱歌曲《在太行山上新编》《娄山关》获银奖。2019年，在厦门参加"新时代"歌曲比赛，获金奖。2023年7月，带队在河北涞源县参加全国合唱比赛，获银奖；9月份带队在九江修水参加江西省"尊崇杯"军歌合唱比赛，获二等奖。周海滨演唱新建区区歌《新新的新建》，参加了新建团拜会和誓师大会演出，反响极好，多次参加新建区文化局组织的"喜迎二十大"送文化下基层演出活动。

苦耕春前片片土，笑纳秋后粒粒珠。岁月的沉淀，坚定了周海滨从教的矢志。他表示他将继续努力，逐梦前行，用他的歌声，向孩子们传递艺术和心灵之美，做一名优秀的杏坛歌者，向爱而行，为爱而歌！

周海滨认为，老师一定要按照习近平总书记提出的"四有"好老师目标前行，即坚定理想信念、陶冶道德情操、涵养扎实学识、勤修仁爱之心。

牢固树立"躬耕教坛、强国有我"的志向和抱负，坚守三尺讲台，潜心教书育人，为培养德智体美劳全面发展的社会主义建设者和接班人贡献力量。

寄语：愿你们的教育之歌，充满热情与关爱，如天籁般动听，触动每一个学生的心灵。

希望你们如灵动的音符，跳跃在教育的舞台上，以满腔热忱，演绎出精彩的教育篇章。

期待你们用爱的旋律，温暖学生的心田，以教育家的情怀，引领新一代走向光明的未来。

一片丹心育桃李　三尺讲台向美行

校友简介：丁妮，女，1981年2月生，中共党员，副教授。现任广东省外语艺术职业学院教师，艺术教育专业带头人。1998年毕业于南昌师范学校音乐专业。

中国高等教育学会美育专业委员会会员，广东省音乐家协会会员，广东省钢琴学会会员，广东省教育厅美育专家库教育评审专家，中国音乐家协会、广东省音乐家协会、星海音乐学院社会艺术水平（钢琴）考级考官。受邀担任"漫赫·巴斯蒂安国际钢琴大赛暨漫赫国际音乐节""韩国首尔世界华人青少年艺术节（钢琴）大赛""香港国际钢琴邀请赛""澳门国际艺术公开赛"等大型音乐赛事评委，并荣获"杰出指导教师""英才导师"等荣誉称号。

作为主要成员参与国家级课题2项、省级课题2项、校级教改课题及横向课题等6项，参与并出版教育部职业教育规划教材《钢琴即兴伴奏》等7部，在全国核心期刊、省级以上期刊发表论文10余篇。

习近平总书记指出："精神是一个民族赖以长久生存的灵魂，唯有精神上达到一定的高度，这个民族才能在历史的洪流中屹立不倒、奋勇向前。"教师既是知识的传承者，更是灵魂的工程师，既要教学生知识，更要锤炼学生品格。作为广东省外语艺术职业学院艺术教育专业带头人，丁妮认真学习贯彻习近平总书记重要指示精神，以优秀的教育家为榜样，大力弘扬教育家精神，发挥教师的示范引领作用，在职业教育人才培养、科研建设、教育教学改革中奋力争先，努力成为美育工匠。

从教20载，"学高为师、身正为范"的八字箴言时刻提醒她，作为教师，要学识渊博、品行端正、为人师表，而新时代的师者，更应是勤学笃行、求实创新的躬耕不辍之师，是言为士则、行为世范的品德高尚之师。课堂不仅是提供技能技巧的教学，更应该是"润心、提志、增信"的美育课堂。所有人都应在艺术教学的过程中润物细无声地将爱国教育、工匠精神、创新意识、理想信念等思政元素与专业教学内容有机结合，培养具有政治认同、家国情怀、文化自信的新时代中国青年。

一、因材施教，站稳讲台，做艺术成长之路的引领者

教师是学生成长之路的引领者，为学生点亮理想的灯，照亮前行的路，是教师的使命与担当。自工作以来，她承担了音乐教育、舞蹈教育、小学（全科）教育等多个专业的钢琴小课与集体课。在教学过程中针对不同专业学生的特点和需求，通过情境化教学、互动式教学、个性化指导、启发式教学、多媒体辅助教学等多种教学方法和技巧，因材施教，从而激发学生的学习兴趣和潜能，让学生在轻松愉快的氛围中掌握音乐知识和演奏技能。她始终以饱满的工作热情对待学生，与学生一起乐学，做学生成长之路的引路人，让他们在音乐道路上走得更远、更稳。

作为钢琴老师，她注重基础训练，从严谨的读谱到不同的触键方法带来的丰富音色，以及作品的风格把握和音乐表现力等方面逐一细致指导。通过耐心讲解和示范，帮助学生更好地掌握演奏技巧。

比如，在教授古典音乐作品时，她会结合作品的创作背景、历史文化等，采用情境化教学，将音乐与生活紧密相连，让学生在生动的场景中感受音乐的魅力。同时，她鼓励学生释放内心的想象力，从独特的视角去解读作品，找到二次创作的灵感，激发他们的创新精神和艺术创造力。此外，她亦重视培养学生的团队合作精神。通过合奏、重奏等演奏形式，学生在协作中学会了倾听，共同奏响了美妙的音乐篇章。这种团队合作的经历不仅提升

了学生的音乐素养，更让学生学会了如何与他人协同并进，共同追求艺术的卓越。

同时，她也告诉学生，钢琴的学习需要持之以恒的努力和不厌其烦的练习，要学会从枯燥乏味的过程中享受音乐带来的快乐。

二、爱岗敬业，活跃舞台，做艺术成才之路的合作者

新时代的艺术教育教师，不仅要站稳讲台，也要能活跃舞台。"以演促教、以演促练、教练相长"的教学模式，将引导每一位学生向美而行。在教学中，她坚持遵循"以美育人、教研并重"的教育理念，重视美育对学生的积极影响和科研对教学的促进作用。她注重培养学生的实践能力和创新思维，鼓励学生多参加各类音乐比赛和演出活动，让他们在实践中积累表演经验，在舞台上展现才华。

作为艺术指导，在伴奏过程中，不仅要准确地把握作品风格，还要深刻理解音乐作品所表达的情感。每一次比赛，每一场音乐会，她都与学生一起不断打磨，反复练习，竭尽所能地演绎好每一个作品，力求以专业的素养和严谨的态度影响学生。记得有一次，她带领学生们参加大学生艺术展演，在比赛前，他们进行了长达数月的排练和准备。她与学生们一起分析作品的旋律、和声等音乐元素，鼓励他们发挥自己的创造力和想象力，将作品演绎得更加生动、感人。最终，他们凭借出色的表现赢得了比赛的一等奖，这也让学生们更加坚定了音乐梦想。

其实，每一个音符都蕴含着深刻的意义，每一次演奏都是对音乐的尊重和热爱。通过与学生的密切合作，他们共同探索音乐的奥秘，分享彼此的音乐感受。她愿做学生艺术梦想之翼的助力者，搭建艺术的彩虹，用她的专业知识和经验为他们提供坚实的支撑和无尽的动力，助他们飞向更高、更远的天空！

三、勤学善学，科研促教，做艺术创新之路的激励者

"学海无涯，唯勤是岸。"学习，对于教师而言，不仅是知识的积累，更是灵魂的滋养。在完成繁忙的教学任务之余，她始终坚守着求知的初心，不断探索音乐教育的新理念和新方法。她积极参与各类音乐教育研讨会和论坛，与业界精英交流心得，倾听他们的智慧之音，汲取他们的经验之泉。每一次交流，都是一次思维的碰撞和心灵的启迪，使她的教学理念更加先进，教学方法更加灵活。

她深知，科研是教学的助推剂，是推动音乐教育发展的关键。因此，她坚持将科研与教学紧密结合，不断探索音乐教育的新领域、新课题。她参与课题研究，撰写学术论文，将研究成果应用于教学实践中，让科研成为教学的有力支撑。这种以科研促教学的模式，让她在教学上更加得心应手。坚持以科研促教学，"两驾马车"并驾齐驱，相互促进，相得益彰。

今天的教师既是教育者，也是学习者。在探索艺术教育的道路上，她始终保持一颗勇于创新的心，关注基础教育艺术学科教学的最新动态，紧跟时代发展的步伐，把握时代发展的脉搏。她敢于挑战传统，勇于突破自身，用发展的眼光看待教育，用创新的思维引领教学。她相信，"长风破浪会有时，直挂云帆济沧海"，只要大家敢于创新、勇于实践，就一定能够开创出艺术教育的新天地。

四、以生为本，亦师亦友，做艺术人生之路的知心人

仁爱是中华民族的传统美德，爱是教育的灵魂，没有爱就没有教育。教师只有具备了仁爱之心，才能接纳包容、尊重理解每一名学生。亲其师而信其道，与学生建立良好的师生关系是教学成功的关键。

作为班主任，她关注每个学生的成长动态，用心与学生沟通，了解

他们的需求和困惑，充分关心、理解、信任、鼓励他们，为他们提供帮助和支持。她时刻牢记为人师表，力求以积极向上的心态和正确的价值观影响学生。她告诉学生，要珍惜时光，爱护自己，关爱他人，积极面对挑战，成为一个有责任感、有担当的人。她鼓励学生积极参加校内外的各项活动，通过这些活动提高专业能力，丰富实践经验，并以极大的热情和积极主动的态度尽心尽职地完成每一项任务。她坚持以生为本，做学生成长之路上的良师益友。

她时常回想起与学生们共度的时光：那些在音乐中遨游的日子，那些为艺术梦想而努力的瞬间。正是这些美好的回忆，激励着她不断前行、不断创新。她愿做艺术人生之路的知心人，用她的智慧和热情点燃学生们的艺术梦想，引领他们在艺术的天空中自由翱翔。

习近平总书记指出："教师要成为大先生，做学生为学、为事、为人的示范，促进学生成长为全面发展的人。"教师不仅要做学问之师，在专业学术领域有建树；更要做品行之师，在师德师风方面立正业，以德立身，以德立学，以德施教。

教师的工作是神圣的，也是艰苦的。教书育人需要时间、精力乃至全部心血的付出。这种付出是需要以强烈的使命感为基础的，是要以强烈的责任心做代价的。一个热爱教育事业的人，要甘于辛劳、甘于付出，无怨无悔于自己的选择。

一片丹心育桃李，三尺讲台向美行！教无止境，在教书育人的道路上，她愿坚守初心，永葆热爱，继续前行！

寄语：愿你们，在平凡的岗位上，做出不平凡的成绩！愿你们，以梦为马，不忘初心！愿你们，承载希望，放飞梦想！最后，感恩栽培，铭记于心，愿母校风华永驻，桃李芬芳，人才辈出，再创辉煌！